中东欧
大数据报告2021

殷军杰 傅钟中 高 聪 龙力见 ◎著

清华大学出版社
北京

内容简介

本书从中东欧国家视角,对中东欧国家贸易发展进行了主题研究。本书以丰富、可靠的数据为基础,对中东欧国家对外贸易发展趋势、主要贸易市场结构、主要进出口商品结构、主要优势产业及其特征、中国—中东欧国家对外贸易概况、中国—中东欧国家贸易竞争性与互补性等进行深入剖析,数据翔实、图文并茂,既有直观的数据展示,又有数据模型分析。本书可以为各级政府制定贸易配套政策提供一定参考,为企业、专家学者等研判与研究提供数据支撑。

本书封面贴有清华大学出版社防伪标签,无标签者不得销售。
版权所有,侵权必究。举报:010-62782989,beiqinquan@tup.tsinghua.edu.cn。

图书在版编目(CIP)数据

中东欧大数据报告.2021/殷军杰等著.—北京:清华大学出版社,2023.1
ISBN 978-7-302-62355-7

Ⅰ.①中… Ⅱ.①殷… Ⅲ.①经济发展—数据—研究报告—欧洲—2021 Ⅳ.①F15

中国国家版本馆 CIP 数据核字(2023)第 002901 号

责任编辑:张 伟
封面设计:汉风唐韵
责任校对:宋玉莲
责任印制:丛怀宇

出版发行:	清华大学出版社
网 址:	http://www.tup.com.cn, http://www.wqbook.com
地 址:	北京清华大学学研大厦A座 邮 编:100084
社 总 机:	010-83470000 邮 购:010-62786544
投稿与读者服务:	010-62776969, c-service@tup.tsinghua.edu.cn
质量反馈:	010-62772015, zhiliang@tup.tsinghua.edu.cn
印 装 者:	三河市龙大印装有限公司
经 销:	全国新华书店
开 本:	185mm×260mm 印 张:17 字 数:421 千字
版 次:	2023年1月第1版 印 次:2023年1月第1次印刷
定 价:	109.00元

产品编号:091497-01

前言

面对当前复苏乏力的全球经济形势以及日益复杂的世界政治格局,特别是面对新冠肺炎疫情防控的常态化,加强国际合作成为推动世界和平发展以及中国对外开放的关键动力。近年来,与中东欧国家合作成为我国推进次区域国际合作及对外开放的新亮点。一方面,作为当今世界主要新兴市场,中东欧国家经济转型早、进展快,且拥有较完善的市场机制及生产要素配置体系,这与同样处于城市化及工业化高速发展阶段的中国经济拥有较高的契合度。另一方面,作为连接欧亚大陆的重要枢纽,中东欧处于连通欧盟一体化市场和最主要的能源产地的结合部、承接带,是"一带一路"倡议的区域支点。中东欧国家凭借其东联西通的先天地缘优势以及连接欧盟的有利身份优势,不仅为我国挖掘国际市场潜力、优化产业结构提供了支持,还在亚欧互联互通方面发挥了不可或缺的作用,为"一带一路"倡议框架下我国同欧洲市场的合作夯实了基础。全面推进中国与中东欧国家合作关系,不断丰富中国与中东欧国家合作内涵,已成为构建我国全面对外开放新格局的重要抓手,也是我国推动构建以合作共赢为核心的新型国家关系、推动建设人类命运共同体的一个重要力量,同时也为我国开展"精准性"国际经贸合作,实现以点带面、从线到片,逐步形成国际区域大合作格局提供了参考。

自中国—中东欧国家合作机制建立以来,双方秉持共商共建、务实均衡、开放包容、创新进取的合作原则,建立起以领导人会晤机制为引领、涵盖20多个领域的立体合作架构,在经贸、文化、教育、旅游等众多领域取得了丰硕的合作成果。2021年,中国—中东欧双边贸易总额1 240.2亿美元,同比增长29.7%。中国与中东欧国家主要港口物流往来密切,中欧陆海快线正在加快形成。希腊比雷埃夫斯港、塞尔维亚斯梅戴雷沃钢厂、克罗地亚佩列沙茨跨海大桥等一大批标志性合作项目成果喜人,中国—中东欧国家经贸合作示范区、中小企业合作区等地方合作示范平台建设稳步推进。

2021年2月,习近平主席在中国—中东欧国家领导人峰会上指出,"推动中欧务实合作成果在中东欧尽早落地,就促进贸易和投资互利合作作出更多努力,推动贸易平衡、可持续发展。中方计划今后5年从中东欧国家进口累计价值1 700亿美元以上的商品",这对中国与中东欧国家贸易合作提出了更高要求,也指明了方向。因此,深入地剖析中东欧国家对外贸易合作新趋势,挖掘和释放中国与中东欧国家贸易合作新增长点,显得至关重要。

本书是中东欧大数据报告系列丛书之一,是继2019年首部《中东欧大数据报告》及《中东欧大数据报告2020》出版之后,利用大数据方法对中东欧国家对外贸易发展的专题性研究。本书以反映中东欧国家对外贸易合作现状、趋势预测和竞争性与互补性分析为核心,力图更加清晰、全面地展现中东欧国家对外合作的新特征。本书凸显以下特点:一是数据来源可靠性。书中涉及的数据来源于UN Comtrade数据库、中国海关网、商务部网站以及官方媒体披露的信息等,数据不包括中国台湾、香港、澳门。二是研究的多维性。本书分别从中东欧国家对外贸易发展趋势、主要贸易市场结构、主要进出口商品结构、主要优势产业及其特征、中国—中东欧国家对外贸易概况、中国—中东欧国家贸易竞争性与互补性等不同角度分析了中东欧国家对外贸易发展格局和最新特征。三是研究结论的实用性。本书数据翔实、图文并茂,准确追踪了中东欧国家贸易及中国—中东欧国家对外贸易进展,能够为政府、企业、研究机构和科研人员提供具有预测性的数据支撑。

  本书的出版得到浙江省新型智库培育单位浙江万里学院中东欧研究中心、教育部国别与区域研究中心"中东欧经贸研究中心"、浙江省新型高效智库宁波海上丝绸之路研究院、宁波"一带一路"经贸合作协同创新中心、宁波市"一带一路"建设研究基地的专项基金支持。同时,本书也是浙江省哲学社会科学规划课题(23NDJC254Y13)的阶段性成果。

  虽然我们倾注了大量的心血和最大的努力,但由于我们的水平所限,本书的疏漏在所难免,恳请亲爱的读者不吝指正,我们甚为感谢。

作　者

2022 年 1 月于宁波

目录

第1章 中东欧国家总体对外贸易 1
  1.1 对外贸易发展趋势 1
  1.2 主要贸易市场结构 2
  1.3 主要优势产业及其特征 2
  1.4 中国—中东欧国家双边贸易概况 6
  1.5 中国—中东欧国家贸易竞争性与互补性分析 7

第2章 阿尔巴尼亚的对外贸易 20
  2.1 对外贸易发展趋势 21
  2.2 主要贸易市场结构 23
  2.3 主要进出口商品结构 24
  2.4 主要优势产业及其特征 28
  2.5 中阿双边贸易概况 29
  2.6 中阿贸易竞争性与互补性分析 32
  2.7 中阿合作展望 34

第3章 波黑的对外贸易 36
  3.1 对外贸易发展趋势 37
  3.2 主要贸易市场结构 39
  3.3 主要进出口商品结构 41
  3.4 主要优势产业及其特征 46
  3.5 中波双边贸易概况 47
  3.6 中波贸易竞争性与互补性分析 49
  3.7 中波合作展望 51

第4章 保加利亚的对外贸易 52
  4.1 对外贸易发展趋势 53
  4.2 主要贸易市场结构 55
  4.3 主要进出口商品结构 57
  4.4 主要优势产业及其特征 62

4.5　中保双边贸易概况 · 63
　　4.6　中保贸易竞争性与互补性分析 · 66
　　4.7　中保合作展望 · 68

第 5 章　克罗地亚的对外贸易 · 69
　　5.1　对外贸易发展趋势 · 70
　　5.2　主要贸易市场结构 · 71
　　5.3　主要进出口商品结构 · 73
　　5.4　主要优势产业及其特征 · 78
　　5.5　中克双边贸易概况 · 80
　　5.6　中克贸易竞争性与互补性分析 · 82
　　5.7　中克合作展望 · 84

第 6 章　捷克的对外贸易 · 85
　　6.1　对外贸易发展趋势 · 86
　　6.2　主要贸易市场结构 · 88
　　6.3　主要进出口商品结构 · 90
　　6.4　主要优势产业及其特征 · 95
　　6.5　中捷双边贸易概况 · 97
　　6.6　中捷贸易竞争性与互补性分析 · 100
　　6.7　中捷合作展望 · 102

第 7 章　希腊的对外贸易 · 103
　　7.1　对外贸易发展趋势 · 104
　　7.2　主要贸易市场结构 · 106
　　7.3　主要进出口商品结构 · 108
　　7.4　主要优势产业及其特征 · 113
　　7.5　中希双边贸易概况 · 114
　　7.6　中希贸易竞争性与互补性分析 · 117
　　7.7　中希合作展望 · 118

第 8 章　匈牙利的对外贸易 · 120
　　8.1　对外贸易发展趋势 · 121
　　8.2　主要贸易市场结构 · 123
　　8.3　主要进出口商品结构 · 125
　　8.4　主要优势产业及其特征 · 130
　　8.5　中匈双边贸易概况 · 131
　　8.6　中匈贸易竞争性与互补性分析 · 135

8.7 中匈合作展望 ………………………………………………………………… 136

第 9 章　北马其顿的对外贸易 ……………………………………………… 138
9.1 对外贸易发展趋势 ……………………………………………………… 139
9.2 主要贸易市场结构 ……………………………………………………… 141
9.3 主要进出口商品结构 …………………………………………………… 142
9.4 主要优势产业及其特征 ………………………………………………… 147
9.5 中北双边贸易概况 ……………………………………………………… 149
9.6 中北贸易竞争性与互补性分析 ………………………………………… 152
9.7 中北合作展望 …………………………………………………………… 153

第 10 章　黑山的对外贸易 …………………………………………………… 155
10.1 对外贸易发展趋势 ……………………………………………………… 156
10.2 主要贸易市场结构 ……………………………………………………… 157
10.3 主要进出口商品结构 …………………………………………………… 159
10.4 主要优势产业及其特征 ………………………………………………… 165
10.5 中黑双边贸易概况 ……………………………………………………… 166
10.6 中黑贸易竞争性与互补性分析 ………………………………………… 169
10.7 中黑合作展望 …………………………………………………………… 171

第 11 章　波兰的对外贸易 …………………………………………………… 172
11.1 对外贸易发展趋势 ……………………………………………………… 174
11.2 主要贸易市场结构 ……………………………………………………… 175
11.3 主要进出口商品结构 …………………………………………………… 177
11.4 波兰优势产业及其特征 ………………………………………………… 182
11.5 中波双边贸易概况 ……………………………………………………… 184
11.6 中波贸易竞争性与互补性分析 ………………………………………… 187
11.7 中波合作展望 …………………………………………………………… 189

第 12 章　罗马尼亚的对外贸易 ……………………………………………… 190
12.1 对外贸易发展趋势 ……………………………………………………… 191
12.2 主要贸易市场结构 ……………………………………………………… 193
12.3 主要进出口商品结构 …………………………………………………… 195
12.4 主要优势产业及其特征 ………………………………………………… 200
12.5 中罗双边贸易概况 ……………………………………………………… 202
12.6 中罗贸易竞争性与互补性分析 ………………………………………… 205
12.7 中罗合作展望 …………………………………………………………… 207

第 13 章　塞尔维亚的对外贸易 ······ 208
13.1　对外贸易发展趋势 ······ 209
13.2　主要贸易市场结构 ······ 211
13.3　主要进出口商品结构 ······ 212
13.4　主要优势产业及其特征 ······ 218
13.5　中塞双边贸易概况 ······ 219
13.6　中塞贸易竞争性与互补性分析 ······ 223
13.7　中塞合作展望 ······ 224

第 14 章　斯洛伐克的对外贸易 ······ 226
14.1　对外贸易发展趋势 ······ 227
14.2　主要贸易市场结构 ······ 229
14.3　主要进出口商品结构 ······ 231
14.4　主要优势产业及其特征 ······ 236
14.5　中斯双边贸易概况 ······ 238
14.6　中斯贸易竞争性与互补性分析 ······ 241
14.7　中斯合作展望 ······ 243

第 15 章　斯洛文尼亚的对外贸易 ······ 244
15.1　对外贸易发展趋势 ······ 245
15.2　主要贸易市场结构 ······ 247
15.3　主要进出口商品结构 ······ 249
15.4　主要优势产业及其特征 ······ 254
15.5　中斯双边贸易概况 ······ 256
15.6　中斯贸易竞争性与互补性分析 ······ 259
15.7　中斯合作展望 ······ 261

后记 ······ 262

第1章
中东欧国家总体对外贸易

本章对中东欧国家对外贸易的基本情况进行了细致分析。中东欧国家2014—2021年对外贸易额并非逐年递增,在2015年出现了较为明显的下滑现象。2021年,对外贸易总额、出口总额以及进口总额三项数据相较上一年也都有所减少,出现了一定程度的波动。在主要优势产业方面,中东欧国家主要在汽车工业、食品加工业等产业有很大优势,中国可以与中东欧国家在通信设施服务、基础设施建设、汽车工业、食品加工、化工和生物医药等产业加强合作。在中国—中东欧国家对外贸易发展趋势方面,2019年中国与中东欧国家贸易总额为95 420百万美元,其中中国与波兰双边贸易额最多,与黑山最少。在对中国与中东欧国家贸易竞争性分析过程中,根据显性比较优势指数(RCA)和贸易互补性指数(TCI),中国与大多数中东欧国家在SITC6(主要按原材料分类的制成品)和SITC8(杂项制品)两类商品上体现较为明显的比较优势,同时双方普遍在SITC7(机械及运输设备)上呈现出较强的互补性。

1.1 对外贸易发展趋势

2014年至2020年,中东欧国家对外贸易存在一定波动。由表1-1可知,2014年中东欧国家贸易总额为1 780 519百万美元,2015年贸易总额较2014年出现下滑趋势,自2016年起出现明显回暖。但2020年中东欧国家对外贸易总额为1 870 555百万美元,相较于2019年有下滑迹象。这7年中,2015年对外贸易总额最低,为1 562 655百万美元。究其原因,主要是2015年出现了较为严重的难民危机,大量难民流入欧洲,且国际金融危机深层次影响还在继续,世界经济仍处于深度调整期,发展不平衡问题远未解决。2018年对外贸易总额最高,为2 063 097百万美元。与此同时,在出口总额和进口总额方面,趋势变化与对外贸易总额的变动趋势类似。此外,中东欧国家总体上处于贸易逆差,2014—2016年逆差金额在逐步减少,但从2017年起逆差金额明显增加,2018年最多,为66 387百万美元。2019年逆差金额为58 877百万美元,较2018年有所减少。

表1-1 2014—2020年中东欧国家对外贸易发展趋势　　　　　百万美元

年　份	总　　额	出　口　额	进　口　额	逆差金额
2014	1 780 519	868 314	912 203	43 889
2015	1 562 655	766 020	796 634	30 614
2016	1 598 494	787 400	811 096	23 696

续表

年 份	总 额	出 口 额	进 口 额	逆差金额
2017	1 826 270	894 193	934 251	40 058
2018	2 063 097	998 355	1 064 742	66 387
2019	2 033 395	987 259	1 046 136	58 877
2020	1 870 555	912 936	957 619	44 683

资料来源：商务部国别报告网、UN Comtrade 数据库、全球贸易观察等，经本课题组整理所得。

1.2 主要贸易市场结构

本书对 2020 年中东欧国家与主要的贸易伙伴的进出口总额数据进行了系统梳理，从进出口总额、出口总额及进口总额三方面分析了 2020 年中东欧国家与主要贸易伙伴之间的关系，分别列出了中东欧国家与主要贸易伙伴进出口总额前 10 名，具体数据如表 1-2 所示。

表 1-2 2020 年中东欧国家主要贸易市场结构（进出口总额前 10 名）

排 名	国 家	进出口总额/百万美元
1	德国	460 402
2	意大利	121 177
3	中国	95 420
4	法国	87 984
5	波兰	82 730
6	荷兰	81 841
7	俄罗斯	79 888
8	捷克	77 425
9	奥地利	73 216
10	英国	63 969

资料来源：商务部国别报告网、UN Comtrade 数据库、全球贸易观察等，经本课题组整理所得。

1.3 主要优势产业及其特征

中东欧国家在产业合作方面有三个优势：一是地理位置优越，地处中西欧交汇处，可辐射至整个欧洲大陆；二是人力资本颇具优势；三是技术创新研发能力强。同时，中东欧国家在投资、贸易、旅游领域的需求很大，中国企业在中东欧国家的基础设施、装备制造、境外工程领域大有可为。

中东欧国家资源禀赋各异，与中国经济互补性较强，彼此在以下产业尚有合作的空间。

一是通信设备及通信服务。通信是我国的优势产业，而目前中东欧国家正亟须升级通信产业。中国可以参与国家通信产业合作，为中东欧国家提供优质的通信设备与服务。

二是汽车工业。以捷克、斯洛伐克、波兰、匈牙利、斯洛文尼亚为代表的中东欧国家有着较成熟的汽车工业基础。中国的汽车工业发展迅速，可以通过合作达到优势互补。

三是化工和生物制药。在化工领域，部分中东欧国家存在工业基础薄弱、产能不足、需求旺盛的特点，而中国石化产业基础雄厚，可以"取长补短"。在制药行业，匈牙利等国家最为发达，吸引了许多跨国制药公司的资金投入。中国制药研发能力有待提升，可通过中东欧国家设立药品研发中心，加以利用。

四是基础设施建设。中东欧国家为了振兴经济，在公路、桥梁、机场、港口、地铁、输气管道等领域加大了投入力度。近年来，中国在基础设施相关产业上有较多过剩产能，可以通过领先的技术开展合作。

五是食品加工。罗马尼亚是世界葡萄酒生产出口的重要国家，保加利亚是酸奶的发源地和乳制品的重要生产基地。因此，中国的相关食品加工企业可以加快"走出去"的步伐，利用当地优质食品和原料就地生产，销往国内外市场。

本书对中东欧国家的主要优势产业及其特征展开了系统归纳，具体如表1-3所示。

表1-3 中东欧国家优势产业及其特征

国家	产业	备注
波兰	汽车制造业	波兰汽车及其零部件制造业优势较为明显，每年约98%的产出出口国外市场，波兰汽车工业以外资企业占主导地位
波兰	家具制造业	波兰是世界第六大家具制造国、第四大家具出口国，拥有超过2.7万家家具制造企业
波兰	烟草制品业	波兰是欧盟第二大烟草制品生产国
波兰	商务服务业	波兰以其高质量服务、可忽略的文化差异、较小的时差成为美欧企业外包服务的首选
波兰	运输服务业	波兰位于欧洲中部，成为架起东西欧、南北欧的桥梁，因此造就出波兰高度发达的运输服务业
捷克	航空航天设备制造业	捷克生产飞机的历史已有百年，截至2020年，轻型飞机年产量在300架左右，90%出口到世界各地
捷克	汽车制造业	捷克拥有世界上集中度最高的汽车制造和设计产业，深度嵌入欧洲汽车产业链条，每千人生产汽车128辆，人均产量始终保持世界领先地位
捷克	印刷包装业	截至2020年，捷克拥有9 350家印刷企业，从业人员达到近3万名，居中东欧之首。在整个欧盟28国中，位列第六
捷克	交通运输、仓储和邮政业	运输仓储行业占整个捷克GDP(国内生产总值)的35%，是捷克的重要经济支柱
捷克	商务支持服务业	捷克政府大力扶持商务支持服务业，包括服务共享中心、客户服务中心、IT（信息技术）服务中心及高技术维修中心等
匈牙利	橡胶和塑料制品业	匈牙利橡胶和塑料制品业产值占其制造业产值的8%左右，其中，约65%的产品出口海外
匈牙利	汽车制造业	汽车制造业是匈牙利核心产业之一，其产品出口约占出口总额的20%
匈牙利	电子设备制造业	电子设备制造业是匈牙利规模最大的产业之一，匈牙利也是中东欧地区最大的电子产品生产国
匈牙利	信息通信技术服务业	近年来匈牙利信息通信技术产业发展迅猛，成为中东欧地区计算机组装和通信设备制造龙头

续表

国家	产业	备注
匈牙利	商务服务业	匈牙利商务服务中心主要集中在布达佩斯,超过90家企业提供共享服务、流程外包、IT和R&D(研究与开发)服务等
斯洛伐克	汽车制造业	汽车工业是斯洛伐克主要支柱产业之一,汽车业产值占工业总产值的44%,其中,出口260亿欧元,占出口总额的40%
斯洛伐克	橡胶和塑料制品业	2017年,斯洛伐克橡胶和塑料制品业产值59.5亿欧元,占其工业产值的7.5%,行业增加值17.1亿欧元,占其工业增加值的11%
斯洛伐克	机械工程业	机械工程业是斯洛伐克主要支柱产业之一,与汽车制造业密不可分,74%的行业产出提供给汽车制造企业或其零部件供应商
斯洛伐克	交通运输、仓储和邮政业	斯洛伐克以公路运输和铁路运输为主,2017年斯洛伐克分别投入9.78亿欧元和2.44亿欧元用于公路和铁路设施的建设及维护
斯洛伐克	商务服务业	斯洛伐克劳动生产率与劳动力成本比在中欧和东欧国家中最高。劳动力中受过高等教育的人数比例在欧盟成员国中排名第一
罗马尼亚	烟草制品业	2017年,烟草制品出口占罗马尼亚食品、饮料和烟草出口总额的42%,占消费品出口总额的6%左右
罗马尼亚	橡胶和塑料制品业	截至2020年,罗马尼亚拥有塑料加工业企业600多家
罗马尼亚	食品制造业	罗马尼亚葡萄种植面积排名欧洲第5位,葡萄产量排第6位,葡萄酒产量全球排名第13位
罗马尼亚	交通运输、仓储和邮政业	罗马尼亚主要的物流货运公司多数是跨国公司,在信息技术系统、标准化运作以及与重要国际运输公司关系方面具有优势
罗马尼亚	软件和信息技术服务业	罗马尼亚作为中东欧地区面积和人口第二大国,是近年来该地区IT和通信市场发展最为迅速的国家之一
保加利亚	贱金属及其制品制造业	贱金属及其制品是保加利亚的主要出口商品之一,2017年出口额达到53.6亿美元,占保加利亚出口总额的17.8%
保加利亚	纺织服装业	纺织服装业是保加利亚重点行业之一,2016年,保加利亚纺织品出口额约32亿欧元
保加利亚	农副食品加工业	农业是保加利亚优势产业之一,保加利亚农产品如玫瑰油、乳制品等享誉世界
保加利亚	软件和信息技术服务业	保加利亚IT业在欧盟排第三,IT业已连续多年获得两位数增长,是同期保GDP增速的5倍
保加利亚	其他商务服务业	其他商务服务业主要是指保加利亚的旅游业,是保加利亚经济支柱产业
斯洛文尼亚	金属制品业	金属加工业是斯洛文尼亚历史最悠久的行业之一,该行业就业占制造业就业比重达34%,创造了制造业31%的出口和31%的公司收入
斯洛文尼亚	木质制品制造业	斯洛文尼亚是仅次于芬兰和瑞典的欧洲第三个森林覆盖率超过60%的国家,其在橱柜、家具等木制品制造方面具有比较优势
斯洛文尼亚	化学与医药制造业	化学工业在斯洛文尼亚发展较早,斯洛文尼亚已经形成以生产医药及医药中间体、化妆品、化学制剂、橡胶及塑料制品等为主的现代化学工业格局
斯洛文尼亚	信息和通信服务业	信息和通信业作为商务服务业的一部分,是斯洛文尼亚最具活力的部门,亦是国家优先发展的产业
斯洛文尼亚	建筑服务业	2016年,斯洛文尼亚建筑业的产量较2015年增长9.1%,是欧盟增长最快的国家之一

续表

国家	产业	备注
克罗地亚	金属制品业	克罗地亚金属加工业年产值23亿欧元,约占国内生产总值的5.2%
	木质制品制造业	克罗地亚森林工业在国民经济占据重要位置,相关从业人员约5.3万,林业产品出口占出口总额10%左右
	船舶及相关装置制造	2016年,克罗地亚造船业排在欧洲第二位,全球排在第九位
	化学与医药制造业	克罗地亚制药业年产值9.04亿欧元,约占国内生产总值的2.1%
	旅游业	克罗地亚是地中海旅游胜地,旅游业成为克罗地亚支柱产业之一
阿尔巴尼亚	皮革和制鞋业	鞋类制造业是阿尔巴尼亚增长最快的部门之一,推动了阿尔巴尼亚向国际市场的出口
	纺织服装、服饰业	阿尔巴尼亚纺织服装产品主要出口意大利、德国、荷兰和法国等国家
	农业	阿尔巴尼亚是一个传统的农业国,2016年农业产值约占当年GDP的20.1%,农业产业占全国就业人数总数的44.7%
	交通运输、仓储和邮政业	阿尔巴尼亚的交通以公路运输为主,公路总里程约2.8万千米
	旅游业	阿尔巴尼亚拥有众多国家公园、自然保护区、古村落和古代遗址,还有保护完好的611千米长的海岸线和城堡
塞尔维亚	化学原料和化学制品制造业	塞尔维亚的化学工业由1507家公司组成,2014年产值占GDP的2.2%,员工人数超过3.2万
	农副食品加工、食品制造业	农业是塞尔维亚传统优势产业之一,2016年,全年农业产值增长9.1%,农产品出口29.8亿美元,占出口总额的20%
	信息通信技术产业	塞尔维亚IT行业发展迅速,目前塞信息技术行业已经对塞GDP增长贡献达到10%
黑山	采矿业	黑山最重要的矿产资源是煤、红铝土矿、铅和锌等
	金属制品业	金属加工业包括初级金属和金属产品(有色金属、钢铁)的生产,是黑山制造业最重要的部门
	木质制品制造业	木材工业是黑山经济的重要组成部分,黑山森林覆盖面积54万公顷(1公顷=0.01平方千米),约占黑山总面积39.43%
	农产品及其加工业	黑山拥有丰富的葡萄栽培,葡萄酒是食品加工业最重要的出口产品
	旅游业	黑山是一个地中海小国,拥有丰富的建筑和文化遗产,多样化的景观和气候,以及保存完好的自然环境
波黑	旅游业	波黑将旅游列为经济发展的重要产业之一,并在大力吸引外资
	木质制品制造业	波黑全国的森林和林地覆盖率高达63%,林业和木材加工业成为波黑经济的主要产业之一
	金属制造业	金属加工业占波黑制造业的20%,是波黑制造业的支柱产业,金属加工出口产品占产量的50%~60%
	汽车制造业	波黑2017年前20位出口产品中,汽车座椅居首位,汽车零配件列第三位
	建筑服务业	波黑丰富的自然资源,如木材、石头、砾石、沙子、黏土和金属矿等,使其建筑市场的增长潜力非常高

续表

国家	产业	备注
北马其顿	化学原料和化学制品制造业	北马其顿拥有相当发达的化学工业,具有生产基本化学品、合成纤维、聚氯乙烯以及洗涤剂、肥料、聚氨酯泡沫和纤维的能力
北马其顿	纺织服装、皮革制品业	纺织品工业包括纺织和服装皮革制品两大部门,是北马其顿国内领先的加工工业之一,纺织和皮革业产值占GDP的20%
北马其顿	烟草制品业	烟草是北马其顿农产品出口总额的最大贡献者
北马其顿	农副食品加工、食品制造业	北马其顿有农业用地126.8万公顷,可耕地41.4万公顷,主要农产品包括烟草原料和制成品、葡萄酒、羊肉和园艺产品
北马其顿	建筑服务业	北马其顿是中欧、东欧、中东和俄罗斯的主要建筑劳工供应国
希腊	新能源业	希腊自然资源相对贫乏,但太阳能和风能等资源丰富,高度重视太阳能和风能等新能源的研发与投资,光能转换技术较为成熟
希腊	农业	农业是希腊传统优势产业,农产品是希腊出口最具竞争力的产品之一。希腊全年干旱少雨,属于典型的地中海气候。针对其气候特点,希腊大力研究节水浇灌,技术水平较高
希腊	海洋产业	希腊在海洋环境保护和海产品养殖等领域处于世界领先位置,海水养殖技术高,多类产品产量居欧盟前列
希腊	化学与医药制造业	近年来,希腊大力发展生物制药技术,部分高端医药产品出口海外
希腊	文化产业	古迹的保护与修复技术是希腊传统的优势领域。希腊是文明古国之一,拥有丰富的文化遗产,在人才培养、设备更新与技术开发等方面都走在世界前列

1.4 中国—中东欧国家双边贸易概况

本书对2021年中国与中东欧国家进出口贸易额的相关数据进行了统计。不难发现,2021年中国与波兰、捷克、匈牙利、斯洛伐克、希腊等国进出口贸易额较大,其中与波兰的进出口贸易额居首。同时,中国与北马其顿、波黑以及黑山的进出口贸易额较小,与黑山的进出口贸易额最小,具体数据如表1-4所示。

表1-4 2021年中国—中东欧国家进出口贸易统计

排名	国家	2021年进出口额/百万美元	进出口额占比/%
1	波兰	42 120	31.55
2	捷克	21 161	15.85
3	匈牙利	15 707	11.77
4	希腊	12 153	9.10
5	斯洛伐克	12 092	9.06
6	罗马尼亚	10 215	7.65
7	斯洛文尼亚	5 995	4.49
8	保加利亚	4 109	3.08
9	塞尔维亚	3 227	2.42
10	克罗地亚	2 316	1.73
11	阿尔巴尼亚	755	0.57

续表

排　　名	国　　家	2021年进出口额/百万美元	进出口额占比/%
12	北马其顿	595	0.45
13	波黑	274	0.21
14	黑山	107	0.08

资料来源：UN Comtrade 数据库、全球贸易观察等，经本课题组整理所得。

1.5 中国—中东欧国家贸易竞争性与互补性分析

1.5.1 比较优势

比较优势是中国与中东欧国家开展双边贸易的重要基础，中国与中东欧国家在自然资源、技术层级、劳动力资源等方面存在比较大的差异，因此在生产不同商品上，比较优势和劣势是不同的。本书更倾向于采用显性比较优势指数，该指数可用来对中国与中东欧国家贸易进行分析。

1. 中国—中东欧国家显性比较优势指数计算

显性比较优势指数的计算公式为

$$\text{RCA}_{xik} = (X_{ik}/X_{wk})/(X_i/X_w)$$

式中：X_{ik} 表示 i 国 k 产品的出口总额；X_i 表示 i 国所有商品出口总额；X_{wk} 表示世界市场中 k 产品出口总额；X_w 表示世界所有商品出口总额。

国际贸易标准分类（standard international trade classification，SITC）是用于国际贸易商品的统计和对比的标准分类方法。SITC 采用经济分类标准，即按原料、半制品、制成品分类并反映商品的产业部门来源和加工程度。目前联合国已公布了最新的版本，即第四版（Rev4）。本书利用《国际贸易商品标准分类》（SITC. Rev4），以 2020 年为例，对中国与中东欧国家显性比较优势指数进行分析，具体数据如表 1-5～表 1-8 所示。

表 1-5　2020 年中国商品出口额

SITC	商品类别名称	金额/百万美元
SITC0	食品和活动物	64 459.13
SITC1	饮料及烟草	2 528.22
SITC2	非食用燃料（不包含燃料）	14 989.64
SITC3	矿物燃料、润滑油及有关原料	31 441.20
SITC4	动、植物油、脂和蜡	1 404.73
SITC5	未列明的化学品和有关产品	169 133.70
SITC6	主要按原材料分类的制成品	436 294.33
SITC7	机械及运输设备	1 258 392.51
SITC8	杂项制品	581 912.10
SITC9	没有分类的其他商品	28 542.81

资料来源：UN Comtrade 数据库等，经本课题组整理所得。

注：本表内容在下文不再赘述。

表 1-6　2020 年中东欧国家商品出口额

国　　家	SITC	商品类别名称	金额/百万美元
阿尔巴尼亚	SITC0	食品和活动物	317.98
	SITC1	饮料及烟草	9.13
	SITC2	非食用燃料(不包含燃料)	105.59
	SITC3	矿物燃料、润滑油及有关原料	21.88
	SITC4	动、植物油、脂和蜡	1.50
	SITC5	未列明的化学品和有关产品	23.79
	SITC6	主要按原材料分类的制成品	367.47
	SITC7	机械及运输设备	70.67
	SITC8	杂项制品	904.41
	SITC9	没有分类的其他商品	593.21
波黑	SITC0	食品和活动物	372.42
	SITC1	饮料及烟草	52.24
	SITC2	非食用燃料(不包含燃料)	725.20
	SITC3	矿物燃料、润滑油及有关原料	702.46
	SITC4	动、植物油、脂和蜡	702.46
	SITC5	未列明的化学品和有关产品	556.18
	SITC6	主要按原材料分类的制成品	1 720.93
	SITC7	机械及运输设备	1 075.09
	SITC8	杂项制品	1 910.09
	SITC9	没有分类的其他商品	0.22
保加利亚	SITC0	食品和活动物	3 756.00
	SITC1	饮料及烟草	418.08
	SITC2	非食用燃料(不包含燃料)	2 233.70
	SITC3	矿物燃料、润滑油及有关原料	1 480.07
	SITC4	动、植物油、脂和蜡	485.09
	SITC5	未列明的化学品和有关产品	3 689.41
	SITC6	主要按原材料分类的制成品	7 211.86
	SITC7	机械及运输设备	7 428.53
	SITC8	杂项制品	4 155.22
	SITC9	没有分类的其他商品	1 056.75
克罗地亚	SITC0	食品和活动物	2 070.00
	SITC1	饮料及烟草	341.17
	SITC2	非食用燃料(不包含燃料)	1 241.49
	SITC3	矿物燃料、润滑油及有关原料	1 536.48
	SITC4	动、植物油、脂和蜡	83.24
	SITC5	未列明的化学品和有关产品	2 336.90
	SITC6	主要按原材料分类的制成品	2 849.29
	SITC7	机械及运输设备	4 020.90
	SITC8	杂项制品	2 370.39
	SITC9	没有分类的其他商品	141.42

续表

国家	SITC	商品类别名称	金额/百万美元
捷克	SITC0	食品和活动物	6 655.12
	SITC1	饮料及烟草	1 701.48
	SITC2	非食用燃料(不包含燃料)	4 011.32
	SITC3	矿物燃料、润滑油及有关原料	2 308.02
	SITC4	动、植物油、脂和蜡	389.09
	SITC5	未列明的化学品和有关产品	13 156.75
	SITC6	主要按原材料分类的制成品	26 623.63
	SITC7	机械及运输设备	112 871.21
	SITC8	杂项制品	23 829.77
	SITC9	没有分类的其他商品	760.98
希腊	SITC0	食品和活动物	5 966.91
	SITC1	饮料及烟草	896.85
	SITC2	非食用燃料(不包含燃料)	1 419.73
	SITC3	矿物燃料、润滑油及有关原料	7 670.09
	SITC4	动、植物油、脂和蜡	639.76
	SITC5	未列明的化学品和有关产品	5 699.98
	SITC6	主要按原材料分类的制成品	5 485.10
	SITC7	机械及运输设备	3 639.07
	SITC8	杂项制品	2 678.95
	SITC9	没有分类的其他商品	974.01
匈牙利	SITC0	食品和活动物	8 317.95
	SITC1	饮料及烟草	676.39
	SITC2	非食用燃料(不包含燃料)	1 999.71
	SITC3	矿物燃料、润滑油及有关原料	2 631.77
	SITC4	动、植物油、脂和蜡	633.87
	SITC5	未列明的化学品和有关产品	14 986.90
	SITC6	主要按原材料分类的制成品	11 694.35
	SITC7	机械及运输设备	68 216.44
	SITC8	杂项制品	10 099.34
	SITC9	没有分类的其他商品	714.00
北马其顿	SITC0	食品和活动物	418.13
	SITC1	饮料及烟草	221.74
	SITC2	非食用燃料(不包含燃料)	322.46
	SITC3	矿物燃料、润滑油及有关原料	93.65
	SITC4	动、植物油、脂和蜡	10.11
	SITC5	未列明的化学品和有关产品	1 586.32
	SITC6	主要按原材料分类的制成品	973.87
	SITC7	机械及运输设备	2 193.59
	SITC8	杂项制品	808.97
	SITC9	没有分类的其他商品	4.37

续表

国　　家	SITC	商品类别名称	金额/百万美元
黑山	SITC0	食品和活动物	33.50
	SITC1	饮料及烟草	21.87
	SITC2	非食用燃料(不包含燃料)	91.89
	SITC3	矿物燃料、润滑油及有关原料	68.23
	SITC4	动、植物油、脂和蜡	0.61
	SITC5	未列明的化学品和有关产品	34.89
	SITC6	主要按原材料分类的制成品	89.37
	SITC7	机械及运输设备	43.17
	SITC8	杂项制品	26.32
	SITC9	没有分类的其他商品	0
波兰	SITC0	食品和活动物	30 048.72
	SITC1	饮料及烟草	5 726.79
	SITC2	非食用燃料(不包含燃料)	5 052.82
	SITC3	矿物燃料、润滑油及有关原料	4 016.52
	SITC4	动、植物油、脂和蜡	456.32
	SITC5	未列明的化学品和有关产品	24 012.68
	SITC6	主要按原材料分类的制成品	45 144.45
	SITC7	机械及运输设备	93 442.61
	SITC8	杂项制品	45 803.50
	SITC9	没有分类的其他商品	464.62
罗马尼亚	SITC0	食品和活动物	4 908.39
	SITC1	饮料及烟草	1 744.03
	SITC2	非食用燃料(不包含燃料)	2 599.80
	SITC3	矿物燃料、润滑油及有关原料	1 717.13
	SITC4	动、植物油、脂和蜡	213.53
	SITC5	未列明的化学品和有关产品	3 531.82
	SITC6	主要按原材料分类的制成品	11 306.04
	SITC7	机械及运输设备	34 590.40
	SITC8	杂项制品	10 019.64
	SITC9	没有分类的其他商品	415.63
塞尔维亚	SITC0	食品和活动物	2 954.16
	SITC1	饮料及烟草	689.75
	SITC2	非食用燃料(不包含燃料)	770.63
	SITC3	矿物燃料、润滑油及有关原料	448.50
	SITC4	动、植物油、脂和蜡	222.09
	SITC5	未列明的化学品和有关产品	1 934.34
	SITC6	主要按原材料分类的制成品	4 171.71
	SITC7	机械及运输设备	5 525.46
	SITC8	杂项制品	2 478.99
	SITC9	没有分类的其他商品	305.19

续表

国　　家	SITC	商品类别名称	金额/百万美元
斯洛伐克	SITC0	食品和活动物	2 929.96
	SITC1	饮料及烟草	164.03
	SITC2	非食用燃料(不包含燃料)	1 514.13
	SITC3	矿物燃料、润滑油及有关原料	2 081.41
	SITC4	动、植物油、脂和蜡	156.27
	SITC5	未列明的化学品和有关产品	3 473.83
	SITC6	主要按原材料分类的制成品	12 498.83
	SITC7	机械及运输设备	55 764.02
	SITC8	杂项制品	7 902.88
	SITC9	没有分类的其他商品	222.43
斯洛文尼亚	SITC0	食品和活动物	1 500.09
	SITC1	饮料及烟草	166.42
	SITC2	非食用燃料(不包含燃料)	990.33
	SITC3	矿物燃料、润滑油及有关原料	1 145.08
	SITC4	动、植物油、脂和蜡	46.66
	SITC5	未列明的化学品和有关产品	10 333.06
	SITC6	主要按原材料分类的制成品	6 449.39
	SITC7	机械及运输设备	12 919.81
	SITC8	杂项制品	3 823.33
	SITC9	没有分类的其他商品	96.92

资料来源：UN Comtrade 数据库等,经本课题组整理所得。

表 1-7　2020 年世界商品出口额

SITC	商品类别名称	金额/百万美元
SITC0	食品和活动物	1 188 424.25
SITC1	饮料及烟草	146 997.71
SITC2	非食用燃料(不包含燃料)	677 737.64
SITC3	矿物燃料、润滑油及有关原料	1 257 284.87
SITC4	动、植物油、脂和蜡	92 383.55
SITC5	未列明的化学品和有关产品	2 128 183.90
SITC6	主要按原材料分类的制成品	2 073 483.48
SITC7	机械及运输设备	6 362 748.68
SITC8	杂项制品	2 089 561.96
SITC9	没有分类的其他商品	1 013 123.51

资料来源：UN Comtrade 数据库等,经本课题组整理所得。

注：本表内容在下文中不再赘述。

表 1-8　2020 年中国—中东欧国家显性比较优势指数计算结果

国　　家	SITC0	SITC1	SITC2	SITC3	SITC4	SITC5	SITC6	SITC7	SITC8	SITC9
中国	0.36	0.11	0.15	0.16	0.10	0.52	1.38	1.30	1.83	0.19
阿尔巴尼亚	1.89	0.44	1.10	0.12	0.11	0.08	1.25	0.08	3.05	4.13
波黑	0.68	0.77	2.33	1.22	16.56	0.57	1.81	0.37	1.99	0.00

续表

国　　家	SITC0	SITC1	SITC2	SITC3	SITC4	SITC5	SITC6	SITC7	SITC8	SITC9
保加利亚	1.69	1.52	1.76	0.63	2.80	0.93	1.86	0.62	1.06	0.56
克罗地亚	1.75	2.33	1.84	1.22	0.90	1.10	1.38	0.63	1.14	0.14
捷克	0.50	1.03	0.52	0.16	0.37	0.55	1.14	1.57	1.01	0.07
希腊	2.44	2.96	1.02	2.96	3.36	1.30	1.28	0.28	0.62	0.47
匈牙利	0.99	0.65	0.42	0.30	0.97	1.00	0.80	1.52	0.69	0.10
北马其顿	0.90	3.87	1.22	0.19	0.28	1.91	1.21	0.89	0.99	0.01
黑山	1.17	6.18	5.63	2.25	0.27	0.68	1.79	0.28	0.52	0
波兰	1.69	2.61	0.50	0.21	0.33	0.76	1.46	0.98	1.47	0.03
罗马尼亚	0.99	2.84	0.92	0.33	0.55	0.40	1.31	1.30	1.15	0.10
塞尔维亚	2.17	4.10	0.99	0.31	2.10	0.79	1.76	0.76	1.04	0.26
斯洛伐克	0.48	0.22	0.44	0.33	0.33	0.32	1.18	1.72	0.74	0.04
斯洛文尼亚	0.57	0.51	0.66	0.41	0.23	2.21	1.41	0.92	0.83	0.04

2. 中国—中东欧国家显性比较优势指数结果分析

（1）中国在SITC6（主要按原材料分类的制成品）、SITC7（机械及运输设备）、SITC8（杂项制品）这三类商品中具有显性比较优势，其中SITC8（杂项制品）RCA值接近2，说明具有比较明显的显性比较优势。但是，除了这三类商品外，2020年中国在其他商品中并不具有显性比较优势，其中SITC1（饮料及烟草）、SITC4（动、植物油、脂和蜡）的RCA值很低，显性比较劣势明显。

（2）中东欧国家普遍在SITC0（食品和活动物）、SITC1（饮料及烟草）、SITC2［非食用燃料（不包含燃料）］、SITC6（主要按原材料分类的制成品）、SITC8（杂项制品）这几类商品中具有一定的显性比较优势，其中在SITC6（主要按原材料分类的制成品）这类商品中，中东欧国家仅有匈牙利RCA值小于1，其余国家均具有比较优势，甚至保加利亚、波黑等国在这类商品中具有非常明显的比较优势。

（3）结合中国与中东欧国家在上述十类商品中显性比较优势指数的计算结果，不难看出中国与大多数中东欧国家在SITC6（主要按原材料分类的制成品）和SITC8（杂项制品）这两类商品中呈现显性比较优势。此外，中东欧国家普遍还在SITC0（食品和活动物）、SITC1（饮料及烟草）、SITC2［非食用燃料（不包含燃料）］这三类商品中具有比较优势，而中国上述三类商品的RCA值均小于1，说明双方在这几类商品中不具有竞争性。

1.5.2　贸易互补性

贸易互补性是描述国家间互补性关系的重要指标，反映了国家间贸易互补程度和发展潜力。一般认为，若i国集中出口的产品正好与j国集中进口的产品相一致，说明双边贸易具有互补性。衡量i国与j国进口的匹配程度，进而判断两国是否有开展贸易的潜在空间比较直观的方法即为贸易互补性指数。

1. 中国—中东欧国家贸易互补性指数计算

贸易互补性指数计算公式为

$$\mathrm{TCI}_{ij} = \mathrm{RCA}_{xik} \times \mathrm{RCA}_{mjk}$$

式中：RCA_{xik} 值越高，证明 i 国 k 类产品的出口比较优势越强；RCA_{mjk} 值越高，证明 j 国 k 类产品进口比较劣势越为显著；TCI_{ij} 值越高，表明 i 国出口的产品极大地满足了 j 国的需求，两国间 k 类产品的互补性越强。进口比较劣势的计算公式为

$$\mathrm{RCA}_{mjk} = (M_{jk}/M_j)/(M_{wk}/M_w)$$

式中：RCA_{mjk} 代表了 j 国在 k 类商品上的显性比较劣势指数。这里 M_{jk} 为 j 国 k 类产品的进口总额，M_{wk} 表示世界 k 类产品进口总额，M_w 表示世界所有产品进口总额。

本书利用《国际贸易商品标准分类》(SITC. Rev4)，以 2020 年为例，对中国与中东欧国家互补性指数进行分析，具体数据如表 1-9～表 1-11 所示。

表 1-9　2020 年中国商品进口额

SITC	商品类别名称	金额/百万美元
SITC0	食品和活动物	65 012.89
SITC1	饮料及烟草	7 972.32
SITC2	非食用燃料(不包含燃料)	272 153.21
SITC3	矿物燃料、润滑油及有关原料	347 787.83
SITC4	动、植物油、脂和蜡	7 780.16
SITC5	未列明的化学品和有关产品	225 939.63
SITC6	主要按原材料分类的制成品	157 615.43
SITC7	机械及运输设备	965 045.65
SITC8	杂项制品	155 576.68
SITC9	没有分类的其他商品	76 480.63

资料来源：UN Comtrade 数据库等，经本课题组整理所得。

注：本表内容在下文不再赘述。

表 1-10　2020 年中东欧国家商品进口额

国　家	SITC	商品类别名称	金额/百万美元
阿尔巴尼亚	SITC0	食品和活动物	689.58
	SITC1	饮料及烟草	131.18
	SITC2	非食用燃料(不包含燃料)	47.88
	SITC3	矿物燃料、润滑油及有关原料	265.20
	SITC4	动、植物油、脂和蜡	13.23
	SITC5	未列明的化学品和有关产品	504.10
	SITC6	主要按原材料分类的制成品	857.14
	SITC7	机械及运输设备	790.13
	SITC8	杂项制品	710.96
	SITC9	没有分类的其他商品	1 931.89
波黑	SITC0	食品和活动物	1 423.99
	SITC1	饮料及烟草	251.80
	SITC2	非食用燃料(不包含燃料)	334.01
	SITC3	矿物燃料、润滑油及有关原料	1 717.91
	SITC4	动、植物油、脂和蜡	113.59
	SITC5	未列明的化学品和有关产品	1 449.76

续表

国家	SITC	商品类别名称	金额/百万美元
波黑	SITC6	主要按原材料分类的制成品	2 753.25
	SITC7	机械及运输设备	2 421.60
	SITC8	杂项制品	1 163.57
	SITC9	没有分类的其他商品	0.08
保加利亚	SITC0	食品和活动物	2 792.68
	SITC1	饮料及烟草	553.68
	SITC2	非食用燃料(不包含燃料)	3 431.81
	SITC3	矿物燃料、润滑油及有关原料	5 135.75
	SITC4	动、植物油、脂和蜡	120.18
	SITC5	未列明的化学品和有关产品	5 143.46
	SITC6	主要按原材料分类的制成品	6 301.33
	SITC7	机械及运输设备	9 806.26
	SITC8	杂项制品	2 929.68
	SITC9	没有分类的其他商品	1 713.02
克罗地亚	SITC0	食品和活动物	2 938.40
	SITC1	饮料及烟草	399.06
	SITC2	非食用燃料(不包含燃料)	536.79
	SITC3	矿物燃料、润滑油及有关原料	3 807.68
	SITC4	动、植物油、脂和蜡	112.69
	SITC5	未列明的化学品和有关产品	3 914.00
	SITC6	主要按原材料分类的制成品	4 898.58
	SITC7	机械及运输设备	7 449.17
	SITC8	杂项制品	4 033.09
	SITC9	没有分类的其他商品	23.62
捷克	SITC0	食品和活动物	8 099.98
	SITC1	饮料及烟草	1 349.51
	SITC2	非食用燃料(不包含燃料)	3 753.51
	SITC3	矿物燃料、润滑油及有关原料	11 200.21
	SITC4	动、植物油、脂和蜡	271.07
	SITC5	未列明的化学品和有关产品	20 255.36
	SITC6	主要按原材料分类的制成品	30 380.80
	SITC7	机械及运输设备	87 480.00
	SITC8	杂项制品	21 647.17
	SITC9	没有分类的其他商品	486.41
希腊	SITC0	食品和活动物	6 576.48
	SITC1	饮料及烟草	774.13
	SITC2	非食用燃料(不包含燃料)	1 566.56
	SITC3	矿物燃料、润滑油及有关原料	18 874.07
	SITC4	动、植物油、脂和蜡	296.02
	SITC5	未列明的化学品和有关产品	9 193.76
	SITC6	主要按原材料分类的制成品	7 382.05
	SITC7	机械及运输设备	12 317.08

续表

国　　家	SITC	商品类别名称	金额/百万美元
希腊	SITC8	杂项制品	6 485.63
	SITC9	没有分类的其他商品	1 675.67
匈牙利	SITC0	食品和活动物	5 389.20
	SITC1	饮料及烟草	679.63
	SITC2	非食用燃料(不包含燃料)	2 268.03
	SITC3	矿物燃料、润滑油及有关原料	9 582.88
	SITC4	动、植物油、脂和蜡	235.63
	SITC5	未列明的化学品和有关产品	14 655.68
	SITC6	主要按原材料分类的制成品	17 137.75
	SITC7	机械及运输设备	54 925.69
	SITC8	杂项制品	10 853.30
	SITC9	没有分类的其他商品	1 653.79
北马其顿	SITC0	食品和活动物	741.93
	SITC1	饮料及烟草	96.62
	SITC2	非食用燃料(不包含燃料)	238.44
	SITC3	矿物燃料、润滑油及有关原料	918.16
	SITC4	动、植物油、脂和蜡	52.91
	SITC5	未列明的化学品和有关产品	1 052.34
	SITC6	主要按原材料分类的制成品	3 330.76
	SITC7	机械及运输设备	2 007.87
	SITC8	杂项制品	607.23
	SITC9	没有分类的其他商品	5.42
黑山	SITC0	食品和活动物	522.93
	SITC1	饮料及烟草	88.69
	SITC2	非食用燃料(不包含燃料)	58.47
	SITC3	矿物燃料、润滑油及有关原料	322.02
	SITC4	动、植物油、脂和蜡	16.53
	SITC5	未列明的化学品和有关产品	295.75
	SITC6	主要按原材料分类的制成品	545.15
	SITC7	机械及运输设备	751.75
	SITC8	杂项制品	403.48
	SITC9	没有分类的其他商品	0.02
波兰	SITC0	食品和活动物	18 655.49
	SITC1	饮料及烟草	1 912.78
	SITC2	非食用燃料(不包含燃料)	8 176.19
	SITC3	矿物燃料、润滑油及有关原料	23 549.71
	SITC4	动、植物油、脂和蜡	915.28
	SITC5	未列明的化学品和有关产品	36 447.67
	SITC6	主要按原材料分类的制成品	46 744.81
	SITC7	机械及运输设备	92 805.60
	SITC8	杂项制品	34 314.95
	SITC9	没有分类的其他商品	4 177.41

续表

国　　家	SITC	商品类别名称	金额/百万美元
罗马尼亚	SITC0	食品和活动物	4 968.66
	SITC1	饮料及烟草	997.38
	SITC2	非食用燃料（不包含燃料）	3 011.19
	SITC3	矿物燃料、润滑油及有关原料	3 279.83
	SITC4	动、植物油、脂和蜡	238.05
	SITC5	未列明的化学品和有关产品	3 407.66
	SITC6	主要按原材料分类的制成品	13 323.22
	SITC7	机械及运输设备	37 943.85
	SITC8	杂项制品	12 226.14
	SITC9	没有分类的其他商品	681.62
塞尔维亚	SITC0	食品和活动物	1 472.75
	SITC1	饮料及烟草	344.52
	SITC2	非食用燃料（不包含燃料）	1 085.89
	SITC3	矿物燃料、润滑油及有关原料	3 000.00
	SITC4	动、植物油、脂和蜡	61.86
	SITC5	未列明的化学品和有关产品	3 508.02
	SITC6	主要按原材料分类的制成品	4 797.61
	SITC7	机械及运输设备	6 698.19
	SITC8	杂项制品	1 886.75
	SITC9	没有分类的其他商品	3 027.04
斯洛伐克	SITC0	食品和活动物	4 271.27
	SITC1	饮料及烟草	714.92
	SITC2	非食用燃料（不包含燃料）	2 448.08
	SITC3	矿物燃料、润滑油及有关原料	7 549.48
	SITC4	动、植物油、脂和蜡	163.52
	SITC5	未列明的化学品和有关产品	7 718.90
	SITC6	主要按原材料分类的制成品	14 252.69
	SITC7	机械及运输设备	46 757.13
	SITC8	杂项制品	10 011.56
	SITC9	没有分类的其他商品	319.69
斯洛文尼亚	SITC0	食品和活动物	2 421.81
	SITC1	饮料及烟草	270.73
	SITC2	非食用燃料（不包含燃料）	1 811.36
	SITC3	矿物燃料、润滑油及有关原料	3 404.42
	SITC4	动、植物油、脂和蜡	77.89
	SITC5	未列明的化学品和有关产品	5 686.72
	SITC6	主要按原材料分类的制成品	6 877.09
	SITC7	机械及运输设备	12 177.31
	SITC8	杂项制品	3 605.31
	SITC9	没有分类的其他商品	59.62

资料来源：UN Comtrade 数据库等，经本课题组整理所得。

表 1-11　2020 年世界商品进口额

SITC	商品类别名称	金额/百万美元
SITC0	食品和活动物	1 149 101.36
SITC1	饮料及烟草	155 209.94
SITC2	非食用燃料(不包含燃料)	791 836.04
SITC3	矿物燃料、润滑油及有关原料	2 497 700.68
SITC4	动、植物油、脂和蜡	84 296.30
SITC5	未列明的化学品和有关产品	2 281 317.95
SITC6	主要按原材料分类的制成品	2 263 348.04
SITC7	机械及运输设备	7 041 909.95
SITC8	杂项制品	2 154 795.56
SITC9	没有分类的其他商品	707 552.07

资料来源：UN Comtrade 数据库等，经本课题组整理所得。

注：本表内容在下文不再赘述。

按照公式 $RCA_{xik}=(X_{ik}/X_{wk})/(X_i/X_w)$，得出计算结果如表 1-12～表 1-25 所示。

表 1-12　2020 年中国—阿尔巴尼亚互补性指数计算结果

国家	SITC0	SITC1	SITC2	SITC3	SITC4	SITC5	SITC6	SITC7	SITC8	SITC9
中国	0.89	0.52	0.04	0.07	0.05	0.45	1.75	0.52	2.20	0.36
阿尔巴尼亚	3.55	23.71	8.10	0.60	6.13	0.14	0.04	0.01	0.01	0.00

表 1-13　2020 年中国—波黑互补性指数计算结果

国家	SITC0	SITC1	SITC2	SITC3	SITC4	SITC5	SITC6	SITC7	SITC8	SITC9
中国	0.94	0.51	0.14	0.22	0.23	0.65	2.87	0.81	1.84	0.00
波黑	3.45	2.51	20.95	4.26	8.08	3.07	4.64	2.96	2.89	2.16

表 1-14　2020 年中国—保加利亚互补性指数计算结果

国家	SITC0	SITC1	SITC2	SITC3	SITC4	SITC5	SITC6	SITC7	SITC8	SITC9
中国	0.56	0.35	0.45	0.20	0.07	0.71	2.01	1.00	1.42	0.05
保加利亚	0.93	0.68	5.64	1.15	2.18	0.83	1.25	0.80	0.78	0.58

表 1-15　2020 年中国—克罗地亚互补性指数计算结果

国家	SITC0	SITC1	SITC2	SITC3	SITC4	SITC5	SITC6	SITC7	SITC8	SITC9
中国	0.08	0.03	0.01	0.02	0.01	0.07	0.21	0.10	0.26	0.00
克罗地亚	0.92	1.22	6.77	1.36	0.88	1.04	0.92	0.85	0.89	0.11

表 1-16　2020 年中国—捷克互补性指数计算结果

国家	SITC0	SITC1	SITC2	SITC3	SITC4	SITC5	SITC6	SITC7	SITC8	SITC9
中国	0.34	0.17	0.10	0.09	0.03	0.57	1.99	1.83	2.15	0.00
捷克	0.27	0.44	1.96	0.25	0.36	0.51	0.81	2.10	0.72	0.05

表 1-17 2020 年中国—希腊互补性指数计算结果

国家	SITC0	SITC1	SITC2	SITC3	SITC4	SITC5	SITC6	SITC7	SITC8	SITC9
中国	0.77	0.28	0.12	0.43	0.11	0.74	1.37	0.73	1.83	0.03
希腊	1.19	1.26	3.70	4.43	4.11	0.85	0.84	0.31	0.39	0.44

表 1-18 2020 年中国—匈牙利互补性指数计算结果

国家	SITC0	SITC1	SITC2	SITC3	SITC4	SITC5	SITC6	SITC7	SITC8	SITC9
中国	21.74	0.14	0.10	0.12	0.05	0.66	1.77	1.81	1.70	0.02
匈牙利	0.47	0.28	5.94	0.31	0.85	0.85	0.51	1.71	0.46	0.09

表 1-19 2020 年中国—北马其顿互补性指数计算结果

国家	SITC0	SITC1	SITC2	SITC3	SITC4	SITC5	SITC6	SITC7	SITC8	SITC9
中国	0.63	0.25	0.13	0.15	0.14	0.61	4.46	0.86	1.23	0.00
北马其顿	0.48	1.96	4.93	0.22	0.28	1.99	0.76	1.14	0.81	0.01

表 1-20 2020 年中国—黑山互补性指数计算结果

国家	SITC0	SITC1	SITC2	SITC3	SITC4	SITC5	SITC6	SITC7	SITC8	SITC9
中国	1.33	0.70	0.10	0.16	0.13	0.52	2.20	0.97	2.47	0.00
黑山	0.54	3.26	18.69	2.69	0.28	0.62	1.48	0.32	0.19	0.00

表 1-21 2020 年中国—波兰互补性指数计算结果

国家	SITC0	SITC1	SITC2	SITC3	SITC4	SITC5	SITC6	SITC7	SITC8	SITC9
中国	0.53	0.17	0.15	0.13	0.08	0.71	2.11	1.34	2.36	0.02
波兰	0.95	1.13	2.07	0.34	0.22	0.74	1.02	1.34	1.00	0.03

表 1-22 2020 年中国—罗马尼亚互补性指数计算结果

国家	SITC0	SITC1	SITC2	SITC3	SITC4	SITC5	SITC6	SITC7	SITC8	SITC9
中国	0.48	0.29	0.19	0.06	0.07	0.22	2.01	1.84	2.81	0.01
罗马尼亚	0.41	0.44	1.28	1.54	1.42	0.29	0.29	0.11	0.14	0.15

表 1-23 2020 年中国—塞尔维亚互补性指数计算结果

国家	SITC0	SITC1	SITC2	SITC3	SITC4	SITC5	SITC6	SITC7	SITC8	SITC9
中国	0.44	0.32	0.21	0.17	0.06	0.71	2.24	1.00	1.34	0.13
塞尔维亚	1.11	1.66	3.10	0.39	1.72	0.80	1.35	1.00	0.75	0.35

表 1-24 2020 年中国—斯洛伐克互补性指数计算结果

国家	SITC0	SITC1	SITC2	SITC3	SITC4	SITC5	SITC6	SITC7	SITC8	SITC9
中国	0.35	0.18	0.13	0.12	0.04	0.43	1.83	1.92	1.95	0.00
斯洛伐克	0.26	0.09	1.75	0.39	0.19	0.35	0.92	2.20	0.56	0.05

表 1-25 2020 年中国—斯洛文尼亚互补性指数计算结果

国　　家	SITC0	SITC1	SITC2	SITC3	SITC4	SITC5	SITC6	SITC7	SITC8	SITC9
中国	0.51	0.18	0.25	0.14	0.05	0.82	2.29	1.30	1.82	0.00
斯洛文尼亚	0.57	0.20	3.86	0.86	0.43	0.77	2.01	4.83	1.23	0.11

2. 中国—中东欧国家贸易互补性指数结果分析

（1）根据以上计算结果可知，中国在与中东欧国家进行商品贸易过程中，普遍在 SITC6（主要按原材料分类的制成品）、SITC7（机械及运输设备）和 SITC8（杂项制品）这三类商品中的 TCI 值大于 1，比较稳定。

（2）中东欧国家与中国进行商品进出口贸易过程中，普遍在 SITC1（饮料及烟草）、SITC2［非食用燃料（不包含燃料）］及 SITC7（机械及运输设备）这三类商品中的 TCI 值大于 1，尤其是在 SITC2［非食用燃料（不包含燃料）］这类商品中，所有中东欧国家的 TCI 值均大于 1。

（3）中国与中东欧国家普遍在 SITC7（机械及运输设备）上多数维持在 TCI＞1 的高位，说明双边在机械及运输设备这类商品上互补性较强，各国并未因为在该商品上具有显性比较优势而出现竞争加剧的局面。此外，双边普遍在 SITC0（食品和活动物）、SITC5（未列明的化学品和有关产品）、SITC9（没有分类的其他商品）等商品上互补性较弱，尤其是 SITC9（没有分类的其他商品），双边互补性最弱。

第 2 章 阿尔巴尼亚的对外贸易

阿尔巴尼亚共和国,简称"阿尔巴尼亚",位于东南欧巴尔干半岛西部,北部和东北部分别同塞尔维亚、黑山和北马其顿接壤,南部同希腊为邻,西邻亚得里亚海,隔奥特朗托海峡同意大利相望。海岸线长 472 千米且属亚热带地中海式气候。降雨量充沛,年均为 1 300 毫米。平均气温 1 月 1~8 ℃,7 月 24~27 ℃。面积 2.87 万平方千米,人口 283.77 万(2020 年 12 月),其中阿尔巴尼亚族占 82.58%。官方语言为阿尔巴尼亚语,首都为地拉那,其国际代码为 AL。

阿尔巴尼亚人的祖先是伊利里亚人,是巴尔干半岛上古老的民族之一。1190 年建立封建制公国。自 1415 年起被奥斯曼土耳其帝国统治近 500 年。1912 年 11 月 28 日宣布独立。第一次世界大战中被奥匈、意、法军占领。1925 年建立共和国。1928 年改行君主制,至 1939 年 4 月意大利入侵。第二次世界大战期间,先后被意、德法西斯占领。1944 年 11 月 29 日,全国解放。1946 年 1 月 11 日成立阿尔巴尼亚人民共和国,1976 年改称阿尔巴尼亚社会主义人民共和国。1991 年改国名为阿尔巴尼亚共和国。

近年来,阿尔巴尼亚经济保持稳定增长。2020 年国内生产总值为 148 亿美元。国内矿产资源主要有石油、铬、铜、镍、铁、煤等。石油储量约 4.37 亿吨,铬矿储量 3 730 万吨,水力资源较丰富;工业有食品、纺织、木材、石油、水泥、采矿等。阿尔巴尼亚以发展有机农业为目标,耕地面积 62 万公顷。2018 年阿农业增加值约合 27.82 亿美元。截至 2020 年第四季度,农业从业人员占全国就业人口总数的 42.4%。阿尔巴尼亚将旅游业作为优先发展的产业。2019 年,以旅游和走访亲友为目的的阿尔巴尼亚入境外国游客达 610 万人次,同比增长 8.1%;阿尔巴尼亚以公路运输为主,公路总里程约 2.8 万千米。实际运营铁路线总长为 334 千米。2020 年,铁路客运量为 6 万人次,同比下降 21%,铁路货运量为 71 万吨。全国共有都拉斯、发罗拉、萨兰达和申津 4 个海港。其中,都拉斯港是最大的海港,同意大利的里雅斯特港和巴里港通航。2020 年,全国港口货物吞吐量 4 277 万吨,同比降低 3.9%。地拉那特蕾莎修女国际机场是阿尔巴尼亚唯一运营的民用机场,截至 2020 年 1 月,共开通航线 17 条,在该机场起降的航空公司共 15 家。2019 年,外国人入境人数达 641 万人次,同比增长 8.1%;2020 年,阿尔巴尼亚财政收入 4 603 亿列克,支出 4 919 亿列克,赤字 316 亿列克。截至 2018 年,阿尔巴尼亚公共债务余额 11 126 亿列克,约占国内生产总值的 66%。外汇储备 36.76 亿美元。

2020 年,阿尔巴尼亚外贸进出口总额 81.17 亿美元,同比下降 5%。其中出口 25.15 亿美元,下降 6.4%;进口 56.02 亿美元,下降 4%。主要出口商品有纺织原料及纺织制品、鞋类、矿产品、贱金属及其制品;主要进口商品为机器、机械器具、电气设备及其零件、化工产品。2019年,阿尔巴尼亚前五大进口来源国为意大利(17.3%)、土耳其(6.6%)、希腊(6.2%)、中国(6.1%)和德国(5.3%)。

据欧盟统计局统计,2020年,阿尔巴尼亚对意大利、塞尔维亚、西班牙和德国分别出口11.4亿美元、3.0亿美元、1.5亿美元和1.4亿美元,增减幅分别为-11.8%、5.27%、-28.7%和16.5%,占阿尔巴尼亚出口总额的45.4%、12.0%、6.1%和5.9%。2019年,阿尔巴尼亚自意大利、土耳其、中国和希腊分别进口14.8亿美元、5.9亿美元、5.4亿美元和4.8亿美元,增减幅分别为-8.8%、11.5%、9.5%和0.2%,占阿尔巴尼亚进口总额的25.4%、9.6%、9.3%和8.3%。分商品看,鞋靴、矿物燃料、非针织或非钩编的服装及衣着附件和针织或钩编的服装及衣着附件是阿尔巴尼亚的前四大类出口商品,2020年分别出口4.16亿美元、2.14亿美元、2.71亿美元和2.1亿美元,增减幅分别为-18.5%、-29.4%、-7.5%和-10.7%,占阿尔巴尼亚出口总额的17.86%、9.18%、11.62%和9%。阿尔巴尼亚的前四大类进口商品是矿物燃料、核反应堆产品、电机产品和车辆及其零件,2020年分别进口5.83亿美元、4.33亿美元、4.09亿美元和3.91亿美元,增减幅分别为-12.3%、0.6%、-2.1%和-3.6%,占阿尔巴尼亚进口总额的9.4%、7.74%、7.3%和6.98%。

据欧盟统计局统计,2020年,阿尔巴尼亚对中国出口0.46亿美元,下降19.2%。阿尔巴尼亚自中国进口5亿美元,下降7.7%。2019年阿尔巴尼亚出口矿砂、矿渣及矿灰至中国5.4亿美元,增长7.83%,占阿尔巴尼亚对中国出口总额的95.66%。矿物燃料占总出口金额的0.68%,上升697.82%;盐、硫黄、土及石料、石灰及水泥等占总出口金额的0.78%,上升100.38%,这两类商品是阿尔巴尼亚对中国出口的第二类和第三类商品。2019年,阿尔巴尼亚自中国进口电机、电气设备及其零件类商品1.1亿美元,占阿尔巴尼亚自中国进口总额的20.7%,上升3.6%。机械设备、钢铁制品是阿尔巴尼亚自中国进口的第二大类和第三大类产品,2019年分别进口1.0亿美元和0.4亿美元,增长15.0%和77.5%,占阿尔巴尼亚自中国进口总额的18.8%和6.9%。另外,非针织产品、针织产品、塑料及其制品和家具等是阿尔巴尼亚自中国进口占比大于等于4%的商品。

2.1 对外贸易发展趋势

2020年,阿尔巴尼亚货物进出口总额为8 117百万美元,比上年(下同)下降5%。其中,出口2 515百万美元,下降6.4%;进口5 602百万美元,下降4%。

由表2-1和图2-1可知,阿尔巴尼亚2014—2020年对外贸易总额呈现波动趋势。2014—2015年下滑明显,2015年同比减少19%。2016—2018年,对外贸易总额持续增长,由2016年的6 572百万美元增长到2018年的8 795百万美元。同比增长持续增大,由2016年的6%到2018年的16%。但在2019年又出现了下滑,同比减少3%。

表2-1 阿尔巴尼亚对外贸易年度表

年 份	总额/百万美元	同比/%	出口额/百万美元	同比/%	进口额/百万美元	同比/%
2014	7 651		2 429		5 222	
2015	6 217	-19	1 916	-21.0	4 301	-18

续表

年 份	总额/百万美元	同比/%	出口额/百万美元	同比/%	进口额/百万美元	同比/%
2016	6 572	6	1 959	2.0	4 613	7
2017	7 561	15	2 292	17.0	5 269	14
2018	8 795	16	2 870	25.0	5 925	13
2019	8 502	−3	2 687	−6.0	5 815	−2
2020	8 117	−5	2 515	−6.4	5 602	−4

资料来源：商务部国别报告网、UN Comtrade 数据库、全球贸易观察等，经本课题组整理所得。

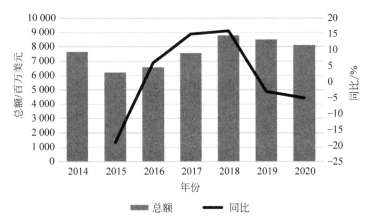

图 2-1　阿尔巴尼亚对外贸易总额

由表 2-1 和图 2-2 可知，阿尔巴尼亚 2014—2019 年对外贸易出口额呈现波动趋势。2014—2015 年下滑明显，2015 年同比减少 21.0%。2016—2018 年，对外贸易出口额持续增长，由 2016 年的 1 959 百万美元增长到 2018 年的 2 870 百万美元。同比增长持续增大，由 2016 年的 2.0% 到 2018 年的 25.0%。但 2019 年出现了下滑，同比减少 6.0%，2020 年又下滑了 6.0%。

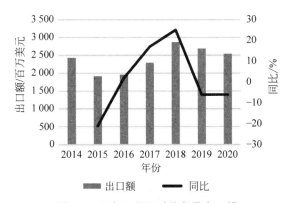

图 2-2　阿尔巴尼亚对外贸易出口额

由表 2-1 和图 2-3 可知，阿尔巴尼亚 2014—2020 年对外贸易进口额中，2018 年达到顶峰，为 5 925 百万美元，同时增幅为 13%。相比之下，2015 年下降幅度最大，为 18%。同时，2019 年对外贸易进口额呈现下降趋势，比 2018 年下跌 2 个百分点，2020 年同比下降了 4 个百分点。

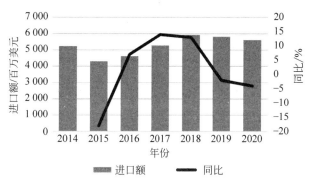

图 2-3 阿尔巴尼亚对外贸易进口额

2.2 主要贸易市场结构

2020 年阿尔巴尼亚共出口 2 515 百万美元。由表 2-2 和图 2-4 可知,出口伙伴国主要有意大利、塞尔维亚、西班牙等国家。其中,出口货物至意大利的金额最多,为 1 142 百万美元。在主要出口的伙伴国中,出口塞尔维亚、德国、希腊、北马其顿、法国和捷克的金额较 2019 年有增加趋势。

表 2-2　2020 年阿尔巴尼亚对主要贸易伙伴出口额

国　家	出口额/百万美元	同比/%	占比/%
意大利	1 142	−11.8	45.4
塞尔维亚	301	5.27	12.0
西班牙	154	−28.7	6.1
德国	148	16.5	5.9
希腊	122	7.9	4.9
北马其顿	82	6.5	3.3
法国	51	24.4	2.0
黑山	48	0	1.9
中国	46	−19.2	1.8
捷克	41	10.8	1.6

资料来源:商务部国别报告网、UN Comtrade 数据库、全球贸易观察等,经本课题组整理所得。

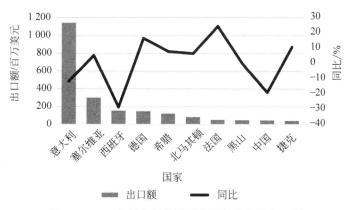

图 2-4　2020 年阿尔巴尼亚对主要贸易伙伴出口额

2020年阿尔巴尼亚共进口5 602百万美元。由表2-3和图2-5可知,进口伙伴国主要有意大利、土耳其、希腊、中国等国家。其中,进口货物自意大利的金额最多,为1 406百万美元。在主要进口的伙伴国中,只有进口意大利、土耳其、中国、法国、波兰、瑞士和西班牙的金额较2019年有减少趋势,尤其是进口瑞士的货物减少32.0%,降幅明显。

表2-3 2020年阿尔巴尼亚自主要贸易伙伴进口额

国　　家	进口额/百万美元	同比/%	占比/%
意大利	1 406	−4.9	25.1
土耳其	536	−3.9	9.6
希腊	504	4.3	9.0
中国	500	−7.7	8.9
德国	431	2.4	7.7
塞尔维亚	289	41.0	5.2
俄罗斯	125	17.9	2.2
法国	110	−6.0	2.0
波兰	95	−1.0	1.7
瑞士	95	−32.0	1.7
西班牙	91	−11.7	1.6

资料来源:商务部国别报告网、UN Comtrade数据库、全球贸易观察等,经本课题组整理所得。

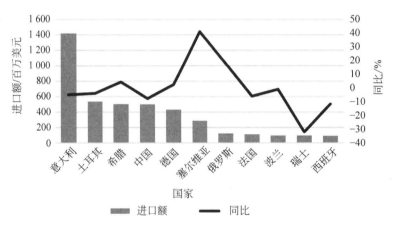

图2-5 2020年阿尔巴尼亚自主要贸易伙伴进口额

2.3 主要进出口商品结构

2020年阿尔巴尼亚共出口商品2 515百万美元,同比下降6.4%。由表2-4和图2-6可知,在主要出口商品结构中,有商品编号64(鞋靴、护腿和类似品及其零件)、72(钢铁)等。相比2019年,商品编号20(蔬菜、水果、坚果或植物其他部分的制品)增幅最大。与此同时,商品编号为94(家具;寝具、褥垫、弹簧床垫、软坐垫及类似的填充制品;未列名灯具及照明装置;发光标志、发光铭牌及类似品;活动房屋)的商品下降幅度最大。

表2-4 2020年阿尔巴尼亚主要出口商品结构

商品编号	商品类别	金额/百万美元	占比/%	同比/%
64	鞋靴、护腿和类似品及其零件	416.38	17.86	−18.5
62	非针织或非钩编的服装及衣着附件	270.96	11.62	−7.5
27	矿物燃料、矿物油及其蒸馏产品;沥青物质;矿物蜡	213.95	9.18	−29.4
61	针织或钩编的服装及衣着附件	209.77	9.00	−10.7
72	钢铁	196.75	8.44	−15.1
85	电机、电气设备及其零件;录音机及放声机、电视图像、声音的录制和重放设备及其零件、附件	131.43	5.64	20.1
7	食用蔬菜、根及块茎	81.76	3.51	17.4
25	盐;硫黄;泥土及石料;石膏料、石灰及水泥	79.66	3.42	11.1
26	矿砂、矿渣及矿灰	75.46	3.24	−6.2
16	肉、鱼、甲壳动物、软体动物及其他水生无脊椎动物的制品	64.59	2.77	14.3
76	铝及其制品	60.28	2.59	1.7
3	鱼、甲壳动物、软体动物及其他水生无脊椎动物	54.67	2.35	25.6
12	含油子仁及果实;杂项子仁及果实;工业用或药用植物;稻草、秸秆及饲料	48.42	2.08	29.7
48	纸及纸板;纸浆、纸或纸板制品	47.75	2.05	−14.5
73	钢铁制品	44.03	1.89	22.2
84	核反应堆、锅炉、机器、机械器具及其零件	42.31	1.82	−22.2
83	贱金属杂项制品	40.95	1.76	−4.7
63	其他纺织制成品;成套物品;旧衣着及旧纺织品;碎织物	36.89	1.58	44.0
20	蔬菜、水果、坚果或植物其他部分的制品	27.56	1.18	50.0
8	食用水果及坚果;柑橘属水果或甜瓜的果皮	26.71	1.15	30.0
87	车辆及其零件、附件,但铁道及电车道车辆除外	21.77	0.93	−12.5
94	家具;寝具、褥垫、弹簧床垫、软坐垫及类似的填充制品;未列名灯具及照明装置;发光标志、发光铭牌及类似品;活动房屋	19.92	0.85	−54.5
39	塑料及其制品	19.91	0.85	−4.7
44	木及木制品;木炭	17.12	0.73	−39.3
74	铜及其制品	16.72	0.72	6.2
27	矿物燃料、矿物油及其蒸馏产品;沥青物质;矿物蜡	15.43	0.66	0
22	饮料、酒及醋	13.39	0.57	18.0
71	天然或养殖珍珠、宝石或半宝石、贵金属、包贵金属及其制品;仿首饰;硬币	12.99	0.56	30.0

续表

商品编号	商品类别	金额/百万美元	占比/%	同比/%
32	鞣料浸膏及染料浸膏；鞣酸及其衍生物；染料、颜料及其他着色料；油漆及清漆；油灰及其他胶黏剂；墨水、油墨	11.78	0.51	10.0
69	陶瓷产品	11.58	0.50	3.1

资料来源：商务部国别报告网、UN Comtrade 数据库、全球贸易观察等，经本课题组整理所得。

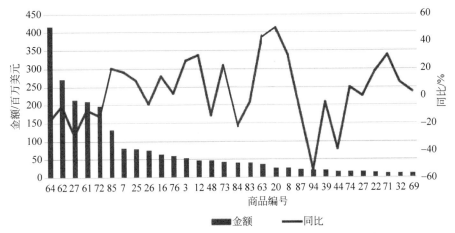

图 2-6　2020 年阿尔巴尼亚主要出口商品金额

2020 年阿尔巴尼亚共进口商品 5 602 百万美元，同比下降 4.0%。由表 2-5 和图 2-7 可知，在主要进口商品结构中，有商品编号 84（核反应堆、锅炉、机器、机械器具及其零件）、85（电机、电气设备及其零件；录音机及放声机、电视图像、声音的录制和重放设备及其零件、附件）、72（钢铁）等。相比 2019 年，商品编号 20（蔬菜、水果、坚果或植物其他部分的制品）增幅最大。与此同时，商品编号为 83（贱金属杂项制品）的商品下降幅度最大。

表 2-5　2020 年阿尔巴尼亚主要进口商品结构

商品编号	商品类别	金额/百万美元	占比/%	同比/%
27	矿物燃料、矿物油及其蒸馏产品；沥青物质；矿物蜡	583.29	9.40	−12.3
84	核反应堆、锅炉、机器、机械器具及其零件	433.49	7.74	0.6
85	电机、电气设备及其零件；录音机及放声机、电视图像、声音的录制和重放设备及其零件、附件	409.13	7.30	−2.1
87	车辆及其零件、附件，但铁道及电车道车辆除外	391.19	6.98	−3.6
72	钢铁	270.51	4.83	16.4
30	药品	236.48	4.22	7.2
39	塑料及其制品	221.01	3.95	5.2
73	钢铁制品	142.35	2.54	−8.3
61	针织或钩编的服装及衣着附件	253.08	4.64	−11.8

续表

商品编号	商品类别	金额/百万美元	占比/%	同比/%
22	饮料、酒及醋	117.67	2.10	3.5
48	纸及纸板；纸浆、纸或纸板制品	200.28	3.86	−1.3
41	生皮（毛皮除外）及皮革	106.23	1.90	−26.8
10	谷物	104.19	1.86	18.0
64	鞋靴、护腿和类似品及其零件	103.31	1.84	−23.1
76	铝及其制品	82.08	1.47	−2.3
3	鱼、甲壳动物、软体动物及其他水生无脊椎动物	78.40	1.40	16.4
19	谷物、粮食粉、淀粉或乳的制品；糕饼点心	78.38	1.40	11.4
34	肥皂、有机表面活性剂、洗涤剂、润滑剂、人造蜡、调制蜡、光洁剂、蜡烛及类似品、塑型用膏、"牙科用蜡"及牙科用熟石膏制剂	75.63	1.35	8.6
69	陶瓷产品	74.33	1.33	2.8
90	光学、照相、电影、计量、检验、医疗或外科用仪器及设备、精密仪器及设备；上述物品的零件、附件	74.03	1.32	2.6
33	精油及香膏；芳香料制品及化妆盥洗品	73.48	1.31	4.2
94	家具；寝具、褥垫、弹簧床垫、软坐垫及类似的填充制品；未列名灯具及照明装置；发光标志、发光铭牌及类似品；活动房屋	71.35	1.27	4.4
8	食用水果及坚果；柑橘属水果或甜瓜的果皮	66.76	1.19	15.7
24	烟草、烟草及烟草代用品的制品	66.64	1.19	−1.4
83	贱金属杂项制品	63.93	1.14	−6.0
21	杂项食品	62.09	1.11	16.9
38	杂项化学产品	55.16	0.98	10.0
15	动、植物油、脂及其分解产品；精制的食用油脂；动、植物蜡	54.91	0.98	35.0
40	橡胶及其制品	54.61	0.97	5.8
20	蔬菜、水果、坚果或植物其他部分的制品	49.92	0.89	36.0
52	棉花	49.78	0.89	−12.5
60	针织物及钩编织物	48.31	0.86	−17.2
2	肉及食用杂碎	46.70	0.83	−2.1
54	化学纤维长丝	46.57	0.83	−4.1
83	贱金属杂项制品	46.42	0.83	−31.3
23	食品工业的残渣及废料；配制的动物饲料	46.02	0.82	15.0
32	鞣料浸膏及染料浸膏；鞣酸及其衍生物；染料、颜料及其他着色料；油漆及清漆；油灰及其他胶黏剂；墨水、油墨	42.03	0.75	5.0
31	肥料	40.17	0.72	−13.1
59	浸渍、涂布、包覆或层压的织物；工业用纺织制品	39.65	0.71	−13.3
17	糖及糖食	38.90	0.69	22.5
96	杂项制品	38.05	0.68	−2.5

续表

商品编号	商 品 类 别	金额/百万美元	占比/%	同比/%
55	化学纤维短纤	37.05	0.66	−11.9
9	咖啡、茶、马黛茶及调味香料	34.73	0.62	9.6
25	盐；硫黄；泥土及石料；石膏料、石灰及水泥	34.56	0.62	6.2
70	玻璃及其制品	33.46	0.60	−5.7

资料来源：商务部国别报告网、UN Comtrade 数据库、全球贸易观察等，经本课题组整理所得。

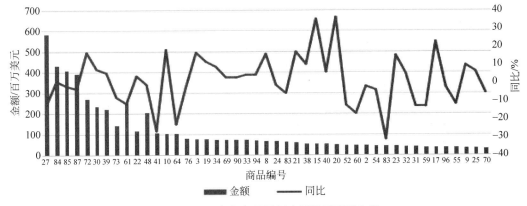

图 2-7　2020 年阿尔巴尼亚主要进口商品金额

2.4　主要优势产业及其特征

阿尔巴尼亚主要有皮革和制鞋业，纺织服装、服饰业，农业，以及旅游业等优势产业，具体优势产业及其特征如下。

1. 皮革和制鞋业

鞋类和制造业是阿尔巴尼亚增长最快的部门之一。鞋类和纺织品生产与销售的增长推动了阿尔巴尼亚向国际市场的出口。其主要产品有：皮革制品；鞍具及挽具；鞋靴、护腿和类似品及其零件。目前，该行业主要面向意大利、法国、德国、西班牙和北欧等国家。阿尔巴尼亚鞋类和制造业的贸易与投资优势包括：具有竞争力的劳动力成本和熟练的劳动力，接近欧洲市场，与国际品牌合作的多年经验。阿尔巴尼亚的制鞋业提供中等质量至高质量的鞋子，非常适合北欧和西欧市场，订单可以快速交付并且符合西方标准。此外，大多数工厂都有可能组织小批量的灵活生产。

2. 纺织服装、服饰业

阿尔巴尼亚服装业非常强劲，直到 20 世纪 90 年代，它一直是阿尔巴尼亚经济的主要部门之一。随着 20 世纪 90 年代初的经济转型，国有工厂被私有化，纺织工业的功能和生产意识形态都发生了巨大变化。与阿尔巴尼亚经济的其他部门不同，全球金融危机对阿尔巴尼亚的服装业产生了积极影响。在西欧跨国公司20年的生产经验的支持下,阿尔巴尼亚本土公司已经改进了生产工艺,从订购材料的制造商转变为真正的制造商。此外,有更多的企业能够提供最终产品,来自最大工厂的企业家们正在从国外采购原材料并完成生产流程,品牌运动服饰制造商随后将其出口到意大利、德国、荷兰和法国等国家。此外,一些国际组织也支持服装部门的发展。美国国际开发署的Rritje Albania计划正在协助阿尔巴尼亚企业家提高生产质量和生产能力,改善企业管理和寻找新市场。与此同时,德国技术合作公司(GTZ)正在协助加强劳动力流程。

3. 农业

阿尔巴尼亚是一个传统的农业国,农业在国民经济中占有十分重要的地位。由于前期农产品加工业不发达、市场营销不力、灌溉排水系统尚未完善,其农产品附加值较低。中期来看,随着能源、道路基础设施的改善,该行业吸引力将大大提高,特别是当地农产品无任何人工添加剂或杀虫剂,阿尔巴尼亚将有潜力成为有机农产品的主要生产和出口基地。阿尔巴尼亚的药用及香料植物、橄榄油、蜂蜜、葡萄酒等农产品都具有一定的市场竞争力。

4. 旅游业

近年来,旅游业成为阿政府优先发展的产业。与邻国希腊和克罗地亚相比,阿尔巴尼亚拥有众多国家公园、自然保护区、古村落和古代遗址,为了解阿尔巴尼亚的文化之旅提供了丰富素材,还有保护完好的611千米长的海岸线和城堡,保证阿尔巴尼亚四季宜人。游客主要来自科索沃、马其顿、希腊、黑山、意大利等地。2017年,阿尔巴尼亚旅游业发展进一步加快,据初步统计,全年接待外国游客达500万人次,旅游收入约15亿列克(约合0.13亿美元),旅游及相关产业吸纳就业人口约占全国就业总人口的1/3。阿政府将继续致力于推动旅游业的发展,进一步发挥旅行社在吸引游客等方面的作用,加大旅游基础设施投资,不断提高服务水平,努力打造"全年旅游"。

2.5 中阿双边贸易概况

2020年,分商品类别看,矿产品是阿尔巴尼亚对中国出口的首位产品,而机电产品是阿尔巴尼亚自中国进口的第一类商品。

2020年阿尔巴尼亚对中国共出口商品46.26百万美元。由表2-6和图2-8可知,在主要出口商品结构中,以商品编号26(矿砂、矿渣及矿灰)为主,该类商品占总出口商品金额的79%。相比2019年,商品编号72(钢铁)、76(铝及其制品)、22(饮料、酒及醋)、12(含油子仁及果实;杂项子仁及果实;工业用或药用植物;稻草、秸秆及饲料)、63(其他纺织制成品;成套物品;旧衣着及旧纺织品;碎织物)等呈现增长趋势,尤其是72(钢铁)增幅最大。与此同时,商品编号为85(电机、电气设备及其零件;录音机及放声机、电视图像、声音的录制和重放设备及其零件、附件)的商品下降幅度最大。

表 2-6　2020 年阿尔巴尼亚对中国出口主要商品结构

商品编号	商 品 类 别	金额/百万美元	占比/%	同比/%
26	矿砂、矿渣及矿灰	36.76	79	−32.02
72	钢铁	6.35	14	847.76
76	铝及其制品	1.73	4	73.00
25	盐；硫黄；泥土及石料；石膏料、石灰及水泥	0.63	1	−19.23
85	电机、电气设备及其零件；录音机及放声机、电视图像、声音的录制和重放设备及其零件、附件	0.28	1	−55.11
22	饮料、酒及醋	0.18	0	18.00
12	含油子仁及果实；杂项子仁及果实；工业用或药用植物；稻草、秸秆及饲料	0.13	0	62.50
28	无机化学品；贵金属、稀土金属、放射性元素及其同位素的有机及无机化合物	0.04	0	
62	非针织或非钩编的服装及衣着附件	0.04	0	
90	光学、照相、电影、计量、检验、医疗或外科用仪器及设备、精密仪器及设备；上述物品的零件、附件	0.04	0	
63	其他纺织制成品；成套物品；旧衣着及旧纺织品；碎织物	0.03	0	3.00
8	食用水果及坚果；柑橘属水果或甜瓜的果皮	0.03	0	−2.00
73	钢铁制品	0.01	0	
48	纸及纸板；纸浆、纸或纸板制品	0.01	0	
40	橡胶及其制品	0	0	
64	鞋靴、护腿和类似品及其零件	0	0	
84	核反应堆、锅炉、机器、机械器具及其零件	0	0	
34	肥皂、有机表面活性剂、洗涤剂、润滑剂、人造蜡、调制蜡、光洁剂、蜡烛及类似品、塑型用膏、"牙科用蜡"及牙科用熟石膏制剂	0	0	
42	皮革制品；鞍具及挽具；旅行用品、手提包及类似容器；动物肠线（蚕胶丝除外）制品	0	0	
49	书籍、报纸、印刷图画及其他印刷品；手稿、打字稿及设计图纸	0	0	
69	陶瓷产品	0	0	
94	家具；寝具、褥垫、弹簧床垫、软坐垫及类似的填充制品；未列名灯具及照明装置；发光标志、发光铭牌及类似品；活动房屋	0	0	
87	车辆及其零件、附件,但铁道及电车道车辆除外	0	0	

资料来源：商务部国别报告网、UN Comtrade 数据库、全球贸易观察等，经本课题组整理所得。

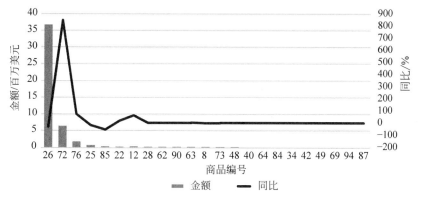

图 2-8　2020 年阿尔巴尼亚对中国主要出口商品金额

2020年阿尔巴尼亚自中国共进口商品500百万美元。由表2-7和图2-9可知,在主要进口商品结构中,以商品编号85(电机、电气设备及其零件;录音机及放声机、电视图像、声音的录制和重放设备及其零件、附件)、84(核反应堆、锅炉、机器、机械器具及其零件)为主。相比2019年,商品编号62(非针织或非钩编的服装及衣着附件)增幅最大。与此同时,商品编号为63(其他纺织制成品;成套物品;旧衣着及旧纺织品;碎织物)的商品下降幅度最大。

表 2-7　2020 年阿尔巴尼亚自中国主要进口商品结构

商品编号	商品类别	金额/百万美元	占比/%	同比/%
85	电机、电气设备及其零件;录音机及放声机、电视图像、声音的录制和重放设备及其零件、附件	110.50	21.74	1.5
84	核反应堆、锅炉、机器、机械器具及其零件	103.11	20.29	15.0
62	非针织或非钩编的服装及衣着附件	46.26	9.10	102.9
94	家具;寝具、褥垫、弹簧床垫、软坐垫及类似的填充制品;未列名灯具及照明装置;发光标志、发光铭牌及类似品;活动房屋	21.97	4.32	13.2
39	塑料及其制品	18.79	3.70	-13.4
61	针织或钩编的服装及衣着附件	18.70	3.68	11.9
73	钢铁制品	17.42	3.43	7.1
64	鞋靴、护腿和类似品及其零件	15.48	3.05	12.8
90	光学、照相、电影、计量、检验、医疗或外科用仪器及设备、精密仪器及设备;上述物品的零件、附件	14.81	2.91	3.0
72	钢铁	14.08	2.77	16.5
40	橡胶及其制品	13.89	2.48	4.0
95	玩具、游戏品、运动用品及其零件、附件	12.58	2.43	-15.6
87	车辆及其零件、附件,但铁道及电车道车辆除外	12.34	2.22	7.4
63	其他纺织制成品;成套物品;旧衣着及旧纺织品;碎织物	11.27	2.05	-18.4
54	化学纤维长丝	10.44	1.54	4.3

续表

商品编号	商品类别	金额/百万美元	占比/%	同比/%
60	针织物及钩编织物	7.82	1.52	11.8
69	陶瓷产品	7.74	1.34	−5.7
76	铝及其制品	6.80	1.33	5.8
29	有机化学品	6.75	1.22	2.2
70	玻璃及其制品	6.19	0.93	54.8
48	纸及纸板；纸浆、纸或纸板制品	4.72	0.86	−0.3
42	皮革制品；鞍具及挽具；旅行用品、手提包及类似容器；动物肠线（蚕胶丝除外）制品	4.36	0.84	−3.3
96	杂项制品	4.27	0.83	−2.6
83	贱金属杂项制品	4.24	0.72	−1.9
82	贱金属工具、器具、利口器、餐匙、餐叉及其零件	3.66	0.72	−5.6
56	絮胎、毡呢及无纺织物；特种纱线；线、绳、索、缆及其制品	3.64	0.68	−14.5
38	杂项化学产品	3.47	0.68	−11.0
30	药品	2.94	0.58	7.9

资料来源：商务部国别报告网、UN Comtrade 数据库、全球贸易观察等，经本课题组整理所得。

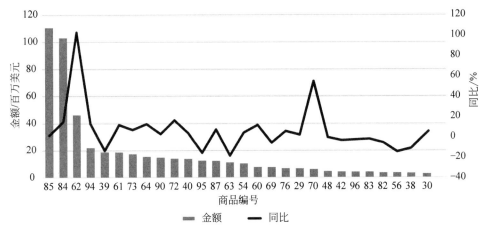

图 2-9　2020 年阿尔巴尼亚自中国主要进口商品金额

2.6　中阿贸易竞争性与互补性分析

2.6.1　中阿显性比较优势指数分析

本书利用《国际贸易商品标准分类》（SITC. Rev4），以 2020 年为例，对中国与阿尔巴尼亚显性比较优势指数进行分析,具体数据如表 2-8 所示。

表 2-8 2020 年阿尔巴尼亚商品出口额

SITC	商品类别名称	出口额/百万美元
SITC0	食品和活动物	317.98
SITC1	饮料及烟草	9.13
SITC2	非食用燃料(不包含燃料)	105.59
SITC3	矿物燃料、润滑油及有关原料	21.88
SITC4	动、植物油、脂和蜡	1.50
SITC5	未列明的化学品和有关产品	23.79
SITC6	主要按原材料分类的制成品	367.47
SITC7	机械及运输设备	70.67
SITC8	杂项制品	904.41
SITC9	没有分类的其他商品	593.21

资料来源:UN Comtrade 数据库等,经本课题组整理所得。

UN Comtrade 等相关数据库的数据显示,2020 年,中国所有商品出口额约为 2 589 098.37 百万美元,阿尔巴尼亚所有商品出口额为 2 515 百万美元,世界所有商品出口额为 17 029 929.55 百万美元。

按照公式 $RCA_{xik}=(X_{ik}/X_{wk})/(X_i/X_w)$,得出计算结果如表 2-9 所示。

表 2-9 2020 年中阿显性比较优势指数计算结果

国　家	SITC0	SITC1	SITC2	SITC3	SITC4	SITC5	SITC6	SITC7	SITC8	SITC9
中国	0.36	0.11	0.15	0.16	0.10	0.52	1.38	1.30	1.83	0.19
阿尔巴尼亚	1.89	0.44	1.10	0.12	0.11	0.08	1.25	0.08	3.05	4.13

根据上述结果分析得到:

(1) 阿尔巴尼亚只有 SITC0(食品和活动物)、SIT2[非食用燃料(不包含燃料)]、SITC6(主要按原材料分类的制成品)、SITC8(杂项制品)和 SITC9(没有分类的其他商品)五类商品具有显性比较优势。其中,SITC9(没有分类的其他商品)五类商品具有显性比较优势。其中,SITC9 的 RCA 值最高,说明具有比较明显的显性比较优势。

(2) 在 SITC1(饮料及烟草)、SITC3(矿物燃料、润滑油及有关原料)、SITC4(动、植物油、脂和蜡)和 SITC5(未列明的化学品和有关产品)这四类商品中,两国显性优势比较指数均小于1,说明两国都不具备比较优势。

2.6.2　中阿互补性指数分析

本书利用《国际贸易商品标准分类》(SITC.Rev4),以 2020 年为例,对中国与阿尔巴尼亚互补性指数进行分析,具体数据如表 2-10 所示。

表 2-10 2020 年阿尔巴尼亚商品进口额

SITC	商品类别名称	进口额/百万美元
SITC0	食品和活动物	689.58

续表

SITC	商品类别名称	进口额/百万美元
SITC1	饮料及烟草	131.18
SITC2	非食用燃料(不包含燃料)	47.88
SITC3	矿物燃料、润滑油及有关原料	265.20
SITC4	动、植物油、脂和蜡	13.23
SITC5	未列明的化学品和有关产品	504.10
SITC6	主要按原材料分类的制成品	857.14
SITC7	机械及运输设备	790.13
SITC8	杂项制品	710.96
SITC9	没有分类的其他商品	1 931.89

资料来源：UN Comtrade 数据库等，经本课题组整理所得。

UN Comtrade 等相关数据库的数据显示，2020 年，中国所有商品进口额约为 2 136 000 百万美元，阿尔巴尼亚所有商品进口额为 5 602 百万美元，世界所有商品进口额为 19 867 000 百万美元。

按照公式 $TCI_{ij} = RCA_{xik} \times RCA_{mjk}$，得出计算结果如表 2-11 所示。

表 2-11 2020 年中阿互补性指数计算结果

国家	SITC0	SITC1	SITC2	SITC3	SITC4	SITC5	SITC6	SITC7	SITC8	SITC9
中国	0.89	0.52	0.04	0.07	0.05	0.45	1.75	0.52	2.20	0.36
阿尔巴尼亚	3.55	23.71	8.10	0.60	6.13	0.14	0.04	0.01	0.01	0.00

根据上述结果分析得到：

（1）中国与阿尔巴尼亚贸易互补性指数差异较大，且两国在各类商品中都具有显性比较优势而激烈竞争。

（2）在 SITC3（矿物燃料、润滑油及有关原料）、SITC5（未列明的化学品和有关产品）、SITC7（机械及运输设备）和 SITC9（没有分类的其他商品）这几类商品中，双方 TCI 值均小于 1，说明两国互补性较弱。

2.7 中阿合作展望

通过上述分析，不难看出近些年来中阿贸易关系发展顺利，双边贸易合作具有一定的基础。中阿签有共建"一带一路"谅解备忘录、贸易协定、保护投资协定等合作文件，两国政府建有经济联委会等机制。中国企业承建的木瑞斯—萨娜灌区灌渠修复工程进展顺利。阿尔巴尼亚主要进口商品为机器、机械器具、电气设备及其零件、化工产品。据中国海关总署统计，2020 年中阿双边贸易额 6.5 亿美元，同比下降 7.5%。

研究表明，阿尔巴尼亚属于中东欧地区技术环境较差的国家且基础设施条件较差。中国与中东欧国家未来的贸易合作走向，需要充分考虑双方的产业优势和市场需求，努力实现优势互补、合作共赢的发展目标。结合其与中国奠定的良好的贸易关系，对中国与阿尔巴尼亚双边贸易的发展进行展望。

(1) 基础设施方面,中国和阿尔巴尼亚可以从旅游业进行深度合作,中国可以对其旅游基础设施进行投资,针对酒店、景区、购物商场等基础设施。同时,加强一定的技术交流,提高其相关的技术环境。

(2) 矿物燃料是阿尔巴尼亚的一大对外出口商品,阿尔巴尼亚具有丰富的石油和铬矿。中国相关企业可采取单一融资、间接融资等融资方式,并通过矿产海外投资等方式深化这一领域的产业合作。

第3章 波黑的对外贸易

波斯尼亚和黑塞哥维那,简称波黑,位于巴尔干半岛中西部。南、西、北三面与克罗地亚毗连,东与塞尔维亚、黑山为邻。大部分地区位于迪纳拉高原和萨瓦河流域。南部极少部分濒临亚得里亚海,海岸线长约 21.2 千米。南部属地中海式气候,北部属温带大陆性气候。南部 1 月平均气温为 6.3 ℃,7 月 27.4 ℃;北部 1 月平均气温-0.2 ℃,7 月 22.7 ℃。年平均气温 11.2 ℃。截至 2013 年总人口数为 353 万,主要民族为:波什尼亚克族,约占总人口 50.1%;塞尔维亚族,约占总人口 30.8%;克罗地亚族,约占总人口 15.4%。官方语言为波斯尼亚语、塞尔维亚语和克罗地亚语。首都萨拉热窝,人口 27 万。

6 世纪末 7 世纪初,部分斯拉夫人南迁到巴尔干半岛,在波斯尼亚和黑塞哥维那等地定居。12 世纪末,斯拉夫人建立独立的波斯尼亚公国。14 世纪末,波斯尼亚进入鼎盛时期。1463 年后,其成为奥斯曼土耳其属地,1908 年被奥匈帝国占领。1914 年 6 月 28 日,奥匈帝国皇储弗兰兹·斐迪南大公在萨拉热窝遭当地青年暗杀,引发第一次世界大战。1918 年第一次世界大战结束后,南部斯拉夫民族成立了塞尔维亚-克罗地亚-斯洛文尼亚王国,1929 年改称南斯拉夫王国,波黑是其中的一部分,被划分为几个行政省。1945 年,南斯拉夫各族人民取得反法西斯战争胜利,成立南斯拉夫联邦人民共和国(1963 年改称南斯拉夫社会主义联邦共和国),波黑成为其中的一个共和国。1992 年 3 月,波黑就国家是否独立举行全民公决,波族和克族赞成独立,塞族抵制投票。此后,波黑三族间爆发了历时 3 年半的战争。1992 年 5 月 22 日,波黑加入联合国。1995 年 11 月 21 日,南斯拉夫联盟共和国塞尔维亚共和国总统米洛舍维奇、克罗地亚共和国总统图季曼和波黑共和国总统伊泽特贝戈维奇签署代顿波黑和平协议,波黑战争结束。

波黑战争给经济带来严重破坏,使经济几近崩溃。近年来,在国际社会援助下,波黑经济恢复取得一定进展。2020 年国内生产总值为 199.46 亿美元,人均国内生产总值为 5 740 美元,国内生产总值增长率为-3.2%。矿产资源丰富,主要有铁矿、褐煤、铝矾土、铅锌矿、石棉、岩盐、重晶石等,其中煤炭蕴藏量达 38 亿吨。图兹拉地区食用盐储量为欧洲之最。波黑拥有丰富的水资源,潜在的水力发电量达 170 亿千瓦。森林覆盖面积占波黑全境面积的 46.6%,其中 65% 为落叶植物,35% 为针叶植物。工业方面,波黑的主要经济部门有农业及食品加工业、能源业、旅游业、林业和木材加工业、金属加工业等。农业方面,波黑的发展目标为:①协调和执行欧盟标准,特别是在食品生产领域;②建立和完善食品安全质量监督管理体制,建立管理链条;③更有效地利用森林资源;④通过多种方式创造商机,以促进农村发展和提高农村生活质量;⑤改善自然资源的保护和有效管理。波黑拥有发展多样化农业的自然条件,食品加工业传统悠久。波黑多山,农业用地占土地总面积的42.2%,共约239万公顷,其中100万公顷为集约化农业耕地。波黑有104万公顷天然草地和牧场,35万公顷土地专用于果园、葡萄园以及种植生产医药保健品的草药和香料香草等。波黑奶制品、水果、蔬菜等农产品具有出口欧盟资质。南部地区流行种植蜡菊等芳香植物。服务业方面,2018年服务业产值11 068百万美元,约占国内生产总值的55.79%,具体的服务门类包括信息通信、金融保险、文娱休闲和健康产业等。其中,旅游业资源丰富,2019年,波黑共接待游客87.58万人次,同比增长89.9%。同期游客过夜量206.14万,同比增长77.5%,其中,国内游客占47%,同比增长38.1%;外国游客占53%,同比增长137.8%。旅游设施主要有旅馆、浴场、私人小旅馆、汽车宿营地、温泉和疗养地等。主要旅游点是萨拉热窝和莫斯塔尔。交通运输方面,波黑位于前南斯拉夫的中心地区,连接前南与欧洲的部分重要交通干线经过波黑。截至2019年底,交通运输以铁路和公路为主。截至2020年底,波黑全国注册机动车117.57万辆,其中,小汽车96.97万辆,卡车9.38万辆,公共汽车4 603辆,摩托车3.2万辆。根据波黑联邦及波黑塞族共和国道路公司数据,全国公路总长24 796千米,其中高速公路208千米。现有铁路1 031千米,其中,双轨铁路94千米,电气化铁路777千米。波黑有4个国际机场,分别在萨拉热窝、巴尼亚卢卡、莫斯塔尔和图兹拉。2020年,四大机场运送旅客分别为114.4万人次、3.3万人次、15万人次、59.3万人次,同比分别增长9.3%、17.9%、310%、1.4%。2019年12月5日起,波黑收回全部领空服务和管控权。

对外贸易方面,2020年波黑对外贸易总额16 020百万美元,同比下降9.2%。其中,出口6 152百万美元,同比下降5.9%,进口9 868百万美元,同比下降11.1%,贸易逆差3716百万美元。

据欧盟统计局统计,波黑最主要的出口国是德国、克罗地亚和塞尔维亚,2020年出口额分别为9.5亿美元、8.0亿美元和7.2亿美元,其降幅分别为0.7%、0.9%和4.7%,占波黑出口额的15.47%、12.92%和11.64%。欧盟区域内主要进口国是德国、意大利和塞尔维亚,2020年进口额为12.12亿美元、11.4亿美元和11.2亿美元,其降幅分别为8.9%、14%和8.4%,占波黑进口总额的12.3%、11.6%和11.3%。

据欧盟统计局统计,2019年波黑对中国出口17.04百万美元,下降23.7%;自中国进口825百万美元,增长2.1%。2019年木制品产业对中国出口额为7.8百万美元,下降14.3%,占波黑对中国出口额的46.8%。家具;寝具、褥垫、弹簧床垫、软座垫及类似的填充制品;未列名灯具及照明装置;发光标志、发光铭牌及类似品;活动房屋是波黑对中国出口的第二大类产品,出口2.4百万美元,下降127.2%,占波黑对中国出口商品总额的14.2%。波黑自中国进口的主要商品为机电产品、机械零件和鞋类产品,合计占波黑自中国进口总额的43.4%。

3.1 对外贸易发展趋势

2020年波黑货物进出口额为16 020百万美元,比上年(下同)下降9.2%。其中,出口6 152百万美元,下降5.9%;进口9 868百万美元,下降11.1%。

由表3-1和图3-1可知,波黑2014—2020年对外贸易总额呈现波动趋势。2014年相较于 2013 年同比增长了 5.6%,但在 2015 年出现了明显下滑。经历了 2016—2018 年比较明显的增长后,2019 年与 2020 年又出现了小幅下滑。

表 3-1 波黑对外贸易年度表

年 份	总额/百万美元	同比/%	出口额/百万美元	同比/%	进口额/百万美元	同比/%
2014	16 880	5.6	5 892	3.6	10 988	6.7
2015	14 079	−16.6	5 096	−13.5	8 983	−18.3
2016	14 473	2.8	5 328	4.6	9 145	1.8
2017	16 933	17.0	6 401	20.1	10 532	15.2
2018	18 810	11.1	7 182	12.2	11 628	10.4
2019	17 636	−6.3	6 537	−9.0	11 099	−4.6
2020	16 020	−9.2	6 152	−5.9	9 868	−11.1

资料来源:商务部国别报告网、UN Comtrade 数据库、全球贸易观察等,经本课题组整理所得。

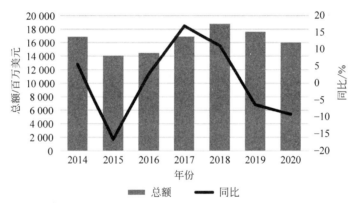

图 3-1 波黑对外贸易总额

由表 3-1 和图 3-2 可知,波黑 2014—2019 年对外贸易出口额呈现波动趋势。经历了 2014 年到 2015 年同比下降后,2016—2018 年对外贸易出口额稳定增长,但在 2020 年出口 6 152 百万美元,较 2019 年下滑 5.9 个百分点。

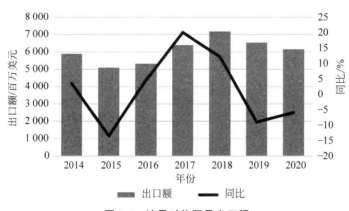

图 3-2 波黑对外贸易出口额

由表 3-1 和图 3-3 可知,波黑 2014—2020 年对外贸易进口额中,2018 年进口额最大,为 11 628 百万美元。2017 年增幅最大,为 15.2%。同时 2020 年对外贸易进口额呈下降趋势,比 2019 年下跌 11.1 个百分点。

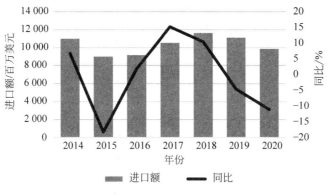

图 3-3 波黑对外贸易进口额

3.2 主要贸易市场结构

2020 年波黑共出口 6 152 百万美元,出口伙伴国主要有德国、克罗地亚、塞尔维亚等国家;共进口 9 868 百万美元,进口伙伴国主要有德国、意大利、塞尔维亚等国家。

由表 3-2 和图 3-4 可知,2020 年波黑出口货物至德国最多,为 952 百万美元。在主要出口的伙伴国中,出口额较 2019 年减少较多。

表 3-2　2020 年波黑对主要贸易伙伴出口额

国　　家	出口额/百万美元	同比/%	占比/%
德国	952	−0.7	15.47
克罗地亚	795	−0.9	12.92
塞尔维亚	716	−4.7	11.64
奥地利	587	−5.9	9.54
斯洛文尼亚	558	−3.1	9.07
土耳其	185	−9.7	3.01
黑山	171	−26.6	2.78
瑞士	156	13.9	2.53
法国	152	0	2.47
匈牙利	111	−27.9	1.80

资料来源:商务部国别报告网、UN Comtrade 数据库、全球贸易观察等,经本课题组整理所得。

由表 3-3 和图 3-5 可知,2020 年波黑进口货物自德国的金额占比最大,为 12.28%。在主要的伙伴国中,进口额较 2019 年全部减少。

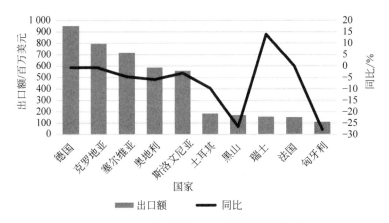

图 3-4 2020 年波黑对主要贸易伙伴出口额

表 3-3 2020 年波黑自主要贸易伙伴进口额

国　　家	进口额/百万美元	同比/%	占比/%
德国	1 212	−8.87	12.28
意大利	1 139	−13.97	11.54
塞尔维亚	1 118	−8.43	11.33
克罗地亚	890	−22.74	9.02
中国	793	−3.88	8.04
土耳其	525	−4.55	5.32
斯洛文尼亚	492	−4.47	4.99
奥地利	399	−2.92	4.04
波兰	297	−10.27	3.01

资料来源：商务部国别报告网、UN Comtrade 数据库、全球贸易观察等，经本课题组整理所得。

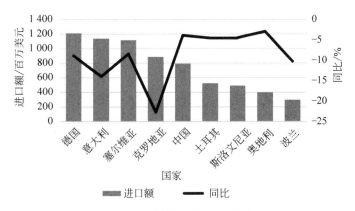

图 3-5 2020 年波黑自主要贸易伙伴进口额

3.3 主要进出口商品结构

2020年波黑共出口商品6152百万美元,同比下降5.9%。由表3-4和图3-6可知,在主要出口商品结构中,有商品编号94(家具;寝具、褥垫、弹簧床垫、软坐垫及类似的填充制品;未列名灯具及照明装置;发光标志、发光铭牌及类似品;活动房屋)、85(电机、电气设备及其零件;录音机及放声机、电视图像、声音的录制和重放设备及其零件、附件)、73(钢铁制品)、15(动、植物油、脂及其分解产品;精制的食用油脂;动、植物蜡)、4(乳品;蛋品;天然蜂蜜;其他食用动物产品)、49(书籍、报纸、印刷图画及其他印刷品;手稿、打字稿及设计图纸)、7(食用蔬菜、根及块茎)、70(玻璃及其制品)、90(光学、照相、电影、计量、检验、医疗或外科用仪器及设备、精密仪器及设备;上述物品的零件、附件)、32(鞣料浸膏及染料浸膏;鞣酸及其衍生物;染料、颜料及其他着色料;油漆及清漆;油灰及其他胶黏剂;墨水、油墨)等。相比2019年,商品编号2(肉及食用杂碎)增幅最大。与此同时,商品编号为26(矿砂、矿渣及矿灰)的商品下降幅度最大。

表3-4 2020年波黑主要出口商品结构

商品编号	商品类别	金额/百万美元	占比/%	同比/%
94	家具;寝具、褥垫、弹簧床垫、软坐垫及类似的填充制品;未列名灯具及照明装置;发光标志、发光铭牌及类似品;活动房屋	599.18	9.74	4.7
85	电机、电气设备及其零件;录音机及放声机、电视图像、声音的录制和重放设备及其零件、附件	475.58	7.73	6.2
84	核反应堆、锅炉、机器、机械器具及其零件	449.88	7.31	−1.7
73	钢铁制品	422.74	6.87	−4.7
44	木及木制品;木炭	417.79	6.79	−2.3
27	矿物燃料、矿物油及其蒸馏产品;沥青物质;矿物蜡	414.94	6.74	−22.3
64	鞋靴、护腿和类似品及其零件	368.69	5.99	−13.2
39	塑料及其制品	299.42	4.87	7.1
28	无机化学品;贵金属、稀土金属、放射性元素及其同位素的有机及无机化合物	294.93	4.79	10.9
72	钢铁	269.08	4.37	−18.2
76	铝及其制品	212.36	3.45	−31.8
87	车辆及其零件、附件,但铁道及电车道车辆除外	187.48	3.05	−11.3
62	非针织或非钩编的服装及衣着附件	143.74	2.34	−23.1
48	纸及纸板;纸浆、纸或纸板制品	136.89	2.23	10.5
61	针织或钩编的服装及衣着附件	134.08	2.18	13.5
93	武器、弹药及其零件、附件	94.56	1.54	−22.3
30	药品	77.91	1.27	−1.1
8	食用水果及坚果;柑橘属水果或甜瓜的果皮	72.20	1.17	9.1

续表

商品编号	商品类别	金额/百万美元	占比/%	同比/%
15	动、植物油、脂及其分解产品；精制的食用油脂；动、植物蜡	63.50	1.03	−11.2
4	乳品；蛋品；天然蜂蜜；其他食用动物产品	59.17	0.96	−6.3
25	盐；硫黄；泥土及石料；石膏料、石灰及水泥	55.00	0.89	5.7
16	肉、鱼、甲壳动物、软体动物及其他水生无脊椎动物的制品	52.08	0.85	62.5
95	玩具、游戏品、运动用品及其零件、附件	46.31	0.75	−6.1
74	铜及其制品	44.42	0.72	7.3
19	谷物、粮食粉、淀粉或乳的制品；糕饼点心	43.89	0.71	13.1
26	矿砂、矿渣及矿灰	40.46	0.66	−248.0
68	石料、石膏、水泥、石棉、云母及类似材料的制品	40.00	0.65	−24.2
22	饮料、酒及醋	36.46	0.59	−14.3
63	其他纺织制成品；成套物品；旧衣着及旧纺织品；碎织物	33.70	0.55	83.0
42	皮革制品；鞍具及挽具；旅行用品、手提包及类似容器；动物肠线（蚕胶丝除外）制品	29.02	0.47	−29.2
7	食用蔬菜、根及块茎	28.42	0.46	12.0
49	书籍、报纸、印刷图画及其他印刷品；手稿、打字稿及设计图纸	28.16	0.46	−6.6
83	贱金属杂项制品	27.71	0.45	3.8
79	锌及其制品	26.66	0.43	−13.3
2	肉及食用杂碎	23.63	0.38	155.0
70	玻璃及其制品	21.78	0.35	0
41	生皮（毛皮除外）及皮革	21.75	0.35	−43.2
36	炸药；烟火制品；火柴；引火合金；易燃材料制品	21.22	0.34	23.5
71	天然或养殖珍珠、宝石或半宝石、贵金属、包贵金属及其制品；仿首饰；硬币	20.76	0.34	66.6
90	光学、照相、电影、计量、检验、医疗或外科用仪器及设备、精密仪器及设备；上述物品的零件、附件	17.88	0.29	−5.2
21	杂项食品	16.68	0.27	0
33	精油及香膏；芳香料制品及化妆盥洗品	15.68	0.25	7.1
96	杂项制品	15.56	0.25	25.0
38	杂项化学产品	15.11	0.25	−57.1
12	含油子仁及果实；杂项子仁及果实；工业用或药用植物；稻草、秸秆及饲料	15.02	0.24	87.5
18	可可及可可制品	14.52	0.24	27.2
82	贱金属工具、器具、利口器、餐匙、餐叉及其零件	14.15	0.23	−17.6
32	鞣料浸膏及染料浸膏；鞣酸及其衍生物；染料、颜料及其他着色料；油漆及清漆；油灰及其他胶黏剂；墨水、油墨	12.61	0.20	−14.2

续表

商品编号	商品类别	金额/百万美元	占比/%	同比/%
3	鱼、甲壳动物、软体动物及其他水生无脊椎动物	11.95	0.19	10.0
55	化学纤维短纤	11.48	0.19	0

资料来源:全球贸易观察、UN Comtrade 数据库等,经本课题组整理所得。

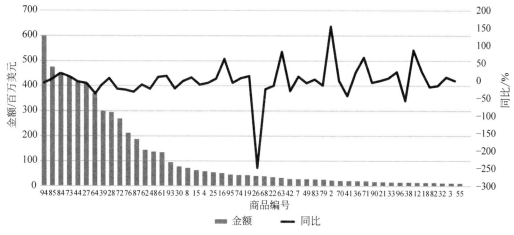

图 3-6 2020 年波黑主要出口商品金额

2020 年波黑共进口商品 9 868 百万美元,同比下降 11.1%。由表 3-5 和图 3-7 可知,在主要进口商品结构中,商品编号 12(含油子仁及果实;杂项子仁及果实;工业用或药用植物;稻草、秸秆及饲料)增长幅度最大。与此同时,商品编号为 27(矿物燃料、矿物油及其蒸馏产品;沥青物质;矿物蜡)的商品下降幅度最大。

表 3-5 2020 年波黑主要进口商品结构

商品编号	商品类别	金额/百万美元	占比/%	同比/%
27	矿物燃料、矿物油及其蒸馏产品;沥青物质;矿物蜡	954.76	9.68	−38.7
84	核反应堆、锅炉、机器、机械器具及其零件	790.09	8.01	−13.2
85	电机、电气设备及其零件;录音机及放声机、电视图像、声音的录制和重放设备及其零件、附件	684.32	6.93	4.1
87	车辆及其零件、附件,但铁道及电车道车辆除外	620.20	6.28	−24.5
39	塑料及其制品	587.79	5.96	−1.6
30	药品	388.65	3.94	7.4
72	钢铁	324.15	3.28	−8.2
73	钢铁制品	288.17	2.92	0.6
76	铝及其制品	217.01	2.20	−7.2
48	纸及纸板;纸浆、纸或纸板制品	191.33	1.94	−5.4
22	饮料、酒及醋	180.46	1.83	−11.3

续表

商品编号	商品类别	金额/百万美元	占比/%	同比/%
90	光学、照相、电影、计量、检验、医疗或外科用仪器及设备、精密仪器及设备；上述物品的零件、附件	177.14	1.80	15.6
21	杂项食品	172.87	1.75	6.1
64	鞋靴、护腿和类似品及其零件	167.89	1.70	−16.5
44	木及木制品；木炭	166.03	1.68	−6.7
2	肉及食用杂碎	154.42	1.56	−10.9
61	针织或钩编的服装及衣着附件	149.42	1.51	8.7
74	铜及其制品	146.76	1.49	3.5
94	家具；寝具、褥垫、弹簧床垫、软坐垫及类似的填充制品；未列名灯具及照明装置；发光标志、发光铭牌及类似品；活动房屋	145.32	1.47	−11.5
40	橡胶及其制品	135.92	1.38	−8.7
19	谷物、粮食粉、淀粉或乳的制品；糕饼点心	135.25	1.37	22.7
41	生皮（毛皮除外）及皮革	131.01	1.33	−22.0
33	精油及香膏；芳香料制品及化妆盥洗品	124.78	1.26	−10.8
10	谷物	119.80	1.21	1.7
8	食用水果及坚果；柑橘属水果或甜瓜的果皮	119.23	1.21	4.3
62	非针织或非钩编的服装及衣着附件	114.78	1.16	−18.5
23	食品工业的残渣及废料；配制的动物饲料	112.70	1.14	0
38	杂项化学产品	111.07	1.13	15.6
18	可可及可可制品	105.19	1.07	2.9
83	贱金属杂项制品	100.63	1.02	−0.9
34	肥皂、有机表面活性剂、洗涤剂、润滑剂、人造蜡、调制蜡、光洁剂、蜡烛及类似品、塑型用膏、"牙科用蜡"及牙科用熟石膏制剂	97.59	0.99	5.4
4	乳品；蛋品；天然蜂蜜；其他食用动物产品	97.19	0.98	−7.6
32	鞣料浸膏及染料浸膏；鞣酸及其衍生物；染料、颜料及其他着色料；油漆及清漆；油灰及其他胶黏剂；墨水、油墨	96.05	0.97	0
15	动、植物油、脂及其分解产品；精制的食用油脂；动、植物蜡	86.75	0.88	−18.1
69	陶瓷产品	79.81	0.81	−10.2
70	玻璃及其制品	74.87	0.76	−8.6
17	糖及糖食	69.04	0.70	4.5
16	肉、鱼、甲壳动物、软体动物及其他水生无脊椎动物的制品	68.77	0.70	−4.2

续表

商品编号	商品类别	金额/百万美元	占比/%	同比/%
59	浸渍、涂布、包覆或层压的织物；工业用纺织制品	62.34	0.63	-1.5
25	盐；硫黄；泥土及石料；石膏料、石灰及水泥	60.17	0.61	-7.6
12	含油子仁及果实；杂项子仁及果实；工业用或药用植物；稻草、秸秆及饲料	60.06	0.61	52.0
96	杂项制品	58.23	0.59	-6.4
7	食用蔬菜、根及块茎	57.74	0.59	-5.0
60	针织物及钩编织物	56.17	0.57	-6.6
68	石料、石膏、水泥、石棉、云母及类似材料的制品	53.09	0.54	-3.6
63	其他纺织制成品；成套物品；旧衣着及旧纺织品；碎织物	52.55	0.53	23.8
9	咖啡、茶、马黛茶及调味香料	52.37	0.53	-7.1
54	化学纤维长丝	51.80	0.52	-8.9
95	玩具、游戏品、运动用品及其零件、附件	51.79	0.52	-3.7
82	贱金属工具、器具、利口器、餐匙、餐叉及其零件	48.83	0.49	-5.8
20	蔬菜、水果、坚果或植物其他部分的制品	48.38	0.49	-4.0
24	烟草、烟草及烟草代用品的制品	45.59	0.46	4.6
56	絮胎、毡呢及无纺织物；特种纱线；线、绳、索、缆及其制品	43.44	0.44	2.3
55	化学纤维短纤	42.63	0.43	-25.0
29	有机化学品	41.60	0.42	-4.6
31	肥料	40.95	0.41	0

资料来源：全球贸易观察、UN Comtrade 数据库等，经本课题组整理所得。

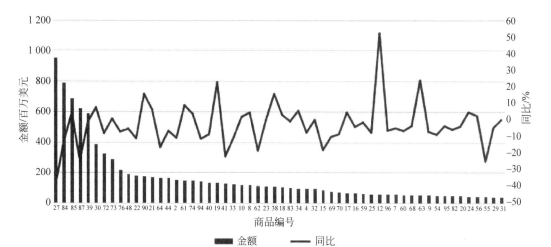

图 3-7　2020 年波黑主要进口商品金额

3.4 主要优势产业及其特征

1. 旅游业

波黑将旅游列为经济发展的重要产业之一。波黑各类饭店、旅馆有2万多个床位,旅游设施主要有旅馆、温泉、滑雪、漂流、打猎、疗养地及文化宗教设施等。尽管波黑当前旅游业还不发达,但发展潜力巨大。波黑将旅游业列为重点发展行业之一,并在大力吸引外资。2016年入境旅游人数为114.9万人次,同比增长10.9%。其中,2016年有中国游客13 266人次到访波黑,同比增长33.4%;过夜天数16 529天,同比增长29.6%。波黑希望加强与中国的旅游合作,签署旅游合作协议,实现双边旅游的常态化;同时,欢迎中国企业对波黑的旅游设施项目进行投资。2018年5月赴波黑旅游人数达到15万人次,环比增长18.1%,同比增长9%。其中,本地人数占31.7%,外国人数占68.3%,按人数多少依次来自土耳其(9.9%)、塞尔维亚(7.8%)、克罗地亚(7.7%)、德国(5.8%)、斯洛文尼亚(5.7%)、意大利(5.4%)、波兰(4.8%)和中国(4.3%)等。

2. 木质制品制造业

根据波黑投资促进局数据,波黑全国的森林和林地覆盖率高达63%。其中,国有森林占80%,私有森林占20%。波黑森林和林地面积为2 709.8公顷,林业和木材加工业成为波黑经济的主要产业之一。2016年,林业和木材加工业的产业值占波黑GDP的3%,林木年开采量约700万平方米,木材和家具及细木加工制品的60%以上出口到德国、意大利、奥地利和斯洛文尼亚等欧盟国家。波黑拥有技术娴熟的林业和木材加工业廉价劳动力,2015—2020年的月平均工资为410~430欧元。2016年,波黑木材及制品出口约11.9亿马克,同比增长12.3%。截至2020年,波黑认证的从事木材及制品的企业有900多家,其中107家是造纸企业。波黑欢迎中资企业对波黑开展投资合作,希望中国进口波黑的板材、家具和其他木制品。波黑的木质制品的产品结构和范围非常多样化,世界上能生产的木制品,几乎都可以在波黑生产。木材工业的重点是更高水平的成品和更多的木制品出口。

3. 金属制造业

波黑金属制造业历史悠久、潜力巨大。波黑的金属加工拥有强大的人力资源基础,尤其是手工艺品的生产和制造。矿产资源种类繁多,特别是铁矿石、铝土矿、铅、锌和铜。波黑金属加工业规模庞大,包括基本金属(生铁、钢和合金,以及金属加工产品)的制造,如锻造、压制,以及金属轧制,粉末冶金,金属的处理和涂层等通用工程。金属加工行业主要集中于米塔尔钢铁集团和莫斯塔尔铝业两大公司。矿业部门既服务于当地加工业、发电业,也用于出口,这一行业正处于振兴和重建的过程中。目前,金属加工业占波黑制造业的20%,是波黑制造业的支柱产业,金属加工出口产品占产量的50%~60%。

4. 汽车制造业

几十年来,各大品牌都依靠波黑的熟练劳动力为西方市场组装汽车。经历了多年的整车装配和汽车零部件生产,强大而多样化的供应链和支持基础设施已经建立起来,包括教育系统、研发机构以及具有金属加工、汽车和电气工程技能的专业与称职的专业人才。2010—2020年,这个行业经历了蓬勃的发展,并且已经成为出口导向型产业,平均90%的产量用于出口,产品遍布全球30个国家。2018年,以德国、瑞士为代表的越来越多的欧洲及世界公司对波黑汽车、木材和金属业的供应感兴趣。由于制造标准与欧盟一致,因此大部分零部件出口到德国等欧盟国家。波黑2017年前20位出口产品中,汽车座椅居首位,汽车零配件列第三位,2018年这一出口增势继续。

3.5 中波双边贸易概况

2020年,分商品类别看,木及木制品是保加利亚对中国出口的主力产品,而机电产品是波黑自中国进口金额的首位产品。

2020年波黑对中国共出口商品15.23百万美元。由表3-6和图3-8可知,在出口主要商品结构中,商品编号79(锌及其制品)、94(家具;寝具、褥垫、弹簧床垫、软坐垫及类似的填充制品;未列名灯具及照明装置;发光标志、发光铭牌及类似品;活动房屋)、25(盐;硫黄;泥土及石料;石膏料、石灰及水泥)、28(无机化学品;贵金属、稀土金属、放射性元素及其同位素的有机及无机化合物)、39(塑料及其制品)、83(贱金属杂项制品)、84(核反应堆、锅炉、机器、机械器具及其零件)等呈现增长趋势,尤其是79(锌及其制品)增幅最大。

表3-6 2020年波黑对中国出口主要商品结构

商品编号	商品类别	金额/百万美元	占比/%	同比/%
44	木及木制品;木炭	6.95	47	-12.9
79	锌及其制品	2.51	16	250.1
94	家具;寝具、褥垫、弹簧床垫、软坐垫及类似的填充制品;未列名灯具及照明装置,发光标志、发光铭牌及类似品;活动房屋	1.86	13	23.5
48	纸及纸板;纸浆、纸或纸板制品	1.51	10	-11.8
25	盐;硫黄;泥土及石料;石膏料、石灰及水泥	0.79	5	79.0
28	无机化学品;贵金属、稀土金属、放射性元素及其同位素的有机及无机化合物	0.30	2	30.0
39	塑料及其制品	0.20	1	20.0
22	饮料、酒及醋	0.20	1	
83	贱金属杂项制品	0.20	1	25.0
33	精油及香膏;芳香料制品及化妆盥洗品	0.10	1	
72	钢铁	0.10	1	
85	电机、电气设备及其零件;录音机及放声机、电视图像、声音的录制和重放设备及其零件、附件	0.10	1	-52.4
84	核反应堆、锅炉、机器、机械器具及其零件	0.10	1	11.1

资料来源:商务部国别报告网、UN Comtrade数据库等,经本课题组整理所得。

2020年波黑自中国共进口商品792.52百万美元。由表3-7和图3-9可知,在进口主要商品结构中,商品编号90(光学、照相、电影、计量、检验、医疗或外科用仪器及设备、精密仪器

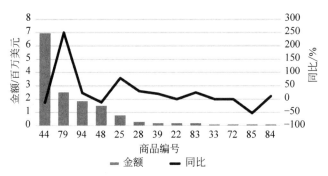

图 3-8　2020 年波黑对中国主要出口商品金额

及设备；上述物品的零件、附件)增幅最大。与此同时，商品编号为 42［皮革制品；鞍具及挽具；旅行用品、手提包及类似容器；动物肠线（蚕胶丝除外）制品］的商品下降幅度最大。

表 3-7　2020 年波黑自中国进口主要商品结构

商品编号	商品类别	金额/百万美元	占比/%	同比/%
85	电机、电气设备及其零件；录音机及放声机、电视图像、声音的录制和重放设备及其零件、附件	173.66	26	-7.10
84	核反应堆、锅炉、机器、机械器具及其零件	134.73	20	6.90
64	鞋靴、护腿和类似品及其零件	37.61	6	-18.20
90	光学、照相、电影、计量、检验、医疗或外科用仪器及设备，精密仪器及设备；上述物品的零件、附件	37.39	5	119.90
94	家具；寝具、褥垫、弹簧床垫、软坐垫及类似的填充制品；未列名灯具及照明装置；发光标志、发光铭牌及类似品；活动房屋	35.44	5	-6.70
72	钢铁	28.98	4	-19.50
62	非针织或非钩编的服装及衣着附件	28.03	4	-22.10
39	塑料及其制品	25.48	4	-17.80
95	玩具、游戏品、运动用品及其零件、附件	25.19	4	
73	钢铁制品	23.82	4	-0.75
87	车辆及其零件、附件，但铁道及电车道车辆除外	20.65	3	3.25
61	针织或钩编的服装及衣着附件	16.50	2	-8.30
54	化学纤维长丝	16.20	2	1.25
63	其他纺织制成品；成套物品；旧衣着及旧纺织品；碎织物	16.15	2	79.40
40	橡胶及其制品	16.05	2	5.60
42	皮革制品；鞍具及挽具；旅行用品、手提包及类似容器；动物肠线（蚕胶丝除外）制品	12.57	2	-30.20
69	陶瓷产品	11.46	2	-4.50
76	铝及其制品	10.23	2	-7.00
82	贱金属工具、器具、利口器、餐匙、餐叉及其零件	10.16	1	1.60

资料来源：商务部国别报告网、UN Comtrade 数据库等，经本课题组整理所得。

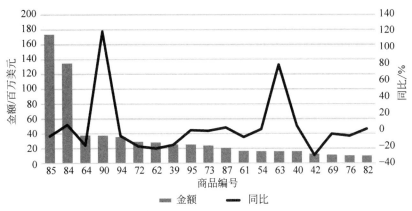

图 3-9 2020 年波黑自中国主要进口商品金额

3.6 中波贸易竞争性与互补性分析

3.6.1 中波显性比较优势指数分析

本书利用《国际贸易商品标准分类》(SITC. Rev4),以 2020 年为例,对中国与波黑显性比较优势指数进行分析,具体数据如表 3-8 所示。

表 3-8 2020 年波黑商品出口额

SITC	商品类别名称	出口额/百万美元
SITC0	食品和活动物	372.42
SITC1	饮料及烟草	52.24
SITC2	非食用燃料(不包含燃料)	725.20
SITC3	矿物燃料、润滑油及有关原料	702.46
SITC4	动、植物油、脂和蜡	702.46
SITC5	未列明的化学品和有关产品	556.18
SITC6	主要按原材料分类的制成品	1 720.93
SITC7	机械及运输设备	1 075.09
SITC8	杂项制品	1 910.09
SITC9	没有分类的其他商品	0.22

资料来源：UN Comtrade 数据库等,经本课题组整理所得。

UN Comtrade 等相关数据库的数据显示,2020 年,中国所有商品出口额约为 2 589 098.37 百万美元,波黑所有商品出口额为 6 152 百万美元,世界所有商品出口额为 17 029 929.55 百万美元。

按照公式 $RCA_{xik}=(X_{ik}/X_{wk})/(X_i/X_w)$,得出计算结果如表 3-9 所示。

表 3-9　2018 年中波显性比较优势指数计算结果

国家	SITC0	SITC1	SITC2	SITC3	SITC4	SITC5	SITC6	SITC7	SITC8	SITC9
中国	0.36	0.11	0.15	0.16	0.10	0.52	1.38	1.30	1.83	0.19
波黑	0.68	0.77	2.33	1.22	16.56	0.57	1.81	0.37	1.99	0.00

根据上述结果分析得到：

(1) 波黑在 SITC2[非食用燃料（不包含燃料）]、SITC3（矿物燃料、润滑油及有关原料）、SITC4（动、植物油、脂和蜡）、SITC6（主要按原材料分类的制成品）和 SITC8（杂项制品）这几类商品中具有显性比较优势。其中，SITC4（动、植物油、脂和蜡）的 RCA 值最高，说明具有比较明显的显性比较优势。

(2) 在 SITC6（主要按原材料分类的制成品）和 SITC8（杂项制品）两类商品中，中国与波黑都具有显性比较优势。而在 SITC0（食品和活动物）、SITC1（饮料及烟草）、SITC2[非食用燃料（不包含燃料）]、SITC3（矿物燃料、润滑油及有关原料）、SITC4（动、植物油、脂和蜡）、SITC5（未列明的化学品和有关产品）和 SITC9（没有分类的其他商品）这七类商品中，中国显性比较优势小于 1，说明中国不具有显性比较优势。

3.6.2　中波互补性指数分析

本书利用《国际贸易商品标准分类》(SITC. Rev4)，以 2020 年为例，对中国与波黑互补性指数进行分析，具体数据如表 3-10 所示。

表 3-10　2020 年波黑商品进口额

SITC	商品类别名称	进口额/百万美元
SITC0	食品和活动物	1 423.99
SITC1	饮料及烟草	251.80
SITC2	非食用燃料（不包含燃料）	334.01
SITC3	矿物燃料、润滑油及有关原料	1 717.91
SITC4	动、植物油、脂和蜡	113.58
SITC5	未列明的化学品和有关产品	1 449.75
SITC6	主要按原材料分类的制成品	2 753.24
SITC7	机械及运输设备	2 421.59
SITC8	杂项制品	1 163.56
SITC9	没有分类的其他商品	0.07

资料来源：UN Comtrade 数据库等，经本课题组整理所得。

UN Comtrade 等相关数据库的数据显示，2020 年，中国所有商品进口额约为 2 136 000 百万美元，波黑所有商品进口额为 9 868 百万美元，世界所有商品进口额为 19 867 000 百万美元。

按照公式 $TCI_{ij} = RCA_{xik} \times RCA_{mjk}$，得出计算结果如表 3-11 所示。

表 3-11　2020 年中波互补性指数计算结果

国家	SITC0	SITC1	SITC2	SITC3	SITC4	SITC5	SITC6	SITC7	SITC8	SITC9
中国	0.94	0.51	0.14	0.22	0.23	0.65	2.87	0.81	1.84	0.00
波黑	3.45	2.51	20.95	4.26	8.08	3.07	4.64	2.96	2.89	2.16

根据上述结果分析得到：

（1）在 SITC6（主要按原材料分类的制成品）和 SITC8（杂项制品）两类商品中，中国与波黑贸易互补性指数均大于1，说明两国在这两类商品中互补性强，并未因为在该领域中双方都具有显性比较优势而出现激烈竞争的场面，反而表现出很强的贸易互补性。

（2）在 SITC0（食品和活动物）、SITC1（饮料及烟草）、SITC2［非食用燃料（不包含燃料）］、SITC3（矿物燃料、润滑油及有关原料）、SITC4（动、植物油、脂和蜡）、SITC5（未列明的化学品和有关产品）、SITC7（机械及运输设备）和 SITC9（没有分类的其他商品）这八类商品中，中国的 TCI 值均小于1，说明波黑的这八类商品具有较强的竞争优势。

3.7　中波合作展望

根据以上分析，可以看出近年来两国贸易合作较为稳定。2018年1月，北京舞蹈学院青年舞团"欢乐春节"赴波黑巡演，波黑主席团（集体元首）轮值主席乔维奇出席。同月，天津市副市长赵海山访问波黑。4月，"16+1"农业投资与装备合作博览会在波黑莫斯塔尔经贸博览会期间举行。5月，中国国际交流协会副会长艾平率团访问波黑，并出席波黑"一带一路"建设和促进中心举办的"一带一路"与民心相通研讨会。6月，"'一带一路'倡议：改革与地区角度"研讨会在萨拉热窝举行。8月，"箫笛传天籁"中国竹笛乐团在波黑首都萨拉热窝举行演出。9月，"'一带一路'倡议5周年：合作与机遇"研讨会在萨拉热窝举行，波黑主席团（集体元首）塞尔维亚族成员伊万尼奇出席。

波黑在南斯拉夫时期便是联邦内较贫穷的地区之一，独立后又发生了内战，经济受到严重损害。战争结束后至今，波黑经济正在渐渐复苏。中国与波黑可以在以下方面展开深入合作。

（1）波黑是欧洲城镇化程度最低的国家之一，大约有60%的人口居住在农村地区，30%左右的人口在从事农业活动，中国与波黑双方可以加强农业方面的合作，尤其是畜牧业、林业；

（2）波黑旅游业比较兴旺，两国可以加强在旅游业设施的投资，如浴场、汽车宿营地等；

（3）波黑矿产资源丰富，主要有煤、铁、铜、锰、铅、汞、银、褐煤、铝矾土、铅锌矿、石棉、岩盐、重晶石等，两国可以加强矿产开采方面的合作，提高开采技术水平。

第 4 章
保加利亚的对外贸易

保加利亚,位于东南欧、巴尔干半岛东部。北部与罗马尼亚隔多瑙河相望,西部与塞尔维亚、北马其顿相邻,南部与希腊、土耳其接壤,东部邻接黑海,海岸线总长 378 千米。北部属大陆性气候,南部属地中海式气候。1 月气温 $-2 \sim 2$ ℃,7 月 23~25 ℃。面积 11.1 万平方千米。截至 2019 年,总人口 700 万。保加利亚族占 84%,土耳其族占 9%,罗姆族占 5%,马其顿族、亚美尼亚族等占 2%。保加利亚语为官方语言,土耳其语为主要少数民族语言。首都索非亚,人口 133 万(2020 年)。

2017 年 1 月 25 日,拉德夫签署总统令,宣布 1 月 27 日解散第 43 届国民议会,任命看守政府。3 月 26 日,保加利亚提前举行议会选举,公民党在大选中获胜。4 月 19 日,第 44 届国民议会成立。5 月 4 日,公民党与团结的爱国者联合组建新政府,公民党主席博里索夫再次出任总理。2019 年 10 月,保加利亚举行地方选举,公民党在多数城市胜出,地方施政继续保持强势。2021 年 7 月 11 日,保加利亚再次提前举行议会选举,产生第 46 届国民议会,共 240 个议席。其中,"有这样的人民"党 65 席,争取欧洲进步公民党 63 席,以社会党为首的"为了保加利亚联盟"36 席,民主的保加利亚党 34 席,争取权利与自由运动党 29 席,"站起来保加利亚,我们来了!"党 13 席。议长为伊娃·米特娃(Ива МИТЕВА,女),2021 年 7 月 21 日当选。

2020 年国内生产总值 606.4 亿欧元,人均国内生产总值 8 748 欧元,国内生产总值增长率 $-4.4%$。自然资源较贫乏,原料和能源供应很大程度依赖进口。主要矿藏有煤、铅、锌、铜、铁、铀、锰、铬、矿盐和少量石油。森林面积 412 万公顷,占国土面积的 34%。工业方面,主要工业部门有机械制造、电子、冶金、食品、轻纺、造纸、化工等。2020 年工业产值 132.9 亿欧元。农业方面,农业资源丰富,农业传统历史悠久。主要农产品有小麦、葵花籽、玉米、烟草等。玫瑰精油、葡萄酒、酸奶并称为"保加利亚三宝"。2021 年农业产值 104.217 亿列弗,较 2020 年增长 32.4%。服务业方面,20 世纪 90 年代以来,服务业保持快速发展,2020 年服务业产值占国内生产总值的 69.5%。其中,旅游资源较丰富。2019 年接待外国游客 497.3 万人次,主要来自土耳其、罗马尼亚、希腊、德国、塞尔维亚、北马其顿、俄罗斯、波兰、英国。截至 2019 年底,共有旅馆 3 664 家、床位 34.2 万张。著名景点有涅夫斯基大教堂、古罗马露天剧场、大特尔诺沃城堡、卡赞勒克玫瑰谷、里拉国家公园、内塞伯尔等。交通运输方面,以陆运为主。2019 年货运量 9 667.5 万吨,其中陆运 9 427.9 万吨,水运 237.6 万吨,空运 2.0 万吨;客运量 7.39 亿人次,其中陆运 4.68 亿人次,水运 10.2 万人次,空运 269.3 万人次,城市电力交通2.69亿人次。主要机场为索非亚机场、普洛夫迪夫机场、布尔加斯机场和瓦尔纳机场。主要港口为瓦尔纳港、布尔加斯港和鲁塞港。

对外贸易方面,主要出口机械及运输装备、工业制成品、食品、化工产品,主要进口机电产品、金属矿石、化工材料、燃料、食品。主要出口目的地国有德国、意大利、罗马尼亚、土耳其、希腊、法国;主要进口来源国有德国、俄罗斯、意大利、罗马尼亚、土耳其、西班牙。

保加利亚是欧盟成员国,据欧盟统计局统计,分国别(地区)看,其超过一半的货物贸易是在欧盟内部进行。2020年保加利亚对欧盟其他国家的出口额为219.3亿美元,下降2.4%,占其出口总额的65.9%;从欧盟其他国家的进口额为234.6亿美元,下降2.1%,占其进口总额的63.1%。在欧盟区域内,保加利亚最主要的出口国是德国、罗马尼亚和意大利,2020年出口额为51.1亿美元、28.9亿美元和21.9亿美元,增减幅分别为3.6%、-0.3%和-10.7%,占保加利亚出口总额的16%、9.1%和6.9%;欧盟区域内主要的进口国是德国和罗马尼亚,2020年进口额为42.3亿美元和25.6亿美元,下降6.7%和4.8%,占保加利亚进口总额的12.1%和7.3%。在欧盟区域外,土耳其是保加利亚最主要的出口国,2020年出口额为20.6亿美元,下降14.3%,占保加利亚出口总额的6.4%。2019年保加利亚的贸易逆差额有所下降,前三大逆差来源地依次是俄罗斯、匈牙利和中国,逆差额分别为30.9亿美元、7.6亿美元和7.5亿美元。

据欧盟统计局统计,2019年保加利亚对中国出口9.1亿美元,增长1.6%;自中国进口16.6亿美元,增长6.8%。保加利亚与中国的贸易逆差7.5亿美元。2019年贱金属及其制品对中国出口额为6.1亿美元,下降8.0%,占保加利亚对中国出口总额的67.1%。在贱金属及其制品中,最主要的出口产品是铜及其制品,出口6.1亿美元,下降7.8%。机电产品是保加利亚对中国出口的第二大类商品,出口1.0亿美元,增长24.2%,占保加利亚对中国出口总额的10.6%。矿产品是保加利亚对中国出口的第三大类产品,出口0.9亿美元,增长31.5%。保加利亚自中国进口的主要商品为机电产品、家具玩具和纺织品及原料,2019年三类商品分别进口6.4亿美元、2.0亿美元和1.7亿美元,合计占保加利亚自中国进口总额的60.8%。在劳动密集型产品上,中国继续保持优势,家具、玩具等轻工产品占保加利亚同类产品进口总额的比例较高,德国、意大利、波兰、希腊等国家是中国的主要竞争对手。

4.1 对外贸易发展趋势

2020年保加利亚货物进出口额为66 942百万美元,比上年(下同)下降5.0%。其中,出口31 915百万美元,下降4.2%;进口35 027百万美元,下降5.8%。

由表4-1和图4-1可知,保加利亚2008—2020年对外贸易总额呈现波动趋势。经历2008年的明显上升后,2009年出现了剧烈下滑。2010年和2011年保持稳定增长,但在2012年出现了小幅下跌。2013年止跌反弹,2014年相较于2013年持平,但2015年出现了明显下滑。经历2016—2018年比较明显的增长后,2019年与2020年又出现了小幅下滑。

表 4-1 保加利亚对外贸易年度表

年 份	总额/百万美元	同比/%	出口额/百万美元	同比/%	进口额/百万美元	同比/%
2008	59 511	22.3	22 488	21.0	37 023	23.0
2009	39 912	−32.9	16 371	−27.2	23 541	−36.4
2010	46 090	15.5	20 592	25.8	25 498	8.3
2011	60 809	31.9	28 226	37.1	32 583	27.8
2012	59 411	−2.3	26 683	−5.5	32 728	0.4
2013	63 906	7.6	29 588	10.9	34 318	4.9
2014	63 900	0	29 247	−1.2	34 653	1.0
2015	54 599	−14.6	25 381	−13.2	29 218	−15.7
2016	55 507	1.7	26 573	4.7	28 934	−1.0
2017	65 643	18.3	31 448	18.3	34 195	18.2
2018	71 472	8.9	33 617	6.9	37 855	10.7
2019	70 481	−1.4	33 304	−0.9	37 177	−1.8
2020	66 942	−5.0	31 915	−4.2	35 027	−5.8

资料来源：商务部国别报告网、UN Comtrade 数据库、全球贸易观察等，经本课题组整理所得。

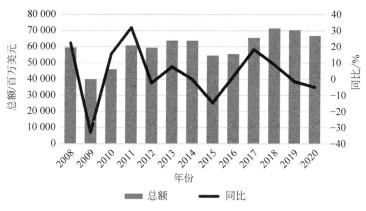

图 4-1 保加利亚对外贸易总额

由表 4-1 和图 4-2 可知，保加利亚 2008—2020 年对外贸易出口额呈现波动趋势。2008 年和 2009 年情况截然相反，2008 年飞速上升，而 2009 年大幅下滑。2010 年和 2011 年止跌反弹，并维持明显上升趋势。但是，2012 年又出现了下滑，2013 年明显回升。经历了 2014 年和 2015 年同比下降之后，2016—2018 年对外贸易出口额稳定增长，但 2020 年出口 31 915 百万美元，较 2019 年下滑 4.2 个百分点。

由表 4-1 和图 4-3 可知，保加利亚 2008—2020 年对外贸易进口额中，2018 年进口额最多，为 37 855 百万美元。2011 年增幅最大，为 27.8%。相比之下，2009 年进口额最少，为 23 541 百万美元，且下降幅度最大，为 36.4%。同时，2020 年对外贸易出口 35 027 百万美元，较 2019 年下滑 5.8 个百分点。

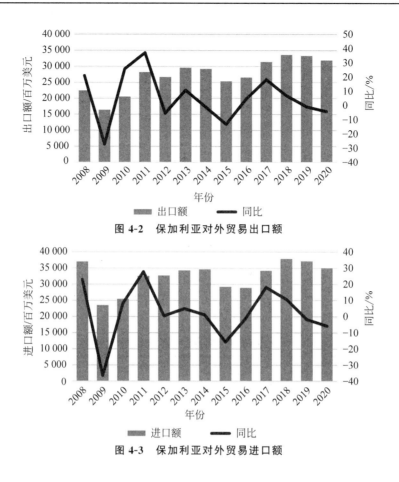

图 4-2 保加利亚对外贸易出口额

图 4-3 保加利亚对外贸易进口额

4.2 主要贸易市场结构

2020年保加利亚共出口31 915百万美元,出口伙伴国主要有德国、罗马尼亚、意大利等国家;共进口35 027百万美元,进口伙伴国主要有德国、罗马尼亚、土耳其等国家。

由表4-2和图4-4可知,2020年保加利亚出口货物至德国的金额最多,为5 111百万美元。在主要出口的伙伴国中,只有出口比利时、中国、德国的金额较2019年有增加趋势。

表 4-2 2020年保加利亚对主要贸易伙伴出口额

国　　家	出口额/百万美元	同比/%	占比/%
德国	5 111	3.6	16.0
罗马尼亚	2 899	−0.3	9.1
意大利	2 191	−10.7	6.9
土耳其	2 058	−14.3	6.4
法国	1 224	−3.3	3.8
比利时	1 109	23.7	3.5
中国	1 052	15.2	3.3
荷兰	839	−0.9	2.6
西班牙	763	−16.1	2.4

资料来源:商务部国别报告网、UN Comtrade数据库、全球贸易观察等,经本课题组整理所得。

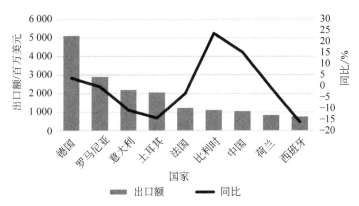

图 4-4　2020 年保加利亚对主要贸易伙伴出口额

由表 4-3 和图 4-5 可知,2020 年保加利亚进口货物自德国的金额最多,为 4 229 百万美元。在主要进口的伙伴国中,进口德国、罗马尼亚、意大利、俄罗斯和希腊的金额较 2019 年有减少趋势,尤其是进口俄罗斯的货物减少 41.8%,降幅明显。

表 4-3　2020 年保加利亚自主要贸易伙伴进口额

国　　家	进口额/百万美元	同比/%	占比/%
德国	4 229	−6.7	12.1
罗马尼亚	2 562	−4.8	7.3
土耳其	2 484	3.8	7.1
意大利	2 483	−11.4	7.1
俄罗斯	2 141	−41.8	6.1
中国	1 781	7.2	5.1
希腊	1 728	−0.4	4.9
荷兰	1 388	2.7	4.0
匈牙利	1 367	2.4	4.0

资料来源：商务部国别报告网、UN Comtrade 数据库、全球贸易观察等,经本课题组整理所得。

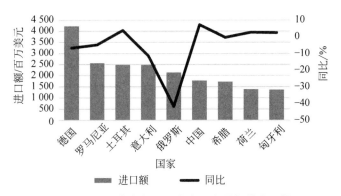

图 4-5　2020 年保加利亚自主要贸易伙伴进口额

4.3 主要进出口商品结构

2020年保加利亚共出口商品31 915百万美元,同比下降4.2%。由表4-4和图4-6可知,在主要出口商品结构中,有商品编号85(电机、电气设备及其零件;录音机及放声机、电视图像、声音的录制和重放设备及其零件、附件)、27(矿物燃料、矿物油及其蒸馏产品;沥青物质;矿物蜡)、84(核反应堆、锅炉、机器、机械器具及其零件)、74(铜及其制品)、10(谷物)等。相比2019年,商品编号22(饮料、酒及醋)、99(未按种类指定的商品)等呈现增长趋势,尤其是99(未按种类指定的商品)增幅最大。与此同时,商品编号为27(矿物燃料、矿物油及其蒸馏产品;沥青物质;矿物蜡)的商品下降幅度最大。

表4-4 2020年保加利亚主要出口商品结构

商品编号	商品类别	金额/百万美元	占比/%	同比/%
85	电机、电气设备及其零件;录音机及放声机、电视图像、声音的录制和重放设备及其零件、附件	3 486.79	10.93	−4.9
74	铜及其制品	2 833.27	8.88	19.4
84	核反应堆、锅炉、机器、机械器具及其零件	2 668.70	8.36	−4.5
27	矿物燃料、矿物油及其蒸馏产品;沥青物质;矿物蜡	1 482.87	4.65	−51.8
10	谷物	1 335.21	4.18	−11.9
87	车辆及其零件、附件,但铁道及电车道车辆除外	1 184.40	3.71	0.5
30	药品	1 158.55	3.63	4.2
39	塑料及其制品	1 095.79	3.43	4.4
26	矿砂、矿渣及矿灰	1 015.97	3.18	13.1
94	家具;寝具、褥垫、弹簧床垫、软坐垫及类似的填充制品;未列名灯具及照明装置;发光标志、发光铭牌及类似品;活动房屋	776.64	2.43	5.2
99	未按种类指定的商品	761.05	2.38	718.2
12	含油子仁及果实;杂项子仁及果实;工业用或药用植物;稻草、秸秆及饲料	700.50	2.19	5.2
62	非针织或非钩编的服装及衣着附件	682.19	2.14	−18.1
61	针织或钩编的服装及衣着附件	674.20	2.11	−9.7
73	钢铁制品	669.13	2.10	−0.7
90	光学、照相、电影、计量、检验、医疗或外科用仪器及设备、精密仪器及设备;上述物品的零件、附件	629.71	1.97	5.7
72	钢铁	610.00	1.91	−10.4
38	杂项化学产品	572.78	1.79	−1.8
70	玻璃及其制品	549.92	1.72	20.9
15	动、植物油、脂及其分解产品;精制的食用油脂;动、植物蜡	495.75	1.55	37.1
33	精油及香膏;芳香料制品及化妆盥洗品	426.87	1.34	22.4

续表

商品编号	商品类别	金额/百万美元	占比/%	同比/%
76	铝及其制品	417.53	1.31	−5.8
23	食品工业的残渣及废料；配制的动物饲料	380.73	1.19	18.1
40	橡胶及其制品	375.83	1.18	2.4
44	木及木制品；木炭	352.44	1.10	2.6
48	纸及纸板；纸浆、纸或纸板制品	313.13	0.98	0.3
22	饮料、酒及醋	309.29	0.97	27.1
19	谷物、粮食粉、淀粉或乳的制品；糕饼点心	306.51	0.96	−4.1
95	玩具、游戏品、运动用品及其零件、附件	287.12	0.90	−23.1
18	可可及可可制品	278.91	0.87	12.1
28	无机化学品；贵金属、稀土金属、放射性元素及其同位素的有机及无机化合物	272.29	0.85	−22.7
4	乳品；蛋品；天然蜂蜜；其他食用动物产品	228.13	0.71	1.3
63	其他纺织制成品；成套物品；旧衣着及旧纺织品；碎织物	218.07	0.68	94.6
69	陶瓷产品	203.53	0.64	−2.8
64	鞋靴、护腿和类似品及其零件	199.01	0.62	−19.1
83	贱金属杂项制品	190.46	0.60	7.3
24	烟草、烟草及烟草代用品的制品	185.60	0.58	−14.7
31	肥料	179.82	0.56	−32.1
20	蔬菜、水果、坚果或植物其他部分的制品	179.54	0.56	12.5
78	铅及其制品	175.44	0.55	−8.8
86	铁道及电车道机车、车辆及其零件；铁道及电车道轨道固定装置及其零件、附件；各种机械（包括电动机械）交通信号设备	173.50	0.54	16.8
79	锌及其制品	167.37	0.52	−8.7
21	杂项食品	153.73	0.48	23.3
34	肥皂、有机表面活性剂、洗涤剂、润滑剂、人造蜡、调制蜡、光洁剂、蜡烛及类似品、塑型用膏、"牙科用蜡"及牙科用熟石膏制剂	135.40	0.42	27.3
2	肉及食用杂碎	131.59	0.41	−26.4
7	食用蔬菜、根及块茎	130.68	0.41	−22.1
51	羊毛、动物细毛或粗毛；马毛纱线及其机织物	124.48	0.39	−23.9
8	食用水果及坚果；柑橘属水果或甜瓜的果皮	119.05	0.37	2.5
71	天然或养殖珍珠、宝石或半宝石、贵金属、包贵金属及其制品；仿首饰；硬币	116.96	0.37	−2.5
9	咖啡、茶、马黛茶及调味香料	116.08	0.36	5.4
68	石料、石膏、水泥、石棉、云母及类似材料的制品	111.00	0.35	12.1
29	有机化学品	110.40	0.35	−9.1
35	蛋白类物质；改性淀粉；胶；酶	110.36	0.35	6.7

资料来源：全球贸易观察、UN Comtrade 数据库等，经本课题组整理所得。

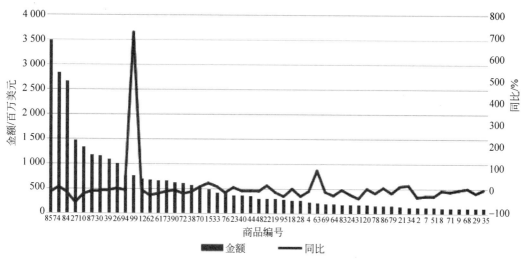

图 4-6　2020 年保加利亚出口商品金额

2020 年保加利亚共进口商品 35 027 百万美元，同比下降 5.80%。由表 4-5 和图 4-7 可知，在主要进口商品结构中，有商品编号 27（矿物燃料、矿物油及其蒸馏产品；沥青物质；矿物蜡）、85（电机、电气设备及其零件；录音机及放声机、电视图像、声音的录制和重放设备及其零件、附件）、84（核反应堆、锅炉、机器、机械器具及其零件）、87（车辆及其零件、附件，但铁道及电车道车辆除外）、39（塑料及其制品）、30（药品）、26（矿砂、矿渣及矿灰）等。相比 2019 年，商品编号 99（未按种类指定的商品）增幅最大。与此同时，商品编号为 27（矿物燃料、矿物油及其蒸馏产品；沥青物质；矿物蜡）的商品下降幅度最大。

表 4-5　2020 年保加利亚主要进口商品结构

商品编号	商 品 类 别	金额/百万美元	占比/%	同比/%
85	电机、电气设备及其零件；录音机及放声机、电视图像、声音的录制和重放设备及其零件、附件	3 725.14	10.64	−2.2
84	核反应堆、锅炉、机器、机械器具及其零件	3 617.48	10.33	−3.3
27	矿物燃料、矿物油及其蒸馏产品；沥青物质；矿物蜡	2 981.13	8.51	−41.3
26	矿砂、矿渣及矿灰	2 169.05	6.19	44.2
87	车辆及其零件、附件，但铁道及电车道车辆除外	2 107.30	6.02	−20.3
30	药品	1 696.80	4.84	6.8
39	塑料及其制品	1 644.39	4.69	−1.6
72	钢铁	1 172.97	3.35	−13.3
73	钢铁制品	889.26	2.54	−1.8
38	杂项化学产品	792.53	2.26	−2.2
74	铜及其制品	743.76	2.12	13.6
90	光学、照相、电影、计量、检验、医疗或外科用仪器及设备、精密仪器及设备；上述物品的零件、附件	634.17	1.81	0.9

续表

商品编号	商品类别	金额/百万美元	占比/%	同比/%
12	含油子仁及果实；杂项子仁及果实；工业用或药用植物；稻草、秸秆及饲料	596.30	1.70	70.7
48	纸及纸板；纸浆、纸或纸板制品	533.84	1.52	-2.7
99	未按种类指定的商品	509.77	1.46	141.2
76	铝及其制品	483.29	1.38	-9.3
94	家具；寝具、褥垫、弹簧床垫、软坐垫及类似的填充制品；未列名灯具及照明装置；发光标志、发光铭牌及类似品；活动房屋	479.22	1.37	2.3
2	肉及食用杂碎	455.54	1.30	-5.0
40	橡胶及其制品	421.05	1.20	-4.3
22	饮料、酒及醋	394.50	1.13	5.3
33	精油及香膏；芳香料制品及化妆盥洗品	370.75	1.06	6.1
61	针织或钩编的服装及衣着附件	336.32	0.96	-10.6
18	可可及可可制品	300.64	0.86	3.8
29	有机化学品	299.59	0.86	-2.9
24	烟草、烟草及烟草代用品的制品	297.46	0.85	-1.6
4	乳品；蛋品；天然蜂蜜；其他食用动物产品	282.51	0.81	-1.1
62	非针织或非钩编的服装及衣着附件	266.79	0.76	-12.5
8	食用水果及坚果；柑橘属水果或甜瓜的果皮	260.37	0.74	11.5
21	杂项食品	252.67	0.72	7.6
64	鞋靴、护腿和类似品及其零件	249.77	0.71	-9.7
44	木及木制品；木炭	247.04	0.71	-6.1
32	鞣料浸膏及染料浸膏；鞣酸及其衍生物；染料、颜料及其他着色料；油漆及清漆；油灰及其他胶黏剂；墨水、油墨	231.92	0.66	0
31	肥料	230.28	0.66	-26.9
7	食用蔬菜、根及块茎	218.39	0.62	5.8
19	谷物、粮食粉、淀粉或乳的制品；糕饼点心	214.47	0.61	6.4
60	针织物及钩编织物	213.02	0.61	-7.7
95	玩具、游戏品、运动用品及其零件、附件	212.00	0.61	-18.1
34	肥皂、有机表面活性剂、洗涤剂、润滑剂、人造蜡、调制蜡、光洁剂、蜡烛及类似品、塑型用膏、"牙科用蜡"及牙科用熟石膏制剂	203.39	0.58	8.5
15	动、植物油、脂及其分解产品；精制的食用油脂；动、植物蜡	200.51	0.57	45.9
83	贱金属杂项制品	180.10	0.51	-10.0
20	蔬菜、水果、坚果或植物其他部分的制品	178.95	0.51	9.2

续表

商品编号	商品类别	金额/百万美元	占比/%	同比/%
23	食品工业的残渣及废料；配制的动物饲料	177.41	0.51	9.9
55	化学纤维短纤	176.46	0.50	−18.5
63	其他纺织制成品；成套物品；旧衣着及旧纺织品；碎织物	168.86	0.48	33.2
51	羊毛、动物细毛或粗毛；马毛纱线及其机织物	164.83	0.47	−35.9
86	铁道及电车道机车、车辆及其零件；铁道及电车道轨道固定装置及其零件、附件；各种机械（包括电动机械）交通信号设备	160.61	0.46	26.9
28	无机化学品；贵金属、稀土金属、放射性元素及其同位素的有机及无机化合物	155.94	0.45	−10.9
9	咖啡、茶、马黛茶及调味香料	153.58	0.44	6.9
69	陶瓷产品	152.73	0.44	−5.0
17	糖及糖食	152.49	0.44	4.1
70	玻璃及其制品	150.76	0.43	−10.1
54	化学纤维长丝	141.35	0.40	−22.5
52	棉花	140.70	0.40	−13.0
96	杂项制品	126.84	0.36	0
68	石料、石膏、水泥、石棉、云母及类似材料的制品	117.54	0.34	1.7
25	盐；硫黄；泥土及石料；石膏料、石灰及水泥	114.03	0.33	−0.8
10	谷物	107.32	0.31	11.4
82	贱金属工具、器具、利口器、餐匙、餐叉及其零件	106.46	0.30	−9.4
3	鱼、甲壳动物、软体动物及其他水生无脊椎动物	95.04	0.27	−13.6

资料来源：全球贸易观察、UN Comtrade 数据库等，经本课题组整理所得。

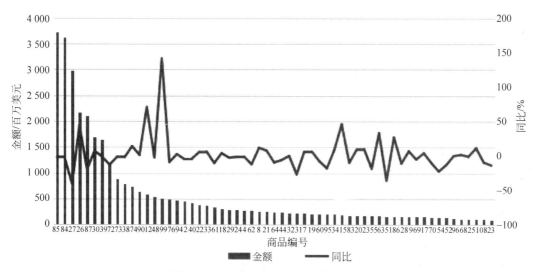

图 4-7 2020 年保加利亚进口商品金额

4.4 主要优势产业及其特征

1. 贱金属及其制品制造业

保加利亚自然资源匮乏,主要矿物有煤、铅、锌、铜、铁、钡、锰等。贱金属,是相对贵金属而言的,由于其化学性质比贵金属活泼,矿藏量较为丰富,价格较低廉,故称为贱金属。贱金属及其制品是保加利亚的主要出口商品之一,2017年出口额达到53.6亿美元,占保加利亚出口总额的17.8%,主要出口至德国、土耳其、意大利、比利时和中国等国家。贱金属及其制品是保加利亚对中国出口的主力产品,2017年出口总额达5.4亿美元,增长102.9%,占保加利亚对中国出口总额的74.4%,2018年1—6月出口中国2.53亿美元。在贱金属及其制品中,最主要的出口产品是铜及其制品,出口5.3亿美元,增长105.6%。

2. 纺织服装业

纺织服装业是保加利亚重点行业之一,对经济具有重要意义。同时,纺织服装业也是主要的出口部门和解决就业的重要部门。1990年,该行业就业达18万人;1990—2000年,该行业经历三个主要阶段:权力下放到地方、结构调整;国有公司转为商业公司;私有化。至2000年底,99%的纺织服装公司已私有化。纺织业在保加利亚经济中占重要地位,共有约2000家纺织服装企业,行业产值占工业总产值的7%,纺织业就业人数约占制造业就业总人数的22.3%。2016年,保加利亚纺织业产值同比增长近20%。纺织品出口额约32亿欧元,欧洲是保加利亚纺织品服装出口的主要市场。

3. 农副食品加工业

农业是保加利亚优势产业之一,保加利亚位于欧洲东南部,占地11.1万平方千米,被誉为"欧洲的菜园子",得天独厚的自然环境适合多种农作物生长。保加利亚农产品如玫瑰油、乳制品等享誉世界。保加利亚49%的领土都是农业用地,农业基础设施较完善,产品可以出口到欧洲其他国家、俄罗斯、中东和南非等国家,市场广阔。欧盟结构基金2014—2020年对保加利亚农业支持高达10.1亿欧元。政府报告显示,2017年农业增长8.9%,农业、林业和渔业实现增加值41亿列弗(以当前价格计算)。农产品贸易仍保持顺差。2017年11月24日,中国—中东欧国家首个农产品物流中心及展示馆在保加利亚第二大城市普罗夫迪夫近郊的色雷斯经济区建成并投入运营。该物流中心以电子商务为主要平台,旨在促进中国和中东欧国家农业产品的贸易、销售、展示和流通,为双方农业合作搭建了可靠、便捷的通道。

4. 软件和信息技术服务业

保加利亚IT业在欧盟排第三,具有很强的优势。保加利亚IT业已连续多年获得两位数增长,是同期保GDP增速的5倍。IT从业人数达1.9万名。85%的就业人员年龄在35岁以下,创造了该国2.25%的GDP。进入保加利亚的跨国IT公司有思科、VMware、微软等。IT人才主要来自索菲亚大学和科技大学,保加利亚每年有超过3 500名IT相关行业应届毕业生。目前,保加利亚软件行业是最具有投资吸引力和创新能力的领域,2015年保加利亚信息技术产业产值占当年GDP的1.86%。另外,保加利亚外包服务产业已连续7年呈两位数字增长。特别是近年来,外包服务占GDP的比重由2014年的2.8%提高到2016年的3.6%,这表明保加利亚在熟练IT技工培训、频繁商务活动增多、较高素质的语言知识和专业技术人才培养方面,特别是鼓励吸引外国投资者的一系列优惠政策发挥了积极效应。在外包服务产业领域,保加利亚目前已成为欧洲前10名外包服务目的地国家。

5. 其他商务服务业

其他商务服务业主要是指保加利亚的旅游业。保加利亚地形多变、气候宜人,旅游资源丰富,被誉为"上帝的后花园"。旅游业是保加利亚经济支柱产业,2016年保加利亚旅游业稳步增长,全年入境游客数量约990.6万人次。保加利亚的主要旅游项目包括海滨游、冬季滑雪游、文化历史游、生态环境游、SPA(水疗)浴疗旅游、葡萄酒旅游、探险运动游等。保加利亚东濒黑海,瓦尔纳和布尔加斯等度假城市各具特色,每年5月下旬至9月上旬是海滨游的黄金季节,世界各国游客蜂拥而至,游客最多的国家是罗马尼亚、德国、希腊、俄罗斯、土耳其。据国家统计局统计,2018年1—7月外国游客达500多万,同比增长6.8%。目前,该国旅游业平稳发展,旅游市场合理的价格水平成为吸引更多游客的优势。2017年,保加利亚接待境外游客888.2万人次,与上年同比增长7.6%,国际游客旅游收入增长较多,达到9.3%,旅游总收入约68.95亿列弗。在过去的两年中,游客人数年均增长12%,欧盟国家游客平均增长7%。近年来,保加利亚旅游部门十分重视旅游业发展,注重打造旅游品牌、推介旅游资源、开展全域旅游、提升景区设施、创新旅游产品,先后推出海滨游、滑雪游、温泉游、休闲游、文化景观游、酒庄游等旅游产品,不断细分旅游产品和市场,推动当地旅游业发展。

4.5 中保双边贸易概况

2020年,分商品类别看,铜及其制品是保加利亚对中国出口的主力产品,而机电产品是保加利亚自中国进口金额的首位产品。

2020年保加利亚对中国共出口商品1 052.4百万美元。由表4-6和图4-8可知,在出口主要商品结构中,商品编号74(铜及其制品)、26(矿砂、矿渣及矿灰)、90(光学、照相、电影、计量、检验、医疗或外科用仪器及设备、精密仪器及设备;上述物品的零件、附件)、10(谷物)、12(含油子仁及果实;杂项子仁及果实;工业用或药用植物;稻草、秸秆及饲料)、84(核反应堆、锅炉、机器、机械器具及其零件)、23(食品工业的残渣及废料;配制的动物饲料)、87(车辆及其零件、附件,但铁道及电车道车辆除外)、38(杂项化学产品)、29(有机化学品)、15(动、植物油、脂及其分解产品;精制的食用油脂;动、植物蜡)等呈现增长趋势,尤其是23(食品工业的残渣及废料;配制的动物饲料)增幅最大。与此同时,商品编号为85(电机、电气设备及其零件;录音机及放声机、电视图像、声音的录制和重放设备及其零件、附件)的商品下降幅度最大。

表 4-6　2020 年保加利亚对中国出口主要商品结构

商品编号	商品类别	金额/百万美元	占比/%	同比/%
74	铜及其制品	692.8	67	13.8
26	矿砂、矿渣及矿灰	98.1	10	7.8
85	电机、电气设备及其零件；录音机及放声机、电视图像、声音的录制和重放设备及其零件、附件	61.8	6	−18.7
90	光学、照相、电影、计量、检验、医疗或外科用仪器及设备，精密仪器及设备；上述物品的零件、附件	26.3	3	275.7
10	谷物	25.8	3	3.8
12	含油子仁及果实；杂项子仁及果实；工业用或药用植物；稻草、秸秆及饲料	25.0	2	66.7
84	核反应堆、锅炉、机器、机械器具及其零件	21.8	2	3.8
23	食品工业的残渣及废料；配制的动物饲料	12.1	1	505.0
87	车辆及其零件、附件,但铁道及电车道车辆除外	9.8	1	40.0
38	杂项化学产品	7.6	1	26.7
39	塑料及其制品	6.6	1	−5.7
29	有机化学品	6.1	1	22.0
15	动、植物油、脂及其分解产品；精制的食用油脂；动、植物蜡	5.8	1	480.0
33	精油及香膏；芳香料制品及化妆盥洗品	4.4	1	
95	玩具、游戏品、运动用品及其零件、附件	4.3	1	
94	家具；寝具、褥垫、弹簧床垫、软坐垫及类似的填充制品；未列名灯具及照明装置；发光标志、发光铭牌及类似品；活动房屋	4.2	0	
48	纸及纸板；纸浆、纸或纸板制品	3.9	0	
42	皮革制品；鞍具及挽具；旅行用品、手提包及类似容器；动物肠线（蚕胶丝除外）制品	3.6	0	
30	药品	3.6	0	
35	蛋白类物质；改性淀粉；胶；酶	3.6	0	
21	杂项食品	2.5	0	
83	贱金属杂项制品	2.2	0	
61	针织或钩编的服装及衣着附件	1.6	0	

资料来源：商务部国别报告网、UN Comtrade 数据库等，经本课题组整理所得。

2019 年保加利亚自中国共进口商品 1 781.25 百万美元。由表 4-7 和图 4-9 可知,在进口主要商品结构中,商品编号 85（电机、电气设备及其零件；录音机及放声机、电视图像、声音的录制和重放设备及其零件、附件）、84（核反应堆、锅炉、机器、机械器具及其零件）、94（家具；寝具、褥垫、弹簧床垫、软坐垫及类似的填充制品；未列名灯具及照明装置；发光标志、发光铭牌及类似品；活动房屋）、87（车辆及其零件、附件,但铁道及电车道车辆除外）、90（光学、照相、电影、计量、检验、医疗或外科用仪器及设备、精密仪器及设备；上述物品的零件、附件）、63（其他纺织制成品；成套物品；旧衣着及旧纺织品；碎织物）、40（橡胶及其制品）、38（杂项化学产品）等呈现增长趋势,尤其是 87（车辆及其零件、附件,但铁道及电车道车辆除

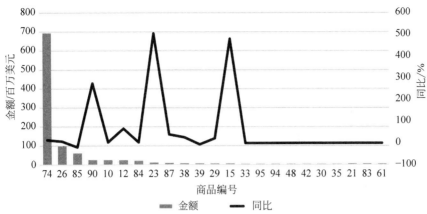

图 4-8　2020 年保加利亚对中国主要出口商品金额

外)增幅最大。与此同时,商品编号为 64(鞋靴、护腿和类似品及其零件)的商品下降幅度最大。

表 4-7　2020 年保加利亚自中国进口主要商品结构

商品编号	商品类别	金额/百万美元	占比/%	同比/%
85	电机、电气设备及其零件;录音机及放声机、电视图像、声音的录制和重放设备及其零件、附件	370	21	11.1
84	核反应堆、锅炉、机器、机械器具及其零件	349	20	12.6
94	家具;寝具、褥垫、弹簧床垫、软坐垫及类似的填充制品;未列名灯具及照明装置;发光标志、发光铭牌及类似品;活动房屋	158	9	7.5
87	车辆及其零件、附件,但铁道及电车道车辆除外	98	6	55.6
29	有机化学品	77	4	0
39	塑料及其制品	65	4	−7.1
90	光学、照相、电影、计量、检验、医疗或外科用仪器及设备、精密仪器及设备;上述物品的零件、附件	59	3	13.5
73	钢铁制品	44	3	−15.4
95	玩具、游戏品、运动用品及其零件、附件	37	2	0
63	其他纺织制成品;成套物品;旧衣着及旧纺织品;碎织物	34	2	50.0
40	橡胶及其制品	26	1	8.3
76	铝及其制品	23	1	0
38	杂项化学产品	23	1	43.8
54	化学纤维长丝	22	1	−21.4
64	鞋靴、护腿和类似品及其零件	20	1	−25.9
55	化学纤维短纤	20	1	−23.1
44	木及木制品;木炭	20	1	−4.8
48	纸及纸板;纸浆、纸或纸板制品	18	1	−5.3
10	谷物	16	1	
60	针织物及钩编织物	15	1	

资料来源:商务部国别报告网、UN Comtrade 数据库等,经本课题组整理所得。

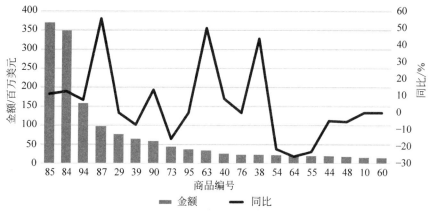

图 4-9　2020 年保加利亚自中国主要进口商品金额

4.6　中保贸易竞争性与互补性分析

4.6.1　中保显性比较优势指数分析

本书利用《国际贸易商品标准分类》（SITC. Rev4），以 2020 年为例，对中国与保加利亚显性比较优势指数进行分析，具体数据如表 4-8 所示。

表 4-8　2020 年保加利亚商品出口额

SITC	商品类别名称	出口额/百万美元
SITC0	食品和活动物	3 756.00
SITC1	饮料及烟草	418.08
SITC2	非食用燃料（不包含燃料）	2 233.70
SITC3	矿物燃料、润滑油及有关原料	1 480.07
SITC4	动、植物油、脂和蜡	485.09
SITC5	未列明的化学品和有关产品	3 689.41
SITC6	主要按原材料分类的制成品	7 211.86
SITC7	机械及运输设备	7 428.53
SITC8	杂项制品	4 155.22
SITC9	没有分类的其他商品	1 056.75

资料来源：UN Comtrade 数据库等，经本课题组整理所得。

UN Comtrade 等相关数据库的数据显示，2020 年，中国所有商品出口额约为 2 589 098.37 百万美元，保加利亚所有商品出口额为 31 914.71 百万美元，世界所有商品出口额为 17 029 929.55 百万美元。

按照公式 $RCA_{xik} = (X_{ik}/X_{wk})/(X_i/X_w)$，得出计算结果如表 4-9 所示。

表 4-9　2020 年中保显性比较优势指数计算结果

国　　家	SITC0	SITC1	SITC2	SITC3	SITC4	SITC5	SITC6	SITC7	SITC8	SITC9
中国	0.36	0.11	0.15	0.16	0.10	0.52	1.38	1.30	1.83	0.19
保加利亚	1.69	1.52	1.76	0.63	2.80	0.93	1.86	0.62	1.06	0.56

根据上述结果分析得到：

(1) 保加利亚除了 SITC3(矿物燃料、润滑油及有关原料)、SITC5(未列明的化学品和有关产品)和 SITC7(机械及运输设备)三类商品外，其余商品均具有显性比较优势。其中，SITC4(动、植物油、脂和蜡)的 RCA 值最高，接近 2，说明具有比较明显的显性比较优势。

(2) 在 SITC6(主要按原材料分类的制成品)和 SITC8(杂项制品)两类商品中，中国与保加利亚都具有显性比较优势。在 SITC3(矿物燃料、润滑油及有关原料)、SITC5(未列明的化学品和有关产品)和 SITC9(没有分类的其他商品)这三类商品中，两国显性优势比较指数均小于 1，说明两国都不具备比较优势。

4.6.2　中保互补性指数分析

本书利用《国际贸易商品标准分类》(SITC. Rev4)，以 2020 年为例，对中国与保加利亚互补性指数进行分析，具体数据如表 4-10 所示。

表 4-10　2020 年保加利亚商品进口额

SITC	商品类别名称	进口额/百万美元
SITC0	食品和活动物	2 792.68
SITC1	饮料及烟草	553.68
SITC2	非食用燃料(不包含燃料)	3 431.81
SITC3	矿物燃料、润滑油及有关原料	5 135.75
SITC4	动、植物油、脂和蜡	120.18
SITC5	未列明的化学品和有关产品	5 143.46
SITC6	主要按原材料分类的制成品	6 301.33
SITC7	机械及运输设备	9 806.26
SITC8	杂项制品	2 929.68
SITC9	没有分类的其他商品	1 713.02

资料来源：UN Comtrade 数据库等，经本课题组整理所得。

UN Comtrade 等相关数据库的数据显示，2020 年，中国所有商品进口额约为 2 136 000 百万美元，保加利亚所有商品进口额为 35 027 百万美元，世界所有商品进口额为 19 867 000 百万美元。

按照公式 $TCI_{ij} = RCA_{xik} \times RCA_{mjk}$，得出计算结果如表 4-11 所示。

表 4-11　2020 年中保互补性指数计算结果

国　　家	SITC0	SITC1	SITC2	SITC3	SITC4	SITC5	SITC6	SITC7	SITC8	SITC9
中国	0.56	0.35	0.45	0.20	0.07	0.71	2.01	1.00	1.42	0.05
保加利亚	0.93	0.68	5.64	1.15	2.18	0.83	1.25	0.80	0.78	0.58

根据上述结果分析得到：

(1) 在 SITC6（主要按原材料分类的制成品）这类商品中，中国与保加利亚贸易互补性指数均大于 1，说明两国在该类商品中互补性强，并未因为在该领域中双方都具有显性比较优势而激烈竞争。

(2) 在 SITC0（食品和活动物）、SITC1（饮料及烟草）、SITC5（未列明的化学品和有关产品）和 SITC9（没有分类的其他商品）这几类商品中，双方 TCI 值均小于 1，说明两国互补性较弱。

4.7 中保合作展望

根据以上分析，可以看出近年来两国贸易合作稳步提升。截至 2019 年底，中方在保完成工程承包营业额 10.8 亿美元，对保直接投资 1.7 亿美元，保方在华直接投资 7 980 万美元。中方主要出口电脑、空调、通信设备等，进口有色金属、金属矿砂等。同时，两国具备良好的经贸合作基础。2018 年 7 月，双方签署了《中华人民共和国商务部与保加利亚共和国经济部关于中小企业合作谅解备忘录》。同年 11 月，保经济部长卡拉尼科洛夫率企业家代表团来华参加首届中国国际进口博览会。2019 年 11 月，保副总理尼科洛娃率团来华参加第二届中国国际进口博览会。2020 年 1 月，中保政府间经济联委会第 17 次会议在北京举行。

但是，保加利亚国内基础设施设备较为陈旧、老化，在交通基础设施建设等方面存在一些亟待解决的问题。根据其与中国稳中有升的经贸合作关系，两国可在以下方面展开深入合作。

(1) 保加利亚国内《2014—2020 年发展规划》中明确提到，建设现代化全国基础设施需 160 多亿欧元。中国相关企业可通过公私合营的融资模式满足保加利亚交通基础设施的建设需求，让资源得到最合理的分配。

(2) 保加利亚对于发展与中国在旅游业方面的合作认可度很高，因此，两国可加强在此方面的投资。例如，在酒店、景区、商超等大型场所展开合作投资，共同开发两国的旅游资源。

(3) 保加利亚矿产品出口发展空间较大，中国可增强与保加利亚在矿产方面的合作，引领企业开展资源勘查、资源生产等活动，促进两国双边贸易加速发展。

第 5 章
克罗地亚的对外贸易

克罗地亚,位于欧洲中南部、巴尔干半岛西北部。西北和北部分别同斯洛文尼亚和匈牙利接壤,东部和东南部同塞尔维亚、波斯尼亚和黑塞哥维那、黑山为邻,西部和南部濒亚得里亚海,岛屿众多,海岸线曲折,长 1 880 千米。克罗地亚北部为温带大陆性气候,四季分明,夏季温和,7 月份气温 17~22 ℃,冬季寒冷,气温低于 0 ℃;中部和中南部为高原山地气候,夏季凉爽,气温不超过 18 ℃,冬季严寒且降雪频繁,平均气温低于 -2 ℃;南部和西南部海岸为地中海式气候,夏季炎热干燥,平均气温超过 22 ℃,冬季温和多雨,气温在 0 ℃ 以上。面积 5.66 万平方千米。人口 388.85 万(2021 年)。主要民族为克罗地亚族(90.4%),其他为塞尔维亚族、波什尼亚克族、意大利族、匈牙利族、阿尔巴尼亚族、斯洛文尼亚族等,共 22 个少数民族。官方语言为克罗地亚语。

8 世纪末,克罗地亚人建立了早期封建国家,10 世纪建立了盛极一时的克罗地亚王国。自 1102 年起,克罗地亚一直处于匈牙利王国和奥地利哈布斯堡王朝的统治之下;1918 年 12 月,与其他南斯拉夫人联合成立了塞尔维亚-克罗地亚-斯洛文尼亚王国。1945 年成为南斯拉夫联邦人民共和国的一个加盟共和国,1991 年 6 月宣布脱离南斯拉夫社会主义联邦共和国独立,并于 2009 年加入北约,2013 年 7 月 1 日加入欧盟。2019 年 7 月,政府改组。2020 年 1 月,社会民主党人米拉诺维奇当选新总统,2 月 19 日就职。7 月,民主共同体党在新一届议会选举中获胜,普连科维奇连任总理。

克罗地亚的经济基础良好。旅游、建筑、造船和制药等产业发展水平较高。2018 年国内生产总值 604 亿美元,人均国内生产总值 1.5 万美元。资源方面,克罗地亚森林和水力资源丰富,2020 年全国森林面积 250 万公顷,森林覆盖率 44%。主要矿产资源有石油、天然气、煤、铝矾土、优质泥灰石;此外,还出产铁、锰、石墨等。工业方面,主要工业部门有食品加工、木材加工、造船、建筑、电力、石化、冶金、制药、机械制造和纺织等。食品加工业较发达,是加工业中就业人数最多的行业。农业主要包括种植业、畜牧业、林业、渔业等。全国农业可耕地面积为 154.6 万公顷。旅游业方面,旅游业发达,是克罗地亚国民经济重要组成部分和外汇收入主要来源。2019 年游客数量约 2 070 万人次,同比增加 4.9%。游客主要来自德国、斯洛文尼亚、奥地利和波兰等欧洲国家。主要风景区有亚得里亚海海滨、普利特维采湖和布里俄尼岛等。交通运输较为发达,以公路和铁路为主:公路,2020 年总长 26 690 千米,其中高速公路 1 310 千米。2020 年,公路客运量为 4 770 万人次,货运量为 7 400 万吨。2020 年,拥有小汽车 167 万辆、货车 17 万辆。铁路,2020 年总长 2 604 千米,其中电气化铁路里程 970 千米,占总里程 37%。现有各类铁路站点共计 554 个。2020 年客运量为 2 027

万人次,货运量为 1 344 万吨。

5.1 对外贸易发展趋势

2020 年克罗地亚货物进出口额为 43 087 百万美元,比上年(下同)下降 5.1%。其中,出口 16 991 百万美元,下降 2.2%;进口 26 096 百万美元,下降 6.9%。

由表 5-1 和图 5-1 可知,克罗地亚 2008—2020 年对外贸易总额呈现波动趋势。2008 年相较于 2007 年明显增长,但在 2009 年出现了明显下滑。经历 2016—2018 年比较明显的增幅后,2020 年又出现了下滑。

表 5-1 克罗地亚对外贸易年度表

年 份	总额/百万美元	同比/%	出口额/百万美元	同比/%	进口额/百万美元	同比/%
2008	44 839	17.3	14 122	14.2	30 717	18.8
2009	31 673	−29.4	10 467	−25.9	21 206	−31.0
2010	31 841	0.5	11 803	12.8	20 038	−5.5
2011	36 049	13.2	13 348	13.1	22 701	13.3
2012	33 208	−7.9	12 370	−7.3	20 838	−8.2
2013	34 677	4.4	12 667	2.4	22 010	5.6
2014	36 644	5.7	13 835	1.1	22 809	3.6
2015	33 496	−8.6	12 925	−6.6	20 571	−9.8
2016	35 717	6.6	13 813	6.9	21 904	6.5
2017	40 762	14.1	16 030	16.1	24 732	12.9
2018	45 606	11.9	17 402	8.6	28 204	14.0
2019	45 407	−0.4	17 381	−0.1	28 026	−0.6
2020	43 087	−5.1	16 991	−2.2	26 096	−6.9

资料来源:商务部国别报告网、UN Comtrade 数据库、全球贸易观察等,经本课题组整理所得。

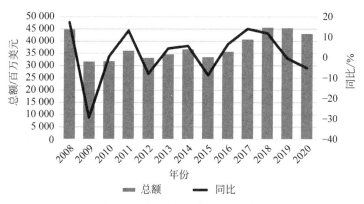

图 5-1 克罗地亚对外贸易总额

由表 5-1 和图 5-2 可知,克罗地亚 2008—2020 年对外贸易出口额呈现波动趋势。经历 2015 年下降之后,2016—2018 年对外贸易出口额稳定增长,但在 2020 年出口又出现了下滑。

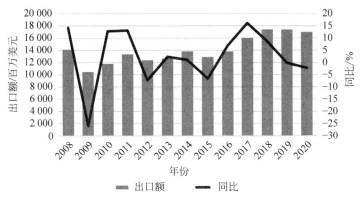

图 5-2　克罗地亚对外贸易出口额

由表 5-1 和图 5-3 可知,克罗地亚 2008—2020 年对外贸易进口额中,2008 年增幅最大,为 18.8%。相比之下,2009 年下降幅度最大,为 31.0%。同时,2020 年对外贸易进口额呈现下降趋势,比 2019 年下跌 6.9 个百分点。

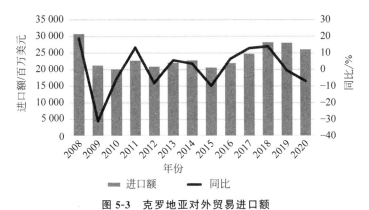

图 5-3　克罗地亚对外贸易进口额

5.2　主要贸易市场结构

2020 年克罗地亚共出口 16 991 百万美元,由表 5-2 和图 5-4 可知,出口伙伴国主要有意大利、德国、斯洛文尼亚等国家。其中,出口货物至德国的金额最多,为 2 173 百万美元。在主要出口的伙伴国中,出口塞尔维亚、匈牙利、法国和美国的金额较 2019 年有增加趋势。

表 5-2　2020 年克罗地亚对主要贸易伙伴出口额

国　　家	出口额/百万美元	同比/%	占比/%
德国	2 173	−3.1	12.8
意大利	2 127	−5.2	12.5
斯洛文尼亚	1 761	−3.6	10.4
波黑	1 455	−16.8	8.6

续表

国　　家	出口额/百万美元	同比/%	占比/%
匈牙利	1 218	75.8	7.2
奥地利	976	-3.0	5.7
塞尔维亚	908	14.6	5.3
美国	521	13.0	3.1
法国	516	3.6	3.0
比利时	305	-33.1	1.8

资料来源：商务部国别报告网、UN Comtrade 数据库、全球贸易观察等，经本课题组整理所得。

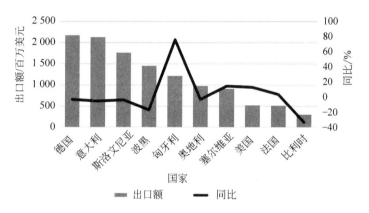

图 5-4　2020 年克罗地亚对主要贸易伙伴出口额

2020年克罗地亚共进口26 096百万美元，由表5-3和图5-5可知，进口伙伴国主要有德国、意大利、斯洛文尼亚等国家。其中，进口货物自德国的金额最多，为3 990百万美元。在主要进口的伙伴国中，只有进口中国的金额较2019年有上升趋势，其他均呈下降趋势。

表 5-3　2020 年克罗地亚自主要贸易伙伴进口额

国　　家	进口额/百万美元	同比/%	占比/%
德国	3 990	-7.1	15.3
意大利	3 211	-16.8	12.3
斯洛文尼亚	2 956	-7.9	11.3
匈牙利	2 015	-14.3	7.7
奥地利	1 723	-4.1	6.6
中国	1 213	49.2	4.6
波兰	1 052	-0.5	4.0
荷兰	1 021	-5.9	3.9
波黑	762	-13.7	2.9
法国	684	-9.5	2.6

资料来源：商务部国别报告网、UN Comtrade 数据库、全球贸易观察等，经本课题组整理所得。

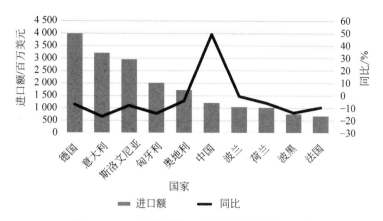

图 5-5 2020 年克罗地亚自主要贸易伙伴进口额

5.3 主要进出口商品结构

2020 年克罗地亚共出口商品 16 991 百万美元,同比下降 2.2%。由表 5-4 和图 5-6 可知,在出口商品结构中,有商品编号 84(核反应堆、锅炉、机器、机械器具及其零件)、87(车辆及其零件、附件,但铁道及电车道车辆除外)、44(木及木制品;木炭)、94(家具;寝具、褥垫、弹簧床垫、软坐垫及类似的填充制品;未列名灯具及照明装置;发光标志、发光铭牌及类似品;活动房屋)等。相比 2019 年,商品编号 10(谷物)增幅最大。与此同时,商品编号为 89(船舶及浮动结构体)的商品下降幅度最大。

表 5-4 2020 年克罗地亚出口商品结构

商品编号	商品类别	金额/百万美元	占比/%	同比/%
85	电机、电气设备及其零件;录音机及放声机、电视图像、声音的录制和重放设备及其零件、附件	1 541.51	9.07	7.3
27	矿物燃料、矿物油及其蒸馏产品;沥青物质;矿物蜡	1 537.71	9.05	−7.2
84	核反应堆、锅炉、机器、机械器具及其零件	1 356.23	7.98	−5.9
30	药品	1 158.69	6.82	−14.7
44	木及木制品;木炭	901.51	5.31	−2.3
87	车辆及其零件、附件,但铁道及电车道车辆除外	769.07	4.53	−20.8
73	钢铁制品	553.82	3.26	−3.1
76	铝及其制品	552.98	3.25	2.1
94	家具;寝具、褥垫、弹簧床垫、软坐垫及类似的填充制品;未列名灯具及照明装置;发光标志、发光铭牌及类似品;活动房屋	522.38	3.07	8.7
61	针织或钩编的服装及衣着附件	512.21	3.01	−10.9

续表

商品编号	商品类别	金额/百万美元	占比/%	同比/%
39	塑料及其制品	511.57	3.01	−1.3
10	谷物	367.27	2.16	142.3
48	纸及纸板；纸浆、或纸板制品	296.31	1.74	5.7
64	鞋靴、护腿和类似品及其零件	287.79	1.69	−1.3
33	精油及香膏；芳香料制品及化妆盥洗品	269.71	1.59	1.1
89	船舶及浮动结构体	266.32	1.57	−84.1
25	盐；硫黄；泥土及石料；石膏料、石灰及水泥	262.28	1.54	11.9
21	杂项食品	250.19	1.47	0
72	钢铁	228.53	1.35	−2.1
90	光学、照相、电影、计量、检验、医疗或外科用仪器及设备、精密仪器及设备；上述物品的零件、附件	221.53	1.30	8.8
3	鱼、甲壳动物、软体动物及其他水生无脊椎动物	217.79	1.28	11.2
70	玻璃及其制品	208.76	1.23	−4.1
12	含油子仁及果实；杂项子仁及果实；工业用或药用植物；稻草、秸秆及饲料	207.79	1.22	21.7
19	谷物、粮食粉、淀粉或乳的制品；糕饼点心	206.79	1.22	8.9
62	非针织或非钩编的服装及衣着附件	187.40	1.10	−12.6
24	烟草、烟草及烟草代用品的制品	185.75	1.09	−1.5
31	肥料	181.72	1.07	−19.1
18	可可及可可制品	180.14	1.06	−6.7
68	石料、石膏、水泥、石棉、云母及类似材料的制品	168.90	0.99	7.0
22	饮料、酒及醋	159.13	0.94	−6.4
42	皮革制品；鞍具及挽具；旅行用品、手提包及类似容器；动物肠线（蚕胶丝除外）制品	156.92	0.92	−11.8
16	肉、鱼、甲壳动物、软体动物及其他水生无脊椎动物的制品	138.79	0.82	8.6
93	武器、弹药及其零件、附件	125.21	0.74	95.3
1	活动物	124.61	0.73	−27.4
38	杂项化学产品	117.70	0.69	36.0
86	铁道及电车道机车、车辆及其零件；铁道及电车道轨道固定装置及其零件、附件；各种机械（包括电动机械）交通信号设备	116.49	0.69	28.8
40	橡胶及其制品	105.81	0.62	6.1
29	有机化学品	98.53	0.58	−1.1
71	天然或养殖珍珠、宝石或半宝石、贵金属、包贵金属及其制品；仿首饰；硬币	93.87	0.55	69.0
23	食品工业的残渣及废料；配制的动物饲料	92.05	0.54	26.0
2	肉及食用杂碎	90.23	0.53	−19.6
15	动、植物油、脂及其分解产品；精制的食用油脂；动、植物蜡	89.04	0.52	7.2

续表

商品编号	商品类别	金额/百万美元	占比/%	同比/%
4	乳品;蛋品;天然蜂蜜;其他食用动物产品	84.79	0.50	3.7
34	肥皂、有机表面活性剂、洗涤剂、润滑剂、人造蜡、调制蜡、光洁剂、蜡烛及类似品、塑型用膏、"牙科用蜡"及牙科用熟石膏制剂	76.59	0.45	5.5
32	鞣料浸膏及染料浸膏;鞣酸及其衍生物;染料、颜料及其他着色料;油漆及清漆;油灰及其他胶黏剂;墨水、油墨	69.44	0.41	21.1
7	食用蔬菜、根及块茎	62.16	0.37	67.5
20	蔬菜、水果、坚果或植物其他部分的制品	62.08	0.37	16.9
17	糖及糖食	58.99	0.35	−24.3
49	书籍、报纸、印刷图画及其他印刷品;手稿、打字稿及设计图纸	56.75	0.33	−6.6
74	铜及其制品	56.04	0.33	−11.1
41	生皮(毛皮除外)及皮革	53.95	0.32	−16.9
8	食用水果及坚果;柑橘属水果或甜瓜的果皮	53.44	0.31	17.7
28	无机化学品;贵金属、稀土金属、放射性元素及其同位素的有机及无机化合物	47.20	0.28	−14.5
69	陶瓷产品	44.53	0.26	−15.3
95	玩具、游戏品、运动用品及其零件、附件	41.38	0.24	−6.8
83	贱金属杂项制品	40.71	0.24	0
47	木浆及其他纤维状纤维素浆;纸及纸板的废碎品	33.92	0.20	−8.1

资料来源:商务部国别报告网、UN Comtrade 数据库、全球贸易观察等,经本课题组整理所得。

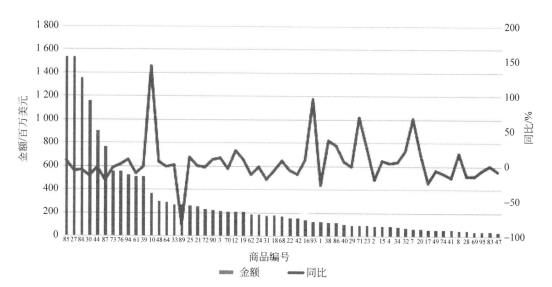

图 5-6　2020 年克罗地亚出口商品金额

2020年克罗地亚共进口商品26 096百万美元,同比下降6.9%。由表5-5和图5-7可知,在进口商品结构中,有商品编号27(矿物燃料、矿物油及其蒸馏产品;沥青物质;矿物蜡)、84(核反应堆、锅炉、机器、机械器具及其零件)、87(车辆及其零件、附件,但铁道及电车道车辆除外)、85(电机、电气设备及其零件;录音机及放声机、电视图像、声音的录制和重放设备及其零件、附件)等。相比2019年,商品编号30(药品)、89(船舶及浮动结构体)、18(可可及可可制品)、24(烟草、烟草及烟草代用品的制品)等呈现增长趋势,尤其是89(船舶及浮动结构体)增幅最大。与此同时,商品编号为27(矿物燃料、矿物油及其蒸馏产品;沥青物质;矿物蜡)的商品下降幅度最大。

表5-5 2020年克罗地亚进口商品结构

商品编号	商品类别	金额/百万美元	占比/%	同比/%
84	核反应堆、锅炉、机器、机械器具及其零件	2 551.67	9.78	-4.9
85	电机、电气设备及其零件;录音机及放声机、电视图像、声音的录制和重放设备及其零件、附件	2 268.17	8.69	4.6
27	矿物燃料、矿物油及其蒸馏产品;沥青物质;矿物蜡	2 217.85	8.50	-35.3
30	药品	1 783.65	6.83	26.2
87	车辆及其零件、附件,但铁道及电车道车辆除外	1 776.34	6.81	-26.4
39	塑料及其制品	1 150.68	4.41	-4.1
61	针织或钩编的服装及衣着附件	763.70	2.93	0.5
73	钢铁制品	747.41	2.86	-4.7
72	钢铁	635.32	2.43	-4.1
90	光学、照相、电影、计量、检验、医疗或外科用仪器及设备、精密仪器及设备;上述物品的零件、附件	574.63	2.20	0.8
76	铝及其制品	572.93	2.20	0
94	家具;寝具、褥垫、弹簧床垫、软坐垫及类似的填充制品;未列名灯具及照明装置;发光标志、发光铭牌及类似品;活动房屋	560.88	2.15	-8.4
48	纸及纸板;纸浆、纸或纸板制品	490.70	1.88	-6.3
33	精油及香膏;芳香料制品及化妆盥洗品	444.67	1.70	-0.6
62	非针织或非钩编的服装及衣着附件	442.31	1.69	-5.1
89	船舶及浮动结构体	405.18	1.55	34.5
2	肉及食用杂碎	397.12	1.52	-14.6
38	杂项化学产品	393.19	1.51	7.3
64	鞋靴、护腿和类似品及其零件	387.86	1.49	-3.4
44	木及木制品;木炭	378.20	1.45	-6.8
19	谷物、粮食粉、淀粉或乳的制品;糕饼点心	313.92	1.20	0.6
29	有机化学品	312.31	1.20	4.3
40	橡胶及其制品	311.04	1.19	-0.3

续表

商品编号	商品类别	金额/百万美元	占比/%	同比/%
4	乳品；蛋品；天然蜂蜜；其他食用动物产品	282.09	1.08	-6.0
23	食品工业的残渣及废料；配制的动物饲料	279.23	1.07	8.1
22	饮料、酒及醋	268.17	1.03	-7.5
21	杂项食品	255.35	0.98	1.1
32	鞣料浸膏及染料浸膏；鞣酸及其衍生物；染料、颜料及其他着色料；油漆及清漆；油灰及其他胶黏剂；墨水、油墨	248.15	0.95	8.2
8	食用水果及坚果；柑橘属水果或甜瓜的果皮	237.61	0.91	-0.4
41	生皮（毛皮除外）及皮革	216.89	0.83	-5.6
18	可可及可可制品	207.16	0.79	4.5
34	肥皂、有机表面活性剂、洗涤剂、润滑剂、人造蜡、调制蜡、光洁剂、蜡烛及类似品、塑型用膏、"牙科用蜡"及牙科用熟石膏制剂	199.53	0.76	7.5
24	烟草、烟草及烟草代用品的制品	197.39	0.76	14.5
74	铜及其制品	185.86	0.71	-5.6
70	玻璃及其制品	177.48	0.68	0
95	玩具、游戏品、运动用品及其零件、附件	176.02	0.67	-15.7
7	食用蔬菜、根及块茎	159.85	0.61	-13.5
69	陶瓷产品	150.05	0.57	-3.2
83	贱金属杂项制品	149.34	0.57	-3.2
1	活动物	137.87	0.53	-2.8
96	杂项制品	133.88	0.51	0
20	蔬菜、水果、坚果或植物其他部分的制品	133.79	0.51	-9.5
15	动、植物油、脂及其分解产品；精制的食用油脂；动、植物蜡	120.26	0.46	-2.4
3	鱼、甲壳动物、软体动物及其他水生无脊椎动物	120.19	0.46	-23.5
82	贱金属工具、器具、利口器、餐匙、餐叉及其零件	119.78	0.46	-8.4
68	石料、石膏、水泥、石棉、云母及类似材料的制品	116.97	0.45	-5.6
16	肉、鱼、甲壳动物、软体动物及其他水生无脊椎动物的制品	112.04	0.43	-4.2
31	肥料	104.22	0.40	-11.1
25	盐；硫黄；泥土及石料；石膏料、石灰及水泥	93.02	0.36	-8.8
42	皮革制品；鞍具及挽具；旅行用品、手提包及类似容器；动物肠线（蚕胶丝除外）制品	92.12	0.35	-12.3
9	咖啡、茶、马黛茶及调味香料	86.01	0.33	2.3

资料来源：商务部国别报告网、UN Comtrade 数据库、全球贸易观察等，经本课题组整理所得。

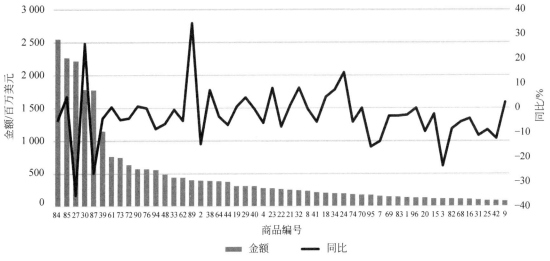

图 5-7　2020 年克罗地亚进口商品金额

5.4　主要优势产业及其特征

1. 金属制品业

根据克罗地亚商会统计,克罗地亚金属加工业年产值 23 亿欧元,约占国内生产总值的 5.2%,出口收入 10.6 亿欧元,占该行业产值的 46.3%。该行业注册企业 2 771 家,员工约 3 万,月均收入 872~1 056 欧元。2017 年 1 月对美国金属制品出口增长了 21.3%,达到 9.364 亿欧元。克罗地亚金属制造业主要产品有轮船和漂浮结构、金属架构、螺栓和螺丝、能源设备、金属工具和特种设备(枪支等)。生产基地分布于萨格勒布省、萨格勒布市、瓦拉日丁省、克拉皮纳-扎戈尔利亚省、梅吉姆列省、卡尔洛瓦茨省、布罗德-波萨瓦省和海山省。产品主要出口市场包括奥地利、波黑、法国、德国、意大利、俄罗斯和美国。

2. 木质制品制造业

2015 年克罗地亚林地面积为 275.9 万公顷,约占国土面积的 48.75%,森林蓄积量为 3.98 亿立方米。2014 年克罗地亚原木采伐量 592.6 万立方米,与 2013 年相比增长 9%。克罗地亚森林工业在国民经济占据重要位置,相关从业人员约 5.3 万,林业产品出口占出口总额 10% 左右。木材出口中,制成品占比 70%,主要有家具、地板、建筑用木材、木屋和门窗配件等。据克罗地亚商会统计,2015 年克罗地亚木材加工和家具业收入 12 亿欧元,其中出口产品实现收入 1.08 亿欧元,该行业注册企业 3 500 家,雇用员工 1.9 万。木材加工业员工平均月收入 621 欧元,家具业员工 683 欧元。行业主要产品有:家具(桌、椅、橱柜、床具),家具配件,木地板(包括实木复合木地板),木板材,细木工制品及其配件。木材加工和家具行业是克罗地亚净出口额最多的行业,也是多年来连续实现贸易顺差和出口增长的行业,主要出口目的地包括奥地利、埃及、德国、意大利、斯洛伐克和斯洛文尼亚。国内生产基地有别洛瓦尔-比洛科莱省、奥西耶克-巴拉尼亚省、波热格-斯拉沃尼亚省、武科瓦尔-斯列梅省和萨格勒布省。

3. 船舶及相关装置制造

克罗地亚造船业已有几百年的历史,技术水平较高。根据克罗地亚海洋事务、交通与基础设施部公布的数据,截至 2021 年,在克罗地亚注册的船只及游艇共 12 万艘,年均从其他国家开往克罗地亚的快艇约 6 万艘。克罗地亚专门开设有海事学院和培训中心以培养专业的船员,克罗地亚正式船员有 6 万名。2016 年,克罗地亚造船业排在欧洲第二位,仅次于罗马尼亚,全球排在第九位,占全球市场份额的 0.3%,占到欧洲的 16.8%。2016 年,克造船业新签订单 7 艘,总价值为 2.49 亿美元,克罗地亚造船业全年成交量达 19 亿美元。2017 年,克罗地亚造船业新签订单仅 4 艘,总价值为 1.93 亿美元。虽然近年来克政府积极推动造船业重组,2017 年世界造船业也呈现较强增长势头,但克造船业依然处境艰难。

4. 化学与医药制造业

克罗地亚在医药工业方面有一定的开发和生产能力,每年生产各类医药产品 1 700 多吨。根据克罗地亚商会统计,克罗地亚制药业年产值 9.04 亿欧元,约占国内生产总值的 2.1%,出口收入 5.72 亿欧元,占该行业产值的 63.3%。该行业注册企业 50 家,员工 5 145 人,月均收入 1 770 欧元。制药产品主要出口市场包括匈牙利、捷克、斯洛伐克、波兰、乌克兰、俄罗斯、中亚地区和美国。制药业研发费用居克罗地亚所有行业之首,约为全部研发支出 29%。普利瓦(Pliva)药业公司是中东欧地区最大的制药企业之一,2006 年 10 月,美国 Barr 药业公司以 25 亿美元对普利瓦成功并购。2008 年底,以色列 TEVA 药业公司收购 Barr 公司,普利瓦成为 TEVA 麾下企业。

5. 旅游业

克罗地亚是地中海旅游胜地,旅游业成为克罗地亚支柱产业之一。旅游资源丰富,在 400 千米范围内可以体验大陆、山地和地中海三种气候类型,拥有 8 个国家公园、11 座自然公园、10 处联合国教科文组织遗产、420 个保护区(占国土面积 9%)和 1 244 个岛屿。在世界旅游组织公布的全球 136 个国家和地区旅行及旅游业竞争力排名中,克罗地亚列第 32 位,其中,旅游服务基础设施排名第 5 位,自然资源排名第 20 位,国际开放度排名第 26 位。旅游业注册企业超过 1.82 万家,员工人数 11.4 万,月均工资 917 欧元。克罗地亚三大类旅游设施中,营地类设施床位 23.6 万张,公寓类设施床位 53.9 万张,酒店类设施床位 17.1 万张。现有星级酒店中,五星级酒店占比 9%,四星级酒店占比 44%,三星级酒店占比 36%。全年平均每间客房价格 90.85 欧元,每间客房总收入 2.24 万欧元,占酒店营业利润 39.4%。克罗地亚作为旅游目的地交通便利,欧洲主要城市飞行距离 2~3 小时,全国有 7 座国际机场、6 个海港、4 个内河港和 61 处游艇停泊码头。根据克罗地亚统计局以及投资和竞争力署的资料,克罗地亚旅游业 2017 年收入 95 亿欧元,同比增长 10%;接待本国和外国游客 1 850 万人次,同比增长 13%;游客过夜 1.02 亿人天,同比增长 12%。

5.5 中克双边贸易概况

2020年,分商品类别看,克罗地亚对中国出口金额最多的商品为木材产品,对中国进口金额最多的商品为机电产品等。

2020年克罗地亚对中国共出口商品97百万美元。由表5-6和图5-8可知,在出口主要商品结构中,商品编号84(核反应堆、锅炉、机器、机械器具及其零件)、23(食品工业的残渣及废料;配制的动物饲料)、39(塑料及其制品)、76(铝及其制品)、41[生皮(毛皮除外)及皮革]、86[铁道及电车道机车、车辆及其零件;铁道及电车道轨道固定装置及其零件、附件;各种机械(包括电动机械)交通信号设备]等呈现增长趋势,尤其是39(塑料及其制品)增幅最大。与此同时,商品编号为61(针织或钩编的服装及衣着附件)的商品下降幅度最大。

表5-6 2020年克罗地亚对中国出口主要商品结构

商品编号	商品类别	金额/百万美元	占比/%	同比/%
44	木及木制品;木炭	30	34	-1.9
84	核反应堆、锅炉、机器、机械器具及其零件	15	17	60.5
87	车辆及其零件、附件,但铁道及电车道车辆除外	13	15	-66.0
23	食品工业的残渣及废料;配制的动物饲料	6	7	141.0
39	塑料及其制品	5	6	262.0
85	电机、电气设备及其零件;录音机及放声机、电视图像、声音的录制和重放设备及其零件、附件	5	6	-7.7
25	盐;硫黄;泥土及石料;石膏料、石灰及水泥	5	6	
90	光学、照相、电影、计量、检验、医疗或外科用仪器及设备、精密仪器及设备;上述物品的零件、附件	3	3	-50.4
76	铝及其制品	3	3	39.6
61	针织或钩编的服装及衣着附件	1	1	-71.0
41	生皮(毛皮除外)及皮革	1	1	61.3
86	铁道及电车道机车、车辆及其零件;铁道及电车道轨道固定装置及其零件、附件;各种机械(包括电动机械)交通信号设备	1	1	69.5

资料来源:商务部国别报告网、UN Comtrade 数据库等,经课题整理所得。

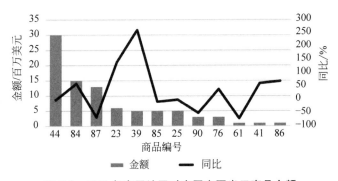

图5-8 2020年克罗地亚对中国主要出口商品金额

2020年克罗地亚自中国共进口商品1 213百万美元。由表5-7和图5-9可知,在进口主要商品结构中,商品编号85(电机、电气设备及其零件;录音机及放声机、电视图像、声音的录制和重放设备及其零件、附件)、84(核反应堆、锅炉、机器、机械器具及其零件)、62(非针织或非钩编的服装及衣着附件)、90(光学、照相、电影、计量、检验、医疗或外科用仪器及设备、精密仪器及设备;上述物品的零件、附件)、63(其他纺织制成品;成套物品;旧衣着及旧纺织品;碎织物)、39(塑料及其制品)、64(鞋靴、护腿和类似品及其零件)、76(铝及其制品)、42〔皮革制品;鞍具及挽具;旅行用品、手提包及类似容器;动物肠线(蚕胶丝除外)制品〕、38(杂项化学产品)、87(车辆及其零件、附件,但铁道及电车道车辆除外)、48(纸及纸板;纸浆、纸或纸板制品)、96(杂项制品)等呈现增长趋势,尤其是63(其他纺织制成品;成套物品;旧衣着及旧纺织品;碎织物)增幅最大。与此同时,商品编号为61(针织或钩编的服装及衣着附件)的商品下降幅度最大。

表5-7 2020年克罗地亚自中国进口主要商品结构

商品编号	商品类别	金额/百万美元	占比/%	同比/%
85	电机、电气设备及其零件;录音机及放声机、电视图像、声音的录制和重放设备及其零件、附件	286	24	77.2
84	核反应堆、锅炉、机器、机械器具及其零件	214	18	13.0
89	船舶及浮动结构体	190	16	
73	钢铁制品	70	6	−0.01
62	非针织或非钩编的服装及衣着附件	51	4	131.8
90	光学、照相、电影、计量、检验、医疗或外科用仪器及设备、精密仪器及设备;上述物品的零件、附件	47	4	87.3
94	家具;寝具、褥垫、弹簧床垫、软坐垫及类似的填充制品;未列名灯具及照明装置;发光标志、发光铭牌及类似品;活动房屋	44	4	−20.1
63	其他纺织制成品;成套物品;旧衣着及旧纺织品;碎织物	42	3	281.8
95	玩具、游戏品、运动用品及其零件、附件	24	2	−12.7
39	塑料及其制品	24	2	9.0
29	有机化学品	22	2	−13.0
61	针织或钩编的服装及衣着附件	17	1	−22.4
83	贱金属杂项制品	13	1	−7.1
64	鞋靴、护腿和类似品及其零件	12	1	8.2
76	铝及其制品	11	1	11.7
40	橡胶及其制品	9	1	−14.3
42	皮革制品;鞍具及挽具;旅行用品、手提包及类似容器;动物肠线(蚕胶丝除外)制品	9	1	39.0
38	杂项化学产品	8	1	0.6
87	车辆及其零件、附件,但铁道及电车道车辆除外	8	1	9.8
48	纸及纸板;纸浆、纸或纸板制品	7	1	32.6
96	杂项制品	5	0	5.5
82	贱金属工具、器具、利口器、餐匙、餐叉及其零件	5	0	−6.4

资料来源:商务部国别报告网、UN Comtrade数据库等,经课题整理所得。

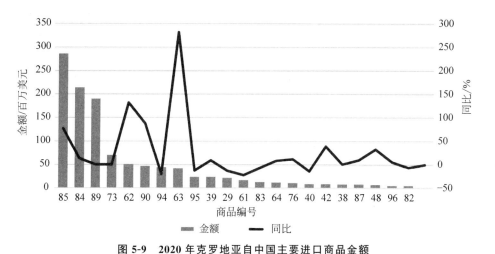

图 5-9　2020 年克罗地亚自中国主要进口商品金额

5.6　中克贸易竞争性与互补性分析

5.6.1　中克显性比较优势指数分析

本书利用《国际贸易商品标准分类》(SITC. Rev4),以 2020 年为例,对中国与克罗地亚显性比较优势指数进行分析,具体数据如表 5-8 所示。

表 5-8　2020 年克罗地亚商品出口额

SITC	商品类别名称	出口额/百万美元
SITC0	食品和活动物	2 070.00
SITC1	饮料及烟草	341.17
SITC2	非食用燃料(不包含燃料)	1 241.49
SITC3	矿物燃料、润滑油及有关原料	1 536.48
SITC4	动、植物油、脂和蜡	83.24
SITC5	未列明的化学品和有关产品	2 336.90
SITC6	主要按原材料分类的制成品	2 849.29
SITC7	机械及运输设备	4 020.90
SITC8	杂项制品	2 370.39
SITC9	没有分类的其他商品	141.42

资料来源:UN Comtrade 数据库等,经本课题组整理所得。

UN Comtrade 等相关数据库的数据显示,2020 年,中国所有商品出口额约为 2 589 098.37 百万美元,克罗地亚所有商品出口额为 16 991.28 百万美元,世界所有商品出口额为 17 029 929.55 百万美元。

按照公式 $RCA_{xik}=(X_{ik}/X_{wk})/(X_i/X_w)$,得出计算结果如表 5-9 所示。

表 5-9　2020 年中克显性比较优势指数计算结果

国　家	SITC0	SITC1	SITC2	SITC3	SITC4	SITC5	SITC6	SITC7	SITC8	SITC9
中国	0.36	0.11	0.15	0.16	0.10	0.52	1.38	1.30	1.83	0.19
克罗地亚	1.75	2.33	1.84	1.22	0.90	1.10	1.38	0.63	1.14	0.14

根据上述结果分析得到：

(1) 克罗地亚除了 SITC4(动、植物油、脂和蜡)、SITC7(机械及运输设备)和 SITC9(没有分类的其他商品)三类商品外,其余商品均具有显性比较优势。其中,SITC2[非食用燃料(不包含燃料)]的 RCA 值最高,为 1.84,说明具有比较明显的显性比较优势。

(2) 在 SITC6(主要按原材料分类的制成品)和 SITC8(杂项制品)两类商品中,中国与克罗地亚都具有显性比较优势。SITC4(动、植物油、脂和蜡)、SITC9(没有分类的其他商品)这两类商品中,两国显性优势比较指数均小于 1,说明两国都不具备比较优势。

5.6.2　中克互补性指数分析

本书利用《国际贸易商品标准分类》(SITC. Rev4),以 2020 年为例,对中国与克罗地亚互补性指数进行分析,具体数据如表 5-10 所示。

表 5-10　2020 年克罗地亚商品进口额

SITC	商品类别名称	进口额/百万美元
SITC0	食品和活动物	2 938.40
SITC1	饮料及烟草	399.06
SITC2	非食用燃料(不包含燃料)	536.79
SITC3	矿物燃料、润滑油及有关原料	3 807.68
SITC4	动、植物油、脂和蜡	112.69
SITC5	未列明的化学品和有关产品	3 914.00
SITC6	主要按原材料分类的制成品	4 898.58
SITC7	机械及运输设备	7 449.17
SITC8	杂项制品	4 033.09
SITC9	没有分类的其他商品	23.62

资料来源：UN Comtrade 数据库等,经本课题组整理所得。

UN Comtrade 等相关数据库的数据显示,2020 年,中国所有商品进口额约为 2 136 000 百万美元,克罗地亚所有商品进口额为 26 096 百万美元,世界所有商品进口额为 19 867 000 百万美元。

按照公式 $TCI_{ij} = RCA_{xik} \times RCA_{mjk}$,得出计算结果如表 5-11 所示。

表 5-11　2020 年中克互补性指数计算结果

国　家	SITC0	SITC1	SITC2	SITC3	SITC4	SITC5	SITC6	SITC7	SITC8	SITC9
中国	0.08	0.03	0.01	0.02	0.01	0.07	0.21	0.10	0.26	0.00
克罗地亚	0.92	1.22	6.77	1.36	0.88	1.04	0.92	0.85	0.89	0.11

根据上述结果分析得到：

（1）中国与克罗地亚贸易互补性指数差异较大，且两国在各类商品中都具有显性比较优势而激烈竞争。

（2）在 SITC0（食品和活动物）、SITC4（动、植物油、脂和蜡）、SITC6（主要按原材料分类的制成品）、SITC7（机械及运输设备）、SITC8（杂项制品）和 SITC9（没有分类的其他商品）这几类商品中，双方 TCI 值均小于 1，说明两国互补性较弱。

5.7 中克合作展望

研究表明，近年来中克贸易关系发展顺利，双边贸易合作具有扎实的基础。克支持并积极参与中国—中东欧国家合作。2019 年 10 月，克举办中国—中东欧能源合作论坛，中国国家能源局局长章建华出席。6 月，克副总理兼农业部部长托卢希奇来华出席中国—中东欧国家合作论坛。同时，中克政府间建有经济联委会和科技合作委员会等机制，签有共建"一带一路"谅解备忘录等多项合作文件，各领域交流不断深化。据中国海关总署统计，2020 年中克贸易额 17.04 亿美元，同比增长 6.6%。其中，中方出口额 15.6 亿美元，同进口额 1.4 亿美元。

但是，克罗地亚经济环境发展水平在中东欧国家中处于较低水平，还有待进一步加强，结合其与中国奠定的良好的贸易关系，对中国与克罗地亚双边贸易的发展进行展望。

（1）针对克罗地亚的经济发展较低，应对其进行产业结构升级。产业结构升级不仅需要自主创新，同时也需要外部资金输入。因此，中国与克罗地亚可以从推动地方产业结构转型升级着手，为未来深化双边贸易合作做铺垫。

（2）克罗地亚与中国的旅游领域还具有巨大潜力，因此双方可以定期交流、分享经验、相互组织营销活动、打造区域旅游产品等，推广中国与中东欧国家旅游品牌，进一步加强经贸合作。

第6章 捷克的对外贸易

捷克,地处欧洲中部。东靠斯洛伐克,南邻奥地利,西接德国,北毗波兰。属北温带,典型温带大陆性气候。四季分明,夏季平均气温约18.5 ℃,冬季平均气温约-3 ℃,气候湿润,年均降水量683毫米。面积78 866平方千米。截至2020年,总人口1 070万。其中约90%以上为捷克族,斯洛伐克族占2.9%,德意志族占1%,此外还有少量波兰族和罗姆族(吉卜赛人)。首都布拉格,人口131万。

2018年6月,由ANO2011运动和社民党组成的少数联合政府正式成立,巴比什再次出任总理。7月,议会众议院通过政府信任案投票,新政府正式履行职能。11月,反对党发起政府不信任案投票,最终未能通过,新政府继续执政至今。

捷克为中等发达国家,工业基础雄厚。近年来,实行积极、平衡、稳健的经济政策,经济逐渐呈现复苏势头。近几年增长势头较快,2020年GDP为2 453亿美元,同比降低2.3%;进出口总额3 637亿美元,其中出口1 923亿美元,进口1 714亿美元,通胀率2.6%,失业率2%。

捷克褐煤、硬煤和铀矿蕴藏丰富,其中褐煤和硬煤储量约为134亿吨,分别居世界第3位和欧洲第5位。石油、天然气和铁砂储量甚小,依赖进口。森林面积266.8万公顷,约占全国总面积的34%。伏尔塔瓦河上建有多座水电站。工业方面,主要有机械、化工、冶金、纺织、电力、食品、制鞋、木材加工和玻璃制造等。2018年工业总值同比增长3%。农业方面,2018年粮食产值75 762百万克朗,畜牧业产值51 678百万克朗。农业用地面积352.3万公顷,其中耕地面积246.1万公顷。森林覆盖率34%。农业人口14.8万,占全国劳动人口约3.0%。2019年粮食总产697.1万吨。旅游业方面,据捷方统计,2019年捷克共吸引游客2 198.5万,比2018年增加73.7万,创历史纪录。其中外国游客1 088.3万,中国游客排名第四,为61.2万,同比减少1%。交通运输方面,以公路、铁路和航空运输为主。

对外贸易方面,外贸在捷克经济中占有重要位置,国内生产总值85%依靠出口实现。2019年,捷对外贸易总额为3 761亿美元,其中捷方出口1 990亿美元,进口1 771亿美元。进口商品主要有石油、天然气、计算机、轿车及配件、电信设备、机械设备、医药产品和器械、化工产品、铁矿石、载重汽车和家用电器等。出口商品主要有轿车及配件、电力、钢材、机械设备、玻璃制品、木材、化工产品、轮胎、家具等。主要贸易对象为德国、斯洛伐克、波兰、中国、意大利、法国、奥地利、英国和荷兰。捷克著名企业有斯科达汽车、PPF集团等。

捷克是欧盟成员国之一,据欧盟统计局统计,其货物贸易的80%以上是在欧盟区域内进行。2019年捷克对欧盟(28国)出口1658.8亿美元,下降2.5%,占其出口总额的83.6%;自欧盟(28国)进口1334.5亿美元,下降4.3%,占其进口总额的74.9%。在欧盟区域内,德国、斯洛伐克和波兰是捷克最重要的出口贸易伙伴,2019年捷克对这些国家出口631.1亿美元、151.0亿美元和119.4亿美元,分别下降3.6%、1.1%和2.2%,占捷克出口总额的31.8%、7.6%和6.0%;而主要的进口贸易伙伴是德国、波兰和荷兰,2019年进口额为507.5亿美元、159.5亿美元和109.2亿美元,其中自德国和波兰进口下降5.3%和5.0%,自荷兰进口增长12.6%,占捷克进口总额的28.5%、9.0%和6.1%。在欧盟区域外,捷克最大的出口伙伴是美国,2019年出口额为45.3亿美元,增长11.2%,占捷克出口总额的2.3%;而主要的进口国是中国和美国,2019年进口额为165.6亿美元和35.3亿美元,前者增长6.9%,后者下降0.2%,占捷克进口总额的9.3%和2.0%。2019年,捷克货物贸易处于顺差状态。顺差额主要源于德国、斯洛伐克、英国和法国,与四国的顺差额分别为123.6亿美元、54.2亿美元、51.6亿美元和46.1亿美元。捷克贸易逆差主要来源于中国、波兰和荷兰,2019年逆差额分别为141.6亿美元、40.1亿美元和33.4亿美元。分商品看,机电产品、运输设备和贱金属及制品是捷克的主要出口商品,2019年出口额为757.8亿美元、422.2亿美元和162.8亿美元,下降0.8%、0.6%和8.7%,占其出口总额的38.2%、21.3%和8.2%。捷克主要进口商品为机电产品、运输设备和贱金属及制品,2019年进口额为671.4亿美元、193.2亿美元和182.8亿美元,分别下降0.9%、5.5%和8.8%,占其进口总额的37.7%、10.8%和10.3%。

据欧盟统计局统计,2019年捷克对中国出口24.0亿美元,下降4.5%;自中国进口165.6亿美元,增长6.9%。捷克与中国的贸易逆差141.6亿美元。2019年捷克对中国出口机电产品出口额为11.3亿美元,下降14.0%,占捷克对中国出口总额的47.1%。光学、钟表和医疗设备与纤维素浆、纸张是捷克对中国出口的第二大类和第三大类商品,分别下降3.3%和0.2%。捷克自中国进口的主要商品也是机电产品,2019年进口额为134.2亿美元,增长7.6%,占捷克自中国进口总额的81.0%,中国在该类产品上的主要竞争对手是德国、荷兰、斯洛伐克、波兰和英国。贱金属及制品是捷克从中国进口的第二大类商品,2019年进口6.5亿美元,增长6.3%。

6.1 对外贸易发展趋势

2020年捷克货物进出口额为363747百万美元,比上年(下同)下降3.5%。其中,出口192307百万美元,下降3.1%;进口171440百万美元,下降3.8%。

由表6-1和图6-1可知,捷克2008—2020年对外贸易总额呈现波动趋势。经历2008年的明显上升后,2009年出现了剧烈下跌。2010年和2011年保持稳定增长之后,2012年出现了一定程度的下跌。2013年止跌反弹,2014年相较于2013年有较为明显增长的趋势,但在2015年出现了下滑。经历2016—2018年比较稳定的增长后,2020年又出现了小幅下跌。

表 6-1 捷克对外贸易年度表

年　份	总额/百万美元	同比/%	出口额/百万美元	同比/%	进口额/百万美元	同比/%
2008	289 427	20.0	147 214	19.9	142 213	20.0
2009	218 415	−24.5	113 168	−23.1	105 247	−26.0
2010	259 758	18.9	133 090	17.6	126 668	20.4
2011	315 192	21.3	162 989	22.5	152 203	20.2
2012	298 919	−5.2	157 292	−3.5	141 627	−6.9
2013	306 739	2.6	162 364	3.2	144 375	1.9
2014	329 280	7.3	175 033	7.8	154 247	6.8
2015	299 354	−9.1	157 937	−9.8	141 417	−8.3
2016	305 762	2.1	162 709	3.0	143 053	1.2
2017	345 609	13.0	182 203	12.0	163 406	14.2
2018	385 750	11.6	202 079	10.9	183 671	12.4
2019	376 769	−2.6	198 516	−1.8	178 253	−3.5
2020	363 747	−3.5	192 307	−3.1	171 440	−3.8

资料来源：商务部国别报告网、UN Comtrade 数据库、全球贸易观察等，经本课题组整理所得。

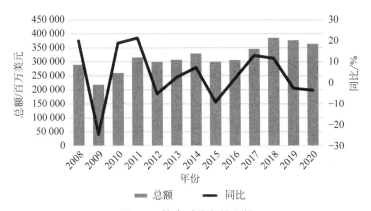

图 6-1 捷克对外贸易总额

由表 6-1 和图 6-2 可知，捷克 2014—2020 年对外贸易出口额波动趋势与对外贸易总额变化趋势类似。2008 年和 2009 年情况截然相反，2008 年快速上升，而 2009 年大幅下滑。

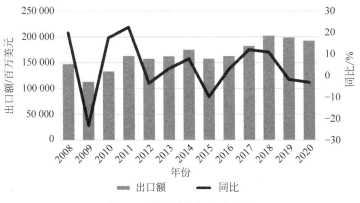

图 6-2 捷克对外贸易出口额

2010年和2011年止跌反弹,并维持明显上升趋势。但是,2012年出现下滑趋势,2013年明显回升。经历了2014年同比增长7.8%和2015年同比下降9.8%之后,2016—2018年对外贸易出口额稳定增长,但2020年出口192 307百万美元,较2019年下滑3.1个百分点。

由表6-1和图6-3可知,捷克2008—2020年对外贸易进口额中,2018年进口额最多,为183 671百万美元。2010年增幅最大,为20.4%。相比之下,2009年跌到低谷,进口额仅为105 247百万美元,下降幅度也最大,为26%。同时,2020年对外贸易进口额呈现下降趋势,比2019年下跌3.8个百分点。

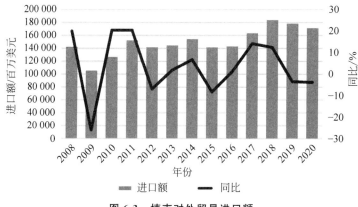

图6-3 捷克对外贸易进口额

6.2 主要贸易市场结构

2020年捷克共出口192 307百万美元,出口伙伴国主要有德国、斯洛伐克、波兰等国家。共进口171 440百万美元,进口伙伴国主要有德国、中国、波兰等国家。

由表6-2和图6-4可知,2020年捷克出口货物至德国的金额最多,为62 861百万美元。在主要出口的伙伴国中,只有出口荷兰、波兰的金额较2019年有增加趋势。

表6-2 2020年捷克对主要贸易伙伴出口额

国　　家	出口额/百万美元	同比/%	占比/%
德国	62 861	−0.4	32.7
斯洛伐克	14 639	−3.0	7.6
波兰	11 988	0.4	6.2
法国	9 024	−10.9	4.7
奥地利	7 979	−6.5	4.1
荷兰	7 831	3.4	4.1
英国	7 776	−13.1	4.0
意大利	7 377	−2.1	3.8
匈牙利	6 357	−1.4	3.3
西班牙	4 779	−24.5	2.5

资料来源:商务部国别报告网、UN Comtrade数据库、全球贸易观察等,经本课题组整理所得。

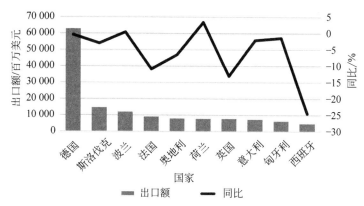

图 6-4　2020 年捷克对主要贸易伙伴出口额

由表 6-3 和图 6-5 可知，2020 年捷克进口货物自德国的金额最多，为 39 942 百万美元。在主要进口的伙伴国中，只有进口中国的金额较 2019 年有增加趋势，增长 87.4%，增幅明显。

表 6-3　2020 年捷克自主要贸易伙伴进口额

国　　家	进口额/百万美元	同比/%	占比/%
德国	39 942	−21.3	23.3
中国	29 979	87.4	18.1
波兰	13 503	−15.3	7.9
斯洛伐克	7 024	−27.4	4.1
意大利	6 947	−0.9	4.1
法国	4 989	−9.5	2.9
荷兰	4 974	−54.4	2.9
奥地利	4 574	−31.7	2.7
匈牙利	4 446	−8.0	2.6

资料来源：商务部国别报告网、UN Comtrade 数据库、全球贸易观察等，经本课题组整理所得。

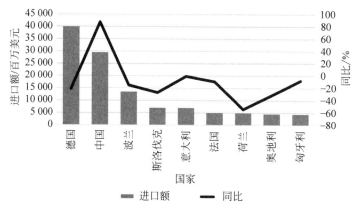

图 6-5　2020 年捷克自主要贸易伙伴进口额

6.3 主要进出口商品结构

2020年捷克共出口商品192 307百万美元,同比下降3.1%。由表6-4和图6-6可知,在主要出口商品结构中,以商品编号87(车辆及其零件、附件,但铁道及电车道车辆除外)、84(核反应堆、锅炉、机器、机械器具及其零件)、85(电机、电气设备及其零件;录音机及放声机、电视图像、声音的录制和重放设备及其零件、附件)等为主,这三类商品占总出口商品金额的近六成。相比2019年,商品编号99(未按种类指定的商品)增幅最大。与此同时,商品编号为27(矿物燃料、矿物油及其蒸馏产品;沥青物质;矿物蜡)的商品下降幅度最大。

表6-4 2020年捷克主要出口商品结构

商品编号	商品类别	金额/百万美元	占比/%	同比/%
84	核反应堆、锅炉、机器、机械器具及其零件	38 675.93	20.11	−1.6
85	电机、电气设备及其零件;录音机及放声机、电视图像、声音的录制和重放设备及其零件、附件	37 423.62	19.46	2.6
87	车辆及其零件、附件,但铁道及电车道车辆除外	36 357.76	18.91	−10.2
39	塑料及其制品	6 467.96	3.36	−2.8
73	钢铁制品	6 231.32	3.24	−9.4
94	家具;寝具、褥垫、弹簧床垫、软坐垫及类似的填充制品;未列名灯具及照明装置;发光标志、发光铭牌及类似品;活动房屋	5 151.70	2.68	−3.8
90	光学、照相、电影、计量、检验、医疗或外科用仪器及设备、精密仪器及设备;上述物品的零件、附件	3 946.74	2.05	−6.5
95	玩具、游戏品、运动用品及其零件、附件	3 852.76	2.00	13.9
72	钢铁	3 576.50	1.86	−11.1
40	橡胶及其制品	3 542.04	1.84	−8.9
30	药品	3 186.60	1.66	5.1
44	木及木制品;木炭	2 640.82	1.37	3.8
27	矿物燃料、矿物油及其蒸馏产品;沥青物质;矿物蜡	2 308.11	1.20	−37.1
33	精油及香膏;芳香料制品及化妆盥洗品	1 888.49	0.98	13.3
70	玻璃及其制品	1 814.43	0.94	−3.6
76	铝及其制品	1 797.67	0.93	−2.9
48	纸及纸板;纸浆、纸或纸板制品	1 771.96	0.92	0
83	贱金属杂项制品	1 466.62	0.76	−8.6
96	杂项制品	1 432.48	0.74	9.8
38	杂项化学产品	1 294.50	0.67	18.1
62	非针织或非钩编的服装及衣着附件	1 153.48	0.60	−2.5
61	针织或钩编的服装及衣着附件	1 127.95	0.59	0.6

续表

商品编号	商品类别	金额/百万美元	占比/%	同比/%
34	肥皂、有机表面活性剂、洗涤剂、润滑剂、人造蜡、调制蜡、光洁剂、蜡烛及类似品、塑型用膏、"牙科用蜡"及牙科用熟石膏制剂	1 026.26	0.53	15.4
82	贱金属工具、器具、利口器、餐匙、餐叉及其零件	1 021.98	0.53	−3.9
24	烟草、烟草及烟草代用品的制品	1 012.92	0.53	18.7
86	铁道及电车道机车、车辆及其零件；铁道及电车道轨道固定装置及其零件、附件；各种机械（包括电动机械）交通信号设备	1 012.63	0.53	3.1
64	鞋靴、护腿和类似品及其零件	987.25	0.51	11.4
29	有机化学品	958.82	0.50	−17.6
4	乳品；蛋品；天然蜂蜜；其他食用动物产品	916.65	0.48	2.6
49	书籍、报纸、印刷图画及其他印刷品；手稿、打字稿及设计图纸	905.32	0.47	−8.9
23	食品工业的残渣及废料；配制的动物饲料	888.09	0.46	19.8
21	杂项食品	830.03	0.43	10.3
63	其他纺织制成品；成套物品；旧衣着及旧纺织品；碎织物	776.86	0.40	25.9
19	谷物、粮食粉、淀粉或乳的制品；糕饼点心	754.72	0.39	5.8
68	石料、石膏、水泥、石棉、云母及类似材料的制品	749.70	0.39	2.7
22	饮料、酒及醋	730.18	0.38	−2.6
71	天然或养殖珍珠、宝石或半宝石、贵金属、包贵金属及其制品；仿首饰；硬币	721.29	0.38	3.1
10	谷物	699.65	0.36	35.9
32	鞣料浸膏及染料浸膏；鞣酸及其衍生物；染料、颜料及其他着色料；油漆及清漆；油灰及其他胶黏剂；墨水、油墨	596.28	0.31	0.1
69	陶瓷产品	593.59	0.31	−5.2
93	武器、弹药及其零件、附件	575.33	0.30	32.7
56	絮胎、毡呢及无纺织物；特种纱线；线、绳、索、缆及其制品	529.30	0.28	−1.4
28	无机化学品；贵金属、稀土金属、放射性元素及其同位素的有机及无机化合物	526.77	0.27	−18.5
88	航空器、航天器及其零件	526.48	0.27	−27.1
74	铜及其制品	479.15	0.25	4.5
15	动、植物油、脂及其分解产品；精制的食用油脂；动、植物蜡	398.38	0.21	1.1

续表

商品编号	商品类别	金额/百万美元	占比/%	同比/%
12	含油子仁及果实;杂项子仁及果实;工业用或药用植物;稻草、秸秆及饲料	391.01	0.20	-2.7
42	皮革制品;鞍具及挽具;旅行用品、手提包及类似容器;动物肠线(蚕胶丝除外)制品	357.59	0.19	-24.6
1	活动物	349.27	0.18	-7.4
59	浸渍、涂布、包覆或层压的织物;工业用纺织制品	329.80	0.17	-5.7
17	糖及糖食	328.49	0.17	-3.8
18	可可及可可制品	314.01	0.16	4.6
47	木浆及其他纤维状纤维素浆;纸及纸板的废碎品	311.64	0.16	-14.7
54	化学纤维长丝	306.38	0.16	-16.1
99	未按种类指定的商品	300.62	0.16	44.2
51	羊毛、动物细毛或粗毛;马毛纱线及其机织物	275.81	0.14	-34.5
25	盐;硫黄;泥土及石料;石膏料、石灰及水泥	272.93	0.14	-1.4
16	肉、鱼、甲壳动物、软体动物及其他水生无脊椎动物的制品	268.29	0.14	4.6
36	炸药;烟火制品;火柴;引火合金;易燃材料制品	245.77	0.13	-15.2
2	肉及食用杂碎	202.00	0.11	0

资料来源:全球贸易观察、UN Comtrade 数据库等,经本课题组整理所得。

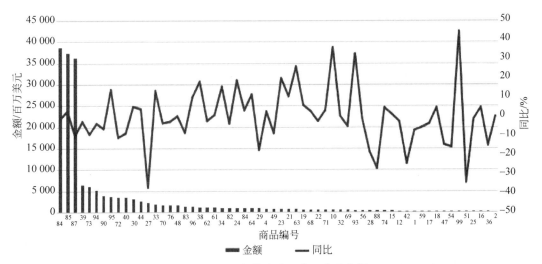

图 6-6 2020 年捷克主要出口商品金额

2020 年捷克共进口商品 171 440 百万美元,同比下降 3.8%。由表 6-5 和图 6-7 可知,在主要进口商品结构中,以商品编号 85(电机、电气设备及其零件;录音机及放声机、电视图像、声音的录制和重放设备及其零件、附件)、84(核反应堆、锅炉、机器、机械器具及其零件)、87(车辆及其零件、附件,但铁道及电车道车辆除外)为主,上述商品占总进口商品金额的近五成。相比2019年,商品编号63(其他纺织制成品;成套物品;旧衣着及旧纺织品;碎织物)增幅最大。与此同时,商品编号为27(矿物燃料、矿物油及其蒸馏产品;沥青物质;矿物蜡)的商品下降幅度最大。

表6-5 2020年捷克主要进口商品结构

商品编号	商品类别	金额/百万美元	占比/%	同比/%
85	电机、电气设备及其零件;录音机及放声机、电视图像、声音的录制和重放设备及其零件、附件	37 465.30	21.85	3.6
84	核反应堆、锅炉、机器、机械器具及其零件	32 007.77	18.67	3.2
87	车辆及其零件、附件,但铁道及电车道车辆除外	15 941.54	9.30	-12.9
39	塑料及其制品	8 651.29	5.05	-6.1
27	矿物燃料、矿物油及其蒸馏产品;沥青物质;矿物蜡	6 078.74	3.55	-37.7
30	药品	5 943.35	3.47	9.1
72	钢铁	5 037.69	2.94	-16.6
73	钢铁制品	4 432.56	2.59	-14.1
90	光学、照相、电影、计量、检验、医疗或外科用仪器及设备、精密仪器及设备;上述物品的零件、附件	4 018.56	2.34	-4.5
94	家具;寝具、褥垫、弹簧床垫、软坐垫及类似的填充制品;未列名灯具及照明装置;发光标志、发光铭牌及类似品;活动房屋	3 337.42	1.95	-4.4
40	橡胶及其制品	2 419.14	1.41	-9.9
38	杂项化学产品	2 384.05	1.39	21.3
76	铝及其制品	2 367.12	1.38	-10.2
48	纸及纸板;纸浆、纸或纸板制品	2 092.56	1.22	-4.9
33	精油及香膏;芳香料制品及化妆盥洗品	2 073.72	1.21	5.6
95	玩具、游戏品、运动用品及其零件、附件	1 930.88	1.13	11.6
61	针织或钩编的服装及衣着附件	1 627.87	0.95	-1.1
62	非针织或非钩编的服装及衣着附件	1 469.19	0.86	5.9
74	铜及其制品	1 264.11	0.74	-0.8
2	肉及食用杂碎	1 235.75	0.72	-6.1
64	鞋靴、护腿和类似品及其零件	1 219.68	0.71	6.7
29	有机化学品	1 159.39	0.68	-8.6
83	贱金属杂项制品	1 131.09	0.66	-12.5
71	天然或养殖珍珠、宝石或半宝石、贵金属、包贵金属及其制品;仿首饰;硬币	1 112.00	0.65	22.1
32	鞣料浸膏及染料浸膏;鞣酸及其衍生物;染料、颜料及其他着色料;油漆及清漆;油灰及其他胶黏剂;墨水、油墨	1 037.62	0.61	-3.8
44	木及木制品;木炭	1 033.49	0.60	-9.2
82	贱金属工具、器具、利口器、餐匙、餐叉及其零件	980.34	0.57	-1.6

续表

商品编号	商品类别	金额/百万美元	占比/%	同比/%
63	其他纺织制成品；成套物品；旧衣着及旧纺织品；碎织物	924.09	0.54	85.5
70	玻璃及其制品	912.68	0.53	−10.1
34	肥皂、有机表面活性剂、洗涤剂、润滑剂、人造蜡、调制蜡、光洁剂、蜡烛及类似品、塑型用膏、"牙科用蜡"及牙科用熟石膏制剂	906.29	0.53	6.9
8	食用水果及坚果；柑橘属水果或甜瓜的果皮	903.83	0.53	11.8
28	无机化学品；贵金属、稀土金属、放射性元素及其同位素的有机及无机化合物	900.31	0.53	−21.1
21	杂项食品	867.74	0.51	5.9
22	饮料、酒及醋	793.74	0.46	−7.0
19	谷物、粮食粉、淀粉或乳的制品；糕饼点心	755.70	0.44	3.8
23	食品工业的残渣及废料；配制的动物饲料	749.39	0.44	13.1
4	乳品；蛋品；天然蜂蜜；其他食用动物产品	742.40	0.43	1.1
7	食用蔬菜、根及块茎	649.90	0.38	−2.8
96	杂项制品	639.10	0.37	4.9
26	矿砂、矿渣及矿灰	624.12	0.36	−5.1
49	书籍、报纸、印刷图画及其他印刷品；手稿、打字稿及设计图纸	621.40	0.36	−12.4
24	烟草、烟草及烟草代用品的制品	557.42	0.33	−8.6
56	絮胎、毡呢及无纺织物；特种纱线；线、绳、索、缆及其制品	511.14	0.30	−4.6
68	石料、石膏、水泥、石棉、云母及类似材料的制品	506.46	0.30	−3.2
18	可可及可可制品	465.65	0.27	0.8
20	蔬菜、水果、坚果或植物其他部分的制品	461.15	0.27	10.8
86	铁道及电车道机车、车辆及其零件；铁道及电车道轨道固定装置及其零件、附件；各种机械（包括电动机械）交通信号设备	433.91	0.25	−3.3
12	含油子仁及果实；杂项子仁及果实；工业用或药用植物；稻草、秸秆及饲料	400.84	0.23	10.1
69	陶瓷产品	389.10	0.23	−9.5
15	动、植物油、脂及其分解产品；精制的食用油脂；动、植物蜡	350.74	0.20	1.1
9	咖啡、茶、马黛茶及调味香料	349.01	0.20	−0.8
59	浸渍、涂布、包覆或层压的织物；工业用纺织制品	341.53	0.20	−3.1
16	肉、鱼、甲壳动物、软体动物及其他水生无脊椎动物的制品	322.32	0.19	3.8
31	肥料	322.30	0.19	−12.2
54	化学纤维长丝	306.94	0.18	−20.9

资料来源：全球贸易观察、UN Comtrade 数据库等，经本课题组整理所得。

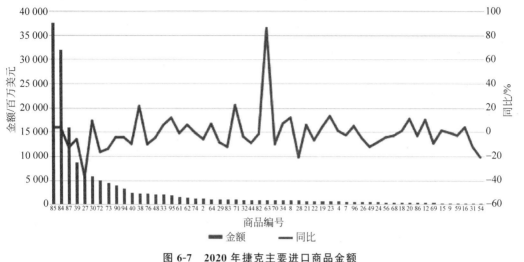

图 6-7　2020 年捷克主要进口商品金额

6.4 主要优势产业及其特征

1. 航空航天设备制造业

捷克生产飞机的历史已有百年,截至 2021 年轻型飞机年产量在 300 架左右,90% 出口到世界各地。通用电气航空集团(GE Aviation)在捷克建立了研发生产中心,用于研发、测试及生产高级涡轮螺旋桨飞机发动机,并于 2020 年正式投产。捷克在喷气教练机、小型涡轮螺旋桨通勤机(L-410)以及轻型运动飞机三个领域取得了成功,尤其是在通用航空领域成为领导者。目前,中国是捷克航空雷达的主要出口国。全复合材料飞机制造商鲨鱼飞机具有 25 年的复合材料制造经验,产品涉及滑翔机、双引擎飞机等类型。鲨鱼 UL 机型 TC/PC(型号合格证/生产许可证),该款机型是具有可伸缩起落架的高性能超轻型飞机,同时也获得了中国民用航空局的 VTC(型号认可证)。鲨鱼飞机拥有碳纤维复合材料高性能低翼串联座椅、弹射降落伞、可调座椅和踏板,最新的航空电子设备,速度可达 300 千米/小时,短起飞能力强。PBS Velka Bites 是国际航空航天工业产品和设备的领先制造商。PBS 辅助动力装置(APU)和环境控制系统(ECS)被全世界的飞机与直升机制造商使用(包括直升机 MI-8、MI-17、MI-171 和飞机 L-39、L-59、L-159、K-8)。该公司的成功产品还包括一系列推进系统——用于无人机的涡轮喷气发动机、靶机、导弹、涡轮螺旋桨与小型载人和无人机以及直升机的涡轮轴发动机。

2. 汽车制造业

汽车制造与设计优势明显。捷克拥有世界上集中度最高的汽车制造和设计产业,深度嵌入欧洲汽车产业链条,每千人生产汽车 128 辆,人均产量始终保持世界领先地位。2017 年汽车产业雇员超过 15 万,产量达 142.1 万辆,超过捷克制造业总产出和出口总额的 20%。除悠久的产业历史、良好的基础设施外,低成本创新能力较强的人力资本和稳定的供应商成为捷克汽车产业吸引投资的关键。技术相关专业在校生超过 90 000 人,每年毕业生约 20 000 人进入相关产业,因此,吸引了包括斯柯达、TPCA(丰田与标致雪铁龙合资企业)、现代等主要汽车生产商。此外,政府通过企业所得税减免、培训补贴、就业创造现金补贴等方式,旨在吸引汽车制造、设计及研发企业的投资,1998—2014 年,政府共资助 924 项投资申请,吸引投资额累计达 243 亿欧元,捷克大学和科研机构中欧技术研究所(Central European Institute of Technology,CEITEC)与戴姆勒、博世等企业合作开发全自动驾驶车辆,布拉格技术大学与大众和 IBM 联合开发新一代驱动器。2018 年 1—7 月,捷克生产汽车 82.6 万辆,其中,斯柯达产量占比 61%,现代占比 23%,丰田标致雪铁龙占比 16%。

3. 印刷包装业

捷克拥有 9 350 家印刷企业,从业人员达到近 3 万名,居中东欧之首。在整个欧盟 28 国中,位列第六。捷克印刷企业以中型企业为主,占比 42%,小型和大型企业各占 29%。大型企业以柔印企业数量最多,中型企业为以装订和胶印企业为主导。特别值得一提的是,目前标签印刷在捷克发展非常迅速,有近 20% 印刷企业只生产标签,有 1/3 的印刷包装厂兼做标签。虽然捷克印刷企业数量排在欧盟第 6 位,但由于设备技术等方面因素,捷克印刷业的产能只能排在第 11 位,达到 17.67 亿欧元。

4. 交通运输、仓储和邮政业

运输仓储业以公路、铁路和航空运输为主。作为工业强国,目前该行业占整个捷克 GDP 的 35%,是捷克的重要经济支柱。捷克国家统计局 2018 年的数据显示,截至 2017 年底,该行业活跃企业数 3.8 万个,就业人员约 28 万,人均增加值达到 57.3 万捷克克朗。2017 年,捷克铁路客运量为 1.83 亿人次,连续 5 年呈现上升趋势,货运量为 0.97 亿吨,其中国内货运量 0.4 亿吨,国际货运量 0.58 亿吨,两者较 2016 年均有小幅下降。公路总里程数达 55 748 千米,其中在运行的高速公路里程为 776 千米,仅占公路总里程数的 1.39%,相比 2005 年 564 千米的高速路,捷克高速公路建设进展缓慢。此外,捷克纳入欧洲公路网络体系的里程数达到 2 632 千米,这无疑大大缩短了捷克至欧洲主要国家的行程,加强了其同欧洲各国的联系。截至 2021 年,捷克国内共有 91 个机场,2017 年全年客运量 665.7 万人次,其中 99.6% 为国际旅客,可见捷克已逐渐成为中东欧地区重要的中转站之一。

5. 商务支持服务业

政府大力扶持商务支持服务业,投资吸引力提高。商务支持服务包括服务共享中心、客户服务中心、IT 服务中心及高技术维修中心,捷克商务服务业领先中东欧地区其他国家,已有 DHL、埃克森移动、IBM 及其他 200 多家企业在捷克设立服务中心,共享服务中心雇员超过 5.5 万。大多数服务中心集聚在首都布拉格和布尔诺(Brno),但其他区域中心[俄斯特拉发(Ostrava)、比尔森(Plzeň)]因具备高质量、忠诚度高且低成本劳动力而受到越来越多企业的青睐。ABSL 咨询公司调查显示,平均每家服务中心提供三种及以上商务服务,87% 的捷克劳动力可以至少讲一种外语,而可以讲两种或三种以上外语的比重则分别为 28% 和 25%,因此,金融会计、客户运营和 IT 服务(包括软件开发)中心占据主导地位,就业比重分别达到32%、21%和13%,同时人力资源、物流和法律服务中心发展迅猛,这为中国制造业企业进入欧洲大市场并近距离提供高品质物流及售后服务提供了保障。

6.5 中捷双边贸易概况

2020年捷克对中国共出口商品2 495百万美元。由表6-6和图6-8可知,在出口主要商品结构中,商品编号84(核反应堆、锅炉、机器、机械器具及其零件)、85(电机、电气设备及其零件;录音机及放声机、电视图像、声音的录制和重放设备及其零件、附件)、90(光学、照相、电影、计量、检验、医疗或外科用仪器及设备、精密仪器及设备;上述物品的零件、附件)、95(玩具、游戏品、运动用品及其零件、附件)、39(塑料及其制品)、40(橡胶及其制品)、73(钢铁制品)、94(家具;寝具、褥垫、弹簧床垫、软坐垫及类似的填充制品;未列名灯具及照明装置;发光标志、发光铭牌及类似品;活动房屋)、72(钢铁)、12(含油子仁及果实;杂项子仁及果实;工业用或药用植物;稻草、秸秆及饲料)等呈现增长趋势,尤其是72(钢铁)增幅最大。与此同时,商品编号为42[皮革制品;鞍具及挽具;旅行用品、手提包及类似容器;动物肠线(蚕胶丝除外)制品]的商品下降幅度最大。

表6-6 2020年捷克对中国出口主要商品结构

商品编号	商品类别	金额/百万美元	占比/%	同比/%
84	核反应堆、锅炉、机器、机械器具及其零件	732	29	24
85	电机、电气设备及其零件;录音机及放声机、电视图像、声音的录制和重放设备及其零件、附件	687	28	27
90	光学、照相、电影、计量、检验、医疗或外科用仪器及设备、精密仪器及设备;上述物品的零件、附件	225	9	1
44	木及木制品;木炭	131	5	−13
47	木浆及其他纤维状纤维素浆;纸及纸板的废碎品	113	5	−28
87	车辆及其零件、附件,但铁道及电车道车辆除外	97	4	−16
95	玩具、游戏品、运动用品及其零件、附件	87	3	10
39	塑料及其制品	86	3	13
40	橡胶及其制品	53	2	10
73	钢铁制品	40	2	18
94	家具;寝具、褥垫、弹簧床垫、软坐垫及类似的填充制品;未列名灯具及照明装置;发光标志、发光铭牌及类似品;活动房屋	34	1	13
72	钢铁	31	1	121
36	炸药;烟火制品;火柴;引火合金;易燃材料制品	25	1	0
86	铁道及电车道机车、车辆及其零件;铁道及电车道轨道固定装置及其零件、附件;各种机械(包括电动机械)交通信号设备	24	1	−27

续表

商品编号	商品类别	金额/百万美元	占比/%	同比/%
83	贱金属杂项制品	23	1	−15
70	玻璃及其制品	19	1	−10
21	杂项食品	17	1	−39
42	皮革制品；鞍具及挽具；旅行用品、手提包及类似容器；动物肠线（蚕胶丝除外）制品	16	1	−50
88	航空器、航天器及其零件	15	1	
74	铜及其制品	14	1	
12	含油子仁及果实；杂项子仁及果实；工业用或药用植物；稻草、秸秆及饲料	14	1	8
29	有机化学品	12	0	

资料来源：商务部国别报告网、UN Comtrade 数据库等，经本课题组整理所得。

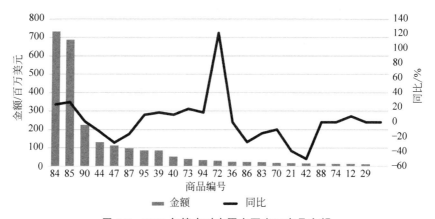

图 6-8　2020 年捷克对中国主要出口商品金额

2020 年捷克自中国共进口商品 29 979 百万美元。由表 6-7 和图 6-9 可知，在进口主要商品结构中，商品编号 85（电机、电气设备及其零件；录音机及放声机、电视图像、声音的录制和重放设备及其零件、附件）、84（核反应堆、锅炉、机器、机械器具及其零件）、95（玩具、游戏品、运动用品及其零件、附件）、63（其他纺织制成品；成套物品；旧衣着及旧纺织品；碎织物）、39（塑料及其制品）、62（非针织或非钩编的服装及衣着附件）、94（家具；寝具、褥垫、弹簧床垫、软坐垫及类似的填充制品；未列名灯具及照明装置；发光标志、发光铭牌及类似品；活动房屋）、87（车辆及其零件、附件，但铁道及电车道车辆除外）、90（光学、照相、电影、计量、检验、医疗或外科用仪器及设备、精密仪器及设备；上述物品的零件、附件）、61（针织或钩编的服装及衣着附件）、73（钢铁制品）、64（鞋靴、护腿和类似品及其零件）、42［皮革制品；鞍具及挽具；旅行用品、手提包及类似容器；动物肠线（蚕胶丝除外）制品］、40（橡胶及其制品）、82（贱金属工具、器具、利口器、餐匙、餐叉及其零件）、29（有机化学品）、76（铝及其制品）、83（贱金属杂项制品）、70（玻璃及其制品）、96（杂项制品）等呈现增长趋势，尤其是 63（其他纺织制成品；成套物品；旧衣着及旧纺织品；碎织物）增幅最大。

表 6-7　2020 年捷克自中国进口主要商品结构

商品编号	商品类别	金额/百万美元	占比/%	同比/%
85	电机、电气设备及其零件；录音机及放声机、电视图像、声音的录制和重放设备及其零件、附件	14 762	49	71.1
84	核反应堆、锅炉、机器、机械器具及其零件	9 839	33	105.3
95	玩具、游戏品、运动用品及其零件、附件	601	2	132.0
63	其他纺织制成品；成套物品；旧衣着及旧纺织品；碎织物	520	2	738.7
39	塑料及其制品	507	2	91.3
62	非针织或非钩编的服装及衣着附件	428	1	179.7
94	家具；寝具、褥垫、弹簧床垫、软坐垫及类似的填充制品；未列名灯具及照明装置；发光标志、发光铭牌及类似品；活动房屋	401	1	87.4
87	车辆及其零件、附件，但铁道及电车道车辆除外	393	1	18.4
90	光学、照相、电影、计量、检验、医疗或外科用仪器及设备、精密仪器及设备；上述物品的零件、附件	362	1	154.9
61	针织或钩编的服装及衣着附件	358	1	280.9
73	钢铁制品	357	1	45.1
64	鞋靴、护腿和类似品及其零件	354	1	213.3
42	皮革制品；鞍具及挽具；旅行用品、手提包及类似容器；动物肠线（蚕胶丝除外）制品	199	1	79.3
40	橡胶及其制品	165	1	161.9
82	贱金属工具、器具、利口器、餐匙、餐叉及其零件	161	1	103.8
29	有机化学品	150	1	87.5
76	铝及其制品	146	0	11.5
83	贱金属杂项制品	116	0	36.5
70	玻璃及其制品	83	0	97.6
96	杂项制品	77	49	92.5

资料来源：商务部国别报告网、UN Comtrade 数据库等，经本课题组整理所得。

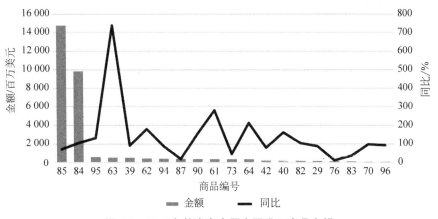

图 6-9　2020 年捷克自中国主要进口商品金额

6.6 中捷贸易竞争性与互补性分析

6.6.1 中捷显性比较优势指数分析

本书利用《国际贸易商品标准分类》(SITC.Rev4),以2020年为例,对中国与捷克显性比较优势指数进行分析,具体数据如表6-8所示。

表6-8 2020年捷克商品出口额

SITC	商品类别名称	出口额/百万美元
SITC0	食品和活动物	6 655.12
SITC1	饮料及烟草	1 701.48
SITC2	非食用燃料(不包含燃料)	4 011.32
SITC3	矿物燃料、润滑油及有关原料	2 308.02
SITC4	动、植物油、脂和蜡	389.09
SITC5	未列明的化学品和有关产品	13 156.75
SITC6	主要按原材料分类的制成品	26 623.63
SITC7	机械及运输设备	112 871.21
SITC8	杂项制品	23 829.77
SITC9	没有分类的其他商品	760.98

资料来源:UN Comtrade 数据库等,经本课题组整理所得。

UN Comtrade 等相关数据库的数据显示,2020年,中国所有商品出口额约为2 589 098.37百万美元,捷克所有商品出口额为192 307百万美元,世界所有商品出口额为17 029 929.55百万美元。

按照公式 $RCA_{xik}=(X_{ik}/X_{wk})/(X_i/X_w)$,得出计算结果如表6-9所示。

表6-9 2020年中捷显性比较优势指数计算结果

国家	SITC0	SITC1	SITC2	SITC3	SITC4	SITC5	SITC6	SITC7	SITC8	SITC9
中国	0.36	0.11	0.15	0.16	0.10	0.52	1.38	1.30	1.83	0.19
捷克	0.50	1.03	0.52	0.16	0.37	0.55	1.14	1.57	1.01	0.07

根据上述结果分析得到:

(1) 捷克除了SITC1(饮料及烟草)、SITC6(主要按原材料分类的制成品)、SITC7(机械及运输设备)和SITC8(杂项制品)几类商品外,其余商品均不具有显性比较优势。其中,SITC7(机械及运输设备)的RCA值最高,说明具有比较明显的显性比较优势。

(2) 在SITC6(主要按原材料分类的制成品)、SITC7(机械及运输设备)和SITC8(杂项制品)三类商品中,中国与捷克都具有显性比较优势。在SITC0(食品和活动物)、SITC2[非食用燃料(不包含燃料)]、SITC3(矿物燃料、润滑油及有关原料)、SITC4(动、植物油、脂和蜡)、SITC5(未列明的化学品和有关产品)和SITC9(没有分类的其他商品)这几类商品中,两国显性优势比较指数均小于1,说明两国都不具备比较优势。尤其是两国在SITC9(没有分类的其他商品)这类商品上RCA值都很低,说明都有明显的显性比较劣势。

6.6.2 中捷互补性指数分析

本书利用《国际贸易商品标准分类》(SITC. Rev4),以2020年为例,对中国与捷克互补性指数进行分析,具体数据如表6-10所示。

表6-10 2020年捷克商品进口额

SITC	商品类别名称	进口额/百万美元
SITC0	食品和活动物	8 099.98
SITC1	饮料及烟草	1 349.51
SITC2	非食用燃料(不包含燃料)	3 753.51
SITC3	矿物燃料、润滑油及有关原料	11 200.21
SITC4	动、植物油、脂和蜡	271.07
SITC5	未列明的化学品和有关产品	20 255.36
SITC6	主要按原材料分类的制成品	30 380.80
SITC7	机械及运输设备	87 480.00
SITC8	杂项制品	21 647.17
SITC9	没有分类的其他商品	486.41

资料来源:UN Comtrade数据库等,经本课题组整理所得。

UN Comtrade等相关数据库的数据显示,2020年,中国所有商品进口额约为2 136 000百万美元,捷克所有商品进口额为171 440百万美元,世界所有商品进口额为19 867 000百万美元。

按照公式 $TCI_{ij} = RCA_{xik} \times RCA_{mjk}$,得出计算结果如表6-11所示。

表6-11 2020年中捷互补性指数计算结果

国家	SITC0	SITC1	SITC2	SITC3	SITC4	SITC5	SITC6	SITC7	SITC8	SITC9
中国	0.34	0.17	0.10	0.09	0.03	0.57	1.99	1.83	2.15	0.00
捷克	0.27	0.44	1.96	0.25	0.36	0.51	0.81	2.10	0.72	0.05

根据上述结果分析得到:

(1) 在SITC7(机械及运输设备)这类商品中,中国与捷克贸易互补性指数均大于1,说明两国在该类商品中互补性强,并未因为在该领域中双方都具有显性比较优势而出现激烈竞争的场面,反而表现出很强的贸易互补性。

(2) 在SITC0(食品和活动物)、SITC1(饮料及烟草)、SITC3(矿物燃料、润滑油及有关原料)、SITC4(动、植物油、脂和蜡)、SITC5(未列明的化学品和有关产品)和SITC9(没有分类的其他商品)这六类商品中,双方TCI值均小于1,说明两国互补性较弱。

6.7 中捷合作展望

研究表明,目前中国是捷在欧盟外最大贸易伙伴,捷是中国在中东欧地区的第二大贸易伙伴。同时,两国建立了稳定的经贸合作关系。2017年5月,两国经贸部门签署《中华人民共和国商务部与捷克共和国工业和贸易部关于中小企业合作的谅解备忘录》。6月,捷克担任在宁波举行的中国—中东欧国家投资贸易博览会主宾国。7月,浙江义乌至布拉格的中欧班列正式开通。9月,中国工商银行在布拉格设立分行。2018年6月,两国召开协调推动"一带一路"合作规划工作会议。10月,交通银行获捷中央银行颁发的分行牌照。2019年10月,两国政府间经济联合委员会第11次例会在捷克召开。11月,捷克担任第二届中国国际进口博览会主宾国。截至2020年3月,中国累计批准捷企业在华投资项目506个,捷方实际投入3.1亿美元。中国在捷各类直接投资累计18.1亿美元,在捷工程承包完成营业额6.2亿美元。

但是,捷克对于与中国的旅游业合作的重视程度不是很高,在高铁、高速公路等交通基础设施建设方面还不到位。结合其与中国稳定的经贸合作基础,两国可大力推动以下产业的合作。

(1) 两国应高度重视民心相通,推动旅游业的服务产业合作。例如,可积极在旅游项目上进行投资。旅游项目投资包括很多,诸如车船、温泉、游乐园等。通过大力投资旅游项目,带动两国旅游业的高速发展。

(2) 捷克从2017年起,努力提升高铁建设、高速公路建设的水平,计划开通国内至德国等国家城市的高铁线路。对此,中国有实力的企业可以采取工程承包等方式建造有关铁路、公路,从而加强两国在交通基础设施建设上的合作。

(3) 捷克褐煤和硬煤资源比较丰富,储量位居世界前列。在矿产资源方面,两国可以全面展开矿产资源投资,以便开展资源销售等活动,提升两国双边贸易合作水平。

(4) 捷克拥有众多生物技术研究机构,在生物医药领域表现突出。中国相关药企可以多与捷克的生物研究机构建立战略合作伙伴关系,学习先进技术,共同致力于诸如新冠肺炎疫情防治、疫苗研发、化学工程等生物医药工作。

第 7 章
希腊的对外贸易

希腊,位于巴尔干半岛最南端。北同保加利亚、北马其顿、阿尔巴尼亚相邻,东北与土耳其的欧洲部分接壤,西南濒爱奥尼亚海,东邻爱琴海,南隔地中海与非洲大陆相望。海岸线长约 15 021 千米,领海宽度为 6 海里(1 海里=1.852 千米)。属亚热带地中海气候。平均气温冬季 0～13 ℃,夏季 23～41 ℃。面积 131 957 平方千米,其中 15%为岛屿。截至 2020 年,总人口 1 071.9 万,98%以上为希腊人,其余为穆斯林及其他少数民族。官方语言为希腊语。首都雅典,人口 315.4 万。

希腊是西方文明的发祥地。1981 年加入欧洲共同体,2001 年加入欧元区。2019 年 6 月 11 日,帕夫洛普洛斯总统签署总统令,宣布解散议会。7 月 7 日,希腊举行议会大选,新民主党胜选,获得议会 300 个议席中 158 个议席,成为议会第一大党,成功单独组阁。7 月 8 日,新民主党主席米佐塔基斯出任总理。新政府以减轻税收负担、促进经济增长、增加就业岗位、吸引外资为工作重点,执政以来,希腊政局保持稳定。

希腊属欧盟经济中等发达国家之一,经济基础较薄弱,但海运业发达。海运业共为希腊 19 万人提供了就业机会,除 6 万名在海轮上工作的希腊籍船员外,海运业带动的金融、保险、咨询服务业、船用设备、维修等相关产业吸纳了 13 万劳动力,仅在比雷埃夫斯港就有 1 000 多家企业开展与海运业相关的经营活动。希腊有各类港口 150 个,主要有比雷埃夫斯、萨洛尼卡、沃洛斯、佩特雷、伊拉克里翁。2020 年希腊港口总吞吐量约为 543.7 万 TEU(标准箱)。同时,旅游业是希获得外汇和维持国际收支平衡的重要经济部门。近年来,希政府将旅游业发展重心从增加游客数量转向提高游客消费水平,取得较好经济和社会效益。主要旅游景点有雅典卫城、德尔菲太阳神庙、奥林匹亚古运动场遗址等。不仅如此,希腊农业较发达,可耕种地面积占国土面积的 30%,其中灌溉农业面积占 37%。64%的耕地种植粮食作物,其他为果树、橄榄树和蔬菜等。此外,工业以食品加工和轻工业为主,主要工业有采矿、冶金、食品加工、纺织、造船、建筑等。

希腊同 100 多个国家有贸易关系,欧盟成员国是其最大贸易伙伴,占其进出口总额的 42%～47%。德国、意大利、英国、塞浦路斯、保加利亚、俄罗斯和中国为其主要贸易伙伴。主要出口商品为石油产品、铝、药品、食品、橄榄油、电信产品、铜铝等。主要进口商品为原材料、石油及石油产品、日用品、交通运输设备、天然气等。

据欧盟统计局统计,2020 年,希腊对意大利、德国、塞浦路斯分别出口 36.9 亿美元、26.8 亿美元和 20.9 亿美元,增减幅分别为-9.8%、4.8%、9.0%,占希腊出口总额的 10.5%、7.7%、6.0%。2020 年,希腊自德国、意大利、中国进口 66.06 亿美元、46.0 亿美元、42.7 亿美元,增减幅分别为-4%、-13.8%和6%,占希腊进口总额的11.9%、8.3%、7.7%。希腊前三大贸易逆差来源地依次是伊拉克、俄罗斯和德国,2020年逆差额为50.3亿美元、43.3亿美元和43.2亿美元,下降4.9%、6.0%和0.2%。希腊贸易顺差主要来自塞浦路斯和黎巴嫩,2020年顺差额分别为18.5亿美元和12.4亿美元,塞浦路斯增长7.0%,黎巴嫩下降27.2%。

据欧盟统计局统计,2020年中国对希腊出口商品总值为4 275百万美元,同比上涨6%;2020年中国自希腊进口商品总值为77 313.9万美元,相比2019年增长了4 821万美元,同比增长6.6%。其中,希腊对中国矿物燃料出口4.9亿美元,下降9.7%;盐、硫黄、土及石料、石灰及水泥等出口1.58亿美元,下降18.4%。希腊自中国2019年进口纺织品及原料、家具玩具8.8亿美元和4.6亿美元,增长103.3%和4.7%,占希腊自中国进口总额的19.4%和10.1%。另外,贱金属及制品、鞋靴伞等轻工产品也是希腊自中国进口占比超过5%的商品。中国是希腊机电产品、纺织品及原料、家具玩具、鞋靴伞等轻工产品和皮革制品及箱包最大进口来源国,分别占希腊同类产品进口市场份额的20.0%、26.2%、33.7%、32.7%和26.6%,中国产品主要竞争者是德国和意大利等国家。

7.1 对外贸易发展趋势

2020年希腊货物进出口总额为90 593百万美元,比上年(下同)下降9.4%。其中,出口35 070百万美元,下降7.3%;进口55 523百万美元,下降10.7%。

由表7-1和图7-1可知,希腊2008—2020年对外贸易总额呈现波动趋势。2008—2011年,先经历了2008年的飞速增长,之后在2009—2010年下滑明显,2011年出现了反弹。2012—2019年,2012年出现了小幅下跌,2013年持平,2014年略微回升后,2015年和2016年都出现了不同程度的下滑趋势。好在2017年和2018年都呈现了明显回升态势,但在2019年和2020年又出现了下滑。

表7-1 希腊对外贸易年度表

年份	总额/百万美元	同比/%	出口额/百万美元	同比/%	进口额/百万美元	同比/%
2008	127 045	16.3	31 406	17.8	95 639	15.9
2009	97 298	-23.4	24 666	-21.5	72 632	-24.1
2010	93 976	-3.4	28 033	13.7	65 943	-9.2
2011	100 511	7.0	33 788	20.5	66 723	1.2
2012	97 066	-3.4	35 345	4.6	61 721	-7.5
2013	97 027	0	36 150	2.3	60 877	-1.4
2014	97 950	1.0	35 963	-0.5	61 987	1.8
2015	75 371	-23.1	28 566	-20.6	46 805	-24.5
2016	74 966	-0.5	28 153	-1.4	46 813	0

续表

年份	总额/百万美元	同比/%	出口额/百万美元	同比/%	进口额/百万美元	同比/%
2017	86 152	14.9	32 638	15.9	53 514	14.3
2018	103 285	19.9	39 477	21.0	63 808	19.2
2019	99 990	−3.2	37 833	−4.2	62 157	−2.6
2020	90 593	−9.4	35 070	−7.3	55 523	−10.7

资料来源：商务部国别报告网、UN Comtrade 数据库、全球贸易观察等，经本课题组整理所得。

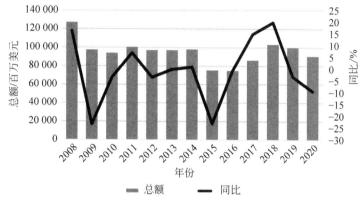

图 7-1 希腊对外贸易总额

由表 7-1 和图 7-2 可知，希腊 2008—2020 年对外贸易出口额呈现波动趋势。经历了 2008 年快速增长后，2009 年剧烈下滑。2010—2013 年，都呈现明显回升趋势。2014—2019 年，2014—2016 年连年下跌，2017—2018 年止跌反弹，但在 2019 年出口 37 833 百万美元，较 2018 年下滑 4.2 个百分点。

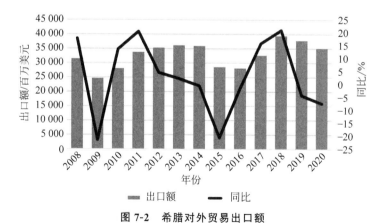

图 7-2 希腊对外贸易出口额

由表 7-1 和图 7-3 可知，希腊 2008—2020 年对外贸易进口额中，2008 年达到顶峰，为 95 639 百万美元，2018 年增幅最大，为 19.2%。相比之下，2015 年下降幅度最大，为 24.5%。同时，2020 年对外贸易进口额呈现下降趋势，比 2019 年下跌 10.7 个百分点。

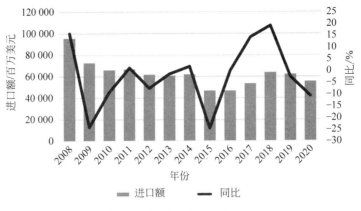

图 7-3 希腊对外贸易进口额

7.2 主要贸易市场结构

2020 年,希腊共出口 35 070 百万美元,出口伙伴国主要有意大利、德国、塞浦路斯等国家。共进口 55 523 百万美元,进口伙伴国主要有德国、意大利、中国等国家。

由表 7-2 和图 7-4 可知,2020 年希腊出口货物至意大利的金额最多,为 3 691 百万美元。在主要出口的伙伴国中,只有出口德国、西班牙和法国的金额较 2019 年有增加趋势。

表 7-2 2020 年希腊对主要贸易伙伴出口额

国　　家	出口额/百万美元	同比/%	占比/%
意大利	3 691	-9.8	10.5
德国	2 686	4.8	7.7
塞浦路斯	2 097	-9.0	6.0
法国	2 025	51.1	5.8
保加利亚	1 682	-8.3	4.8
土耳其	1 528	-30.8	4.4
英国	1 327	-4.6	3.8
美国	1 312	-10.2	3.7
西班牙	1 293	3.6	3.7

资料来源:商务部国别报告网、UN Comtrade 数据库、全球贸易观察等,经本课题组整理所得。

由表 7-3 和图 7-5 可知,2020 年希腊进口货物自德国的金额最多,为 6 606 百万美元。在主要进口的伙伴国中,只有进口中国和荷兰的金额较 2019 年有增加趋势。

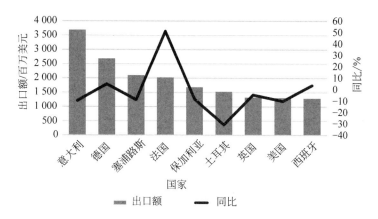

图 7-4　2020 年希腊对主要贸易伙伴出口额

表 7-3　2020 年希腊自主要贸易伙伴进口额

国　　家	进口额/百万美元	同比/%	占比/%
德国	6 606	−4.0	11.9
意大利	4 603	−13.8	8.3
中国	4 275	6.0	7.7
荷兰	3 400	8.9	6.1
俄罗斯	3 336	−26.9	6.0
法国	2 358	−12.2	4.2
伊拉克	2 284	−55.3	4.1
西班牙	1 830	−19.8	3.3
保加利亚	1 791	−19.4	3.2

资料来源：商务部国别报告网、UN Comtrade 数据库、全球贸易观察等，经本课题组整理所得。

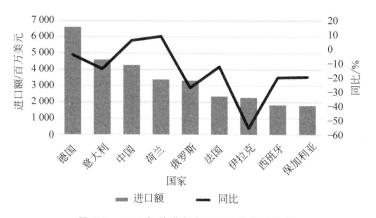

图 7-5　2020 年希腊自主要贸易伙伴进口额

7.3 主要进出口商品结构

2020年希腊共出口商品35 070百万美元,同比下降7.3%。由表7-4和图7-6可知,在主要出口商品结构中,有商品编号27(矿物燃料、矿物油及其蒸馏产品;沥青物质;矿物蜡)、30(药品)、84(核反应堆、锅炉、机器、机械器具及其零件)、85(电机、电气设备及其零件;录音机及放声机、电视图像、声音的录制和重放设备及其零件、附件)、76(铝及其制品)、20(蔬菜、水果、坚果或植物其他部分的制品)等,上述商品金额约占总出口金额的五成。相比2019年,商品编号89(船舶及浮动结构体)增幅最大。与此同时,商品编号为43(毛皮、人造毛皮及其制品)的商品下降幅度最大。

表7-4 2020年希腊主要出口商品结构

商品编号	商品类别	金额/百万美元	占比/%	同比/%
27	矿物燃料、矿物油及其蒸馏产品;沥青物质;矿物蜡	7 670.15	21.87	−35.8
30	药品	3 279.05	9.35	51.1
84	核反应堆、锅炉、机器、机械器具及其零件	1 913.31	5.46	−3.5
76	铝及其制品	1 838.82	5.24	−3.9
85	电机、电气设备及其零件;录音机及放声机、电视图像、声音的录制和重放设备及其零件、附件	1 370.76	3.91	6.0
20	蔬菜、水果、坚果或植物其他部分的制品	1 329.14	3.79	9.8
39	塑料及其制品	1 309.11	3.73	−2.1
8	食用水果及坚果;柑橘属水果或甜瓜的果皮	1 268.63	3.62	16.3
99	未按种类指定的商品	940.92	2.68	69.6
4	乳品;蛋品;天然蜂蜜;其他食用动物产品	915.57	2.61	16.5
3	鱼、甲壳动物、软体动物及其他水生无脊椎动物	819.86	2.34	7.3
74	铜及其制品	712.91	2.03	−1.5
73	钢铁制品	692.11	1.97	13.4
15	动、植物油、脂及其分解产品;精制的食用油脂;动、植物蜡	659.22	1.88	32.8
24	烟草、烟草及烟草代用品的制品	628.19	1.79	7.1
72	钢铁	541.84	1.55	−11.4
25	盐;硫黄;泥土及石料;石膏料、石灰及水泥	494.91	1.41	−22.9
52	棉花	485.80	1.39	−23.9
61	针织或钩编的服装及衣着附件	475.99	1.36	−28.1
38	杂项化学产品	405.99	1.16	4.1
90	光学、照相、电影、计量、检验、医疗或外科用仪器及设备、精密仪器及设备;上述物品的零件、附件	400.35	1.14	1.5

续表

商品编号	商品类别	金额/百万美元	占比/%	同比/%
21	杂项食品	390.56	1.11	7.7
19	谷物、粮食粉、淀粉或乳的制品；糕饼点心	370.51	1.06	12.1
95	玩具、游戏品、运动用品及其零件、附件	331.15	0.94	5.1
33	精油及香膏；芳香料制品及化妆盥洗品	324.01	0.92	0.3
22	饮料、酒及醋	287.28	0.82	0.0
32	鞣料浸膏及染料浸膏；鞣酸及其衍生物；染料、颜料及其他着色料；油漆及清漆；油灰及其他胶黏剂；墨水、油墨	282.58	0.81	3.6
48	纸及纸板；纸浆、纸或纸板制品	281.54	0.80	8.1
62	非针织或非钩编的服装及衣着附件	246.78	0.70	−34.7
68	石料、石膏、水泥、石棉、云母及类似材料的制品	230.38	0.66	−9.4
34	肥皂、有机表面活性剂、洗涤剂、润滑剂、人造蜡、调制蜡、光洁剂、蜡烛及类似品、塑型用膏、"牙科用蜡"及牙科用熟石膏制剂	211.40	0.60	26.3
87	车辆及其零件、附件，但铁道及电车道车辆除外	206.79	0.59	6.1
64	鞋靴、护腿和类似品及其零件	196.98	0.56	−32.1
7	食用蔬菜、根及块茎	189.75	0.54	−4.1
94	家具；寝具、褥垫、弹簧床垫、软坐垫及类似的填充制品；未列名灯具及照明装置；发光标志、发光铭牌及类似品；活动房屋	185.17	0.53	−10.1
89	船舶及浮动结构体	179.14	0.51	72.1
56	絮胎、毡呢及无纺织物；特种纱线；线、绳、索、缆及其制品	179.08	0.51	14.1
28	无机化学品；贵金属、稀土金属、放射性元素及其同位素的有机及无机化合物	177.08	0.50	−14.1
26	矿砂、矿渣及矿灰	176.08	0.50	29.4
10	谷物	167.51	0.48	15.1
31	肥料	148.50	0.42	−14.9
96	杂项制品	140.96	0.40	5.2
23	食品工业的残渣及废料；配制的动物饲料	135.47	0.39	35.0
83	贱金属杂项制品	134.16	0.38	−4.2
12	含油子仁及果实；杂项子仁及果实；工业用或药用植物；稻草、秸秆及饲料	128.07	0.37	29.2
63	其他纺织制成品；成套物品；旧衣着及旧纺织品；碎织物	113.05	0.32	56.9
60	针织物及钩编织物	107.57	0.31	−13.7
2	肉及食用杂碎	97.79	0.28	−8.4

续表

商品编号	商品类别	金额/百万美元	占比/%	同比/%
71	天然或养殖珍珠、宝石或半宝石、贵金属、包贵金属及其制品；仿首饰；硬币	90.74	0.26	−10.8
44	木及木制品；木炭	81.91	0.23	−15.6
54	化学纤维长丝	75.56	0.22	−16.6
43	毛皮、人造毛皮及其制品	72.44	0.21	−63.4
49	书籍、报纸、印刷图画及其他印刷品；手稿、打字稿及设计图纸	72.11	0.21	−14.2
42	皮革制品；鞍具及挽具；旅行用品、手提包及类似容器；动物肠线（蚕胶丝除外）制品	70.28	0.20	6.1
16	肉、鱼、甲壳动物、软体动物及其他水生无脊椎动物的制品	56.64	0.16	0
17	糖及糖食	56.34	0.16	−12.5
40	橡胶及其制品	55.37	0.16	14.5
18	可可及可可制品	50.15	0.14	8.6
91	钟表及其零件	45.96	0.13	−6.2
29	有机化学品	43.97	0.13	−8.5

资料来源：全球贸易观察、UN Comtrade 数据库等，经本课题组整理所得。

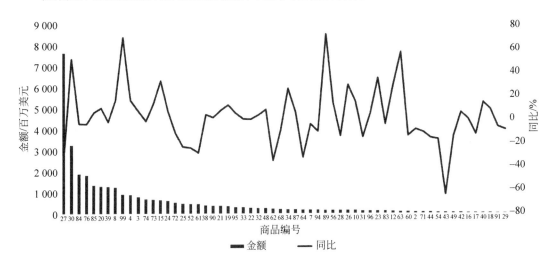

图 7-6　2020 年希腊主要出口商品金额

2020 年希腊共进口商品 55 523 百万美元，同比下降 10.7%。由表 7-5 和图 7-7 可知，在主要进口商品结构中，有商品编号 27（矿物燃料、矿物油及其蒸馏产品；沥青物质；矿物蜡）、84（核反应堆、锅炉、机器、机械器具及其零件）、85（电机、电气设备及其零件；录音机及放声机、电视图像、声音的录制和重放设备及其零件、附件）、87（车辆及其零件、附件，但铁道及电车道车辆除外）、30（药品）、39（塑料及其制品）等，上述商品进口金额约为总进口金额的五成。相比 2019 年，商品编号 99（未按种类指定的商品）增幅最大。与此同时，商品编号为 89（船舶及浮动结构体）的商品下降幅度最大。

表 7-5　2020 年希腊主要进口商品结构

商品编号	商品类别	金额/百万美元	占比/%	同比/%
27	矿物燃料、矿物油及其蒸馏产品；沥青物质；矿物蜡	11 054.67	19.91	−33.9
84	核反应堆、锅炉、机器、机械器具及其零件	4 277.01	7.70	−6.6
85	电机、电气设备及其零件；录音机及放声机、电视图像、声音的录制和重放设备及其零件、附件	3 716.84	6.69	2.5
30	药品	3 540.92	6.38	14.1
29	有机化学品	3 263.99	5.88	53.4
87	车辆及其零件、附件，但铁道及电车道车辆除外	2 452.12	4.42	−15.3
39	塑料及其制品	2 037.28	3.67	−6.4
99	未按种类指定的商品	1 731.10	3.12	490.7
90	光学、照相、电影、计量、检验、医疗或外科用仪器及设备，精密仪器及设备；上述物品的零件、附件	1 181.13	2.13	−1.6
2	肉及食用杂碎	1 157.25	2.08	−16.4
72	钢铁	1 098.13	1.98	−13.4
76	铝及其制品	1 004.35	1.81	−4.5
48	纸及纸板；纸浆、纸或纸板制品	974.24	1.75	−11.1
61	针织或钩编的服装及衣着附件	898.04	1.62	−30.4
4	乳品；蛋品；天然蜂蜜；其他食用动物产品	888.78	1.60	−4.5
38	杂项化学产品	868.98	1.57	14.8
74	铜及其制品	795.31	1.43	3.9
62	非针织或非钩编的服装及衣着附件	764.40	1.38	−31.3
23	食品工业的残渣及废料；配制的动物饲料	620.49	1.12	10.1
33	精油及香膏；芳香料制品及化妆盥洗品	618.69	1.11	−15.4
64	鞋靴、护腿和类似品及其零件	604.78	1.09	−24.8
94	家具；寝具、褥垫、弹簧床垫、软坐垫及类似的填充制品；未列名灯具及照明装置；发光标志、发光铭牌及类似品；活动房屋	549.75	0.99	−17.5
73	钢铁制品	509.36	0.92	−12.1
40	橡胶及其制品	462.97	0.83	4.7
21	杂项食品	415.05	0.75	−5.0
10	谷物	413.95	0.75	−12.1
3	鱼、甲壳动物、软体动物及其他水生无脊椎动物	408.88	0.74	−24.5
8	食用水果及坚果；柑橘属水果或甜瓜的果皮	405.99	0.73	−4.2
19	谷物、粮食粉、淀粉或乳的制品；糕饼点心	394.83	0.71	−1.2
95	玩具、游戏品、运动用品及其零件、附件	379.13	0.68	−18.3
44	木及木制品；木炭	374.16	0.67	−16.7
22	饮料、酒及醋	356.75	0.64	−14.0

续表

商品编号	商品类别	金额/百万美元	占比/%	同比/%
32	鞣料浸膏及染料浸膏；鞣酸及其衍生物；染料、颜料及其他着色料；油漆及清漆；油灰及其他胶黏剂；墨水、油墨	355.13	0.64	-8.2
34	肥皂、有机表面活性剂、洗涤剂、润滑剂、人造蜡、调制蜡、光洁剂、蜡烛及类似品、塑型用膏、"牙科用蜡"及牙科用熟石膏制剂	340.64	0.61	-1.4
63	其他纺织制成品；成套物品；旧衣着及旧纺织品；碎织物	333.45	0.60	58.5
24	烟草、烟草及烟草代用品的制品	326.01	0.59	-11.1
15	动、植物油、脂及其分解产品；精制的食用油脂；动、植物蜡	285.05	0.51	-1.0
12	含油子仁及果实；杂项子仁及果实；工业用或药用植物；稻草、秸秆及饲料	268.80	0.48	-6.2
20	蔬菜、水果、坚果或植物其他部分的制品	265.59	0.48	-12.5
89	船舶及浮动结构体	265.12	0.48	-48.9
9	咖啡、茶、马黛茶及调味香料	259.39	0.47	-5.8
31	肥料	256.66	0.46	-4.1
7	食用蔬菜、根及块茎	255.69	0.46	-19.3
70	玻璃及其制品	239.62	0.43	-14.0
96	杂项制品	234.71	0.42	0.8
83	贱金属杂项制品	231.47	0.42	-12.1
42	皮革制品；鞍具及挽具；旅行用品、手提包及类似容器；动物肠线（蚕胶丝除外）制品	228.57	0.41	-20.2
17	糖及糖食	221.01	0.40	4.2
28	无机化学品；贵金属、稀土金属、放射性元素及其同位素的有机及无机化合物	210.68	0.38	-1.4
18	可可及可可制品	180.44	0.32	-10.0
69	陶瓷产品	174.96	0.32	-25.3
82	贱金属工具、器具、利口器、餐匙、餐叉及其零件	163.89	0.30	-12.3
16	肉、鱼、甲壳动物、软体动物及其他水生无脊椎动物的制品	142.52	0.26	-7.7
56	絮胎、毡呢及无纺织物；特种纱线；线、绳、索、缆及其制品	138.34	0.25	17.9
60	针织物及钩编织物	132.07	0.24	-13.7
35	蛋白类物质；改性淀粉；胶；酶	131.80	0.24	3.9
91	钟表及其零件	104.85	0.19	-31.1
25	盐；硫黄；泥土及石料；石膏料、石灰及水泥	101.98	0.18	-14.4

资料来源：全球贸易观察、UN Comtrade 数据库等，经本课题组整理所得。

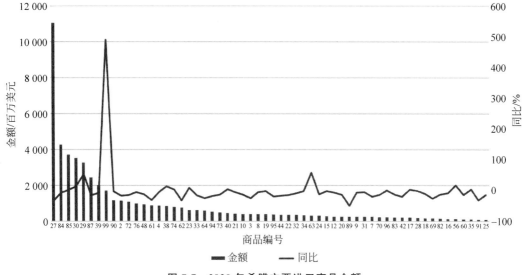

图 7-7　2020 年希腊主要进口商品金额

7.4 主要优势产业及其特征

1. 新能源

希腊自然资源相对贫乏,但太阳能和风能等资源丰富,高度重视太阳能和风能等新能源的研发与投资,光能转换技术较为成熟。

2. 节水浇灌

农业是希腊传统优势产业,农产品是希腊出口最具竞争力的产品之一。希腊全年干旱少雨,属于典型的地中海气候。针对其气候特点,希腊大力研究节水浇灌,技术水平较高。

3. 海洋、生物

希腊在海洋环境保护和海产品养殖等领域处于世界领先位置,海水养殖技术高,多类产品产量居欧盟前列。近年来,希腊大力发展生物制药技术,部分高端医药产品出口海外。

4. 地震预报

希腊地处欧亚板块的连接带,地震较为频繁。希腊着手研究地震预报的时间比较早,掌握着大量的数据资料,研究成果丰硕,预测水平高。

5. 文物保护

古迹的保护与修复技术是希腊传统的优势领域。希腊是文明古国之一,拥有丰富的文化遗产,在人才培养、设备更新与技术开发等方面都走在世界前列。

希腊政府致力于积极吸引外资,鼓励外商投资的重点领域包括:

一是新能源,如风能等绿色能源;

二是新技术,如通信、网络、软件开发等;

三是旅游产业,如酒店业、旅游配套设施等;

四是农副产品加工和食品等;

五是节能、环保项目;

六是物流业,包括道路、交通、停车场等物流基础设施;

七是生命科学和制药业;

八是房地产业;

九是对落后地区的投资。

7.5 中希双边贸易概况

2020年希腊对中国共出口商品975百万美元。由表7-6和图7-8可知,在出口主要商品结构中,商品编号84(核反应堆、锅炉、机器、机械器具及其零件)、26(矿砂、矿渣及矿灰)、30(药品)、85(电机、电气设备及其零件;录音机及放声机、电视图像、声音的录制和重放设备及其零件、附件)、32(鞣料浸膏及染料浸膏;鞣酸及其衍生物;染料、颜料及其他着色料;油漆及清漆;油灰及其他胶黏剂;墨水、油墨)、33(精油及香膏;芳香料制品及化妆盥洗品)、68(石料、石膏、水泥、石棉、云母及类似材料的制品)、20(蔬菜、水果、坚果或植物其他部分的制品)、76(铝及其制品)、19(谷物、粮食粉、淀粉或乳的制品;糕饼点心)、4(乳品;蛋品;天然蜂蜜;其他食用动物产品)等呈现增长趋势,尤其是68(石料、石膏、水泥、石棉、云母及类似材料的制品)增幅最大。与此同时,商品编号为15(动、植物油、脂及其分解产品;精制的食用油脂;动、植物蜡)的商品下降幅度最大。

表7-6 2020年希腊对中国出口主要商品结构

商品编号	商品类别	金额/百万美元	同比/%	占比/%
27	矿物燃料、矿物油及其蒸馏产品;沥青物质;矿物蜡	494	−9.7	51
25	盐;硫黄;泥土及石料;石膏料、石灰及水泥	158	−18.4	16
84	核反应堆、锅炉、机器、机械器具及其零件	100	129.7	10
26	矿砂、矿渣及矿灰	91	42.7	9
30	药品	37	41.6	4
90	光学、照相、电影、计量、检验、医疗或外科用仪器及设备、精密仪器及设备;上述物品的零件、附件	13	−53.3	1
85	电机、电气设备及其零件;录音机及放声机、电视图像、声音的录制和重放设备及其零件、附件	9	50.5	1
52	棉花	8	−8.2	1

续表

商品编号	商品类别	金额/百万美元	同比/%	占比/%
32	鞣料浸膏及染料浸膏；鞣酸及其衍生物；染料、颜料及其他着色料；油漆及清漆；油灰及其他胶黏剂；墨水、油墨	7	4.1	1
33	精油及香膏；芳香料制品及化妆盥洗品	6	49.7	1
39	塑料及其制品	6	−45.3	1
68	石料、石膏、水泥、石棉、云母及类似材料的制品	4	167.4	0
20	蔬菜、水果、坚果或植物其他部分的制品	4	33.3	0
31	肥料	3	−8.4	0
76	铝及其制品	3	51.3	0
19	谷物、粮食粉、淀粉或乳的制品；糕饼点心	3	10.7	0
4	乳品；蛋品；天然蜂蜜；其他食用动物产品	3	5.2	0
8	食用水果及坚果；柑橘属水果或甜瓜的果皮	3	−45.2	0
15	动、植物油、脂及其分解产品；精制的食用油脂；动、植物蜡	2	−54.4	0

资料来源：商务部国别报告网、UN Comtrade 数据库等，经本课题组整理所得。

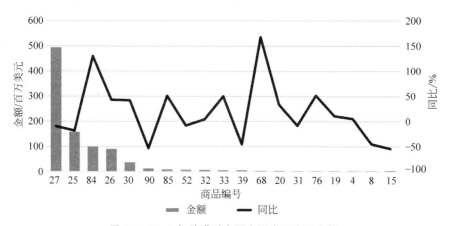

图 7-8　2019 年希腊对中国主要出口商品金额

2020 年希腊自中国共进口商品 4 275 百万美元，同比增加 6%。由表 7-7 和图 7-9 可知，在进口主要商品结构中，商品编号 84（核反应堆、锅炉、机器、机械器具及其零件）、85（电机、电气设备及其零件；录音机及放声机、电视图像、声音的录制和重放设备及其零件、附件）、90（光学、照相、电影、计量、检验、医疗或外科用仪器及设备、精密仪器及设备；上述物品的零件、附件）、73（钢铁制品）、87（车辆及其零件、附件，但铁道及电车道车辆除外）、29（有机化学品）等呈现增长趋势，尤其是 73（钢铁制品）增幅最大。

表 7-7　2020 年希腊自中国进口主要商品结构

商品编号	商品类别	金额/百万美元	占比/%	同比/%
84	核反应堆、锅炉、机器、机械器具及其零件	1 044	24	3 767

续表

商品编号	商品类别	金额/百万美元	占比/%	同比/%
85	电机、电气设备及其零件；录音机及放声机、电视图像、声音的录制和重放设备及其零件、附件	792	19	1 516
94	家具；寝具、褥垫、弹簧床垫、软坐垫及类似的填充制品；未列名灯具及照明装置；发光标志、发光铭牌及类似品；活动房屋	189	4	
61	针织或钩编的服装及衣着附件	180	4	
64	鞋靴、护腿和类似品及其零件	171	4	
39	塑料及其制品	167	4	
95	玩具、游戏品、运动用品及其零件、附件	167	4	
63	其他纺织制成品；成套物品；旧衣着及旧纺织品；碎织物	162	4	
62	非针织或非钩编的服装及衣着附件	153	4	
90	光学、照相、电影、计量、检验、医疗或外科用仪器及设备、精密仪器及设备；上述物品的零件、附件	117	3	457
42	皮革制品；鞍具及挽具；旅行用品、手提包及类似容器；动物肠线（蚕胶丝除外）制品	107	3	
73	钢铁制品	88	2	8 700
87	车辆及其零件、附件，但铁道及电车道车辆除外	64	1	6 300
29	有机化学品	64	1	3 100
76	铝及其制品	63	1	
48	纸及纸板；纸浆、纸或纸板制品	51	1	
60	针织物及钩编织物	43	1	
40	橡胶及其制品	42	1	

资料来源：商务部国别报告网、UN Comtrade 数据库等，经本课题组整理所得。

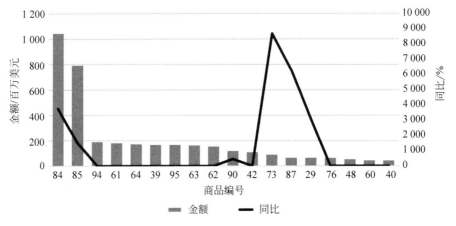

图 7-9　2020 年希腊自中国主要进口商品金额

7.6 中希贸易竞争性与互补性分析

7.6.1 中希显性比较优势指数分析

本书利用《国际贸易商品标准分类》(SITC. Rev4)，以 2020 年为例，对中国与希腊显性比较优势指数进行分析，具体数据如表 7-8 所示。

表 7-8　2020 年希腊商品出口额

SITC	商品类别名称	出口额/百万美元
SITC0	食品和活动物	5 983.69
SITC1	饮料及烟草	567.46
SITC2	非食用燃料(不包含燃料)	3 665.56
SITC3	矿物燃料、润滑油及有关原料	3 173.44
SITC4	动、植物油、脂和蜡	1 800.00
SITC5	未列明的化学品和有关产品	10 870.39
SITC6	主要按原材料分类的制成品	313.03
SITC7	机械及运输设备	326.58
SITC8	杂项制品	546.23
SITC9	没有分类的其他商品	1 711.07

资料来源：UN Comtrade 数据库等，经本课题组整理所得。

UN Comtrade 等相关数据库的数据显示，2020 年，中国所有商品出口额约为 2 589 098.37 百万美元，希腊所有商品出口额为 35 070 百万美元，世界所有商品出口额为 17 029 929.55 百万美元。

按照公式 $RCA_{xik} = (X_{ik}/X_{wk})/(X_i/X_w)$，得出计算结果如表 7-9 所示。

表 7-9　2020 年中希显性比较优势指数计算结果

国家	SITC0	SITC1	SITC2	SITC3	SITC4	SITC5	SITC6	SITC7	SITC8	SITC9
中国	0.36	0.11	0.15	0.16	0.10	0.52	1.38	1.30	1.83	0.19
希腊	2.44	2.96	1.02	2.96	3.36	1.30	1.28	0.28	0.62	0.47

根据上述结果分析得到：

(1) 希腊除了 SITC7(机械及运输设备)、SITC8(杂项制品)和 SITC9(没有分类的其他商品)三类商品外，其余商品均具有显性比较优势。其中，SITC4(动、植物油、脂和蜡)的 RCA 值最高，超过 3，说明具有明显的显性比较优势。

(2) 在 SITC6(主要按原材料分类的制成品)这类商品中，中国与希腊都具有显性比较优势。在 SITC9(没有分类的其他商品)这类商品中，两国显性优势比较指数均小于 1，说明两国都不具备比较优势。

7.6.2 中希互补性指数分析

本书利用《国际贸易商品标准分类》(SITC. Rev4)，以 2020 年为例，对中国与希腊互补性指数进行分析,具体数据如表 7-10 所示。

表 7-10 2020 年希腊商品进口额

SITC	商品类别名称	进口额/百万美元
SITC0	食品和活动物	6 576.48
SITC1	饮料及烟草	774.13
SITC2	非食用燃料(不包含燃料)	1 566.56
SITC3	矿物燃料、润滑油及有关原料	18 874.07
SITC4	动、植物油、脂和蜡	296.02
SITC5	未列明的化学品和有关产品	9 193.76
SITC6	主要按原材料分类的制成品	7 382.05
SITC7	机械及运输设备	12 317.08
SITC8	杂项制品	6 485.63
SITC9	没有分类的其他商品	1 675.67

资料来源:UN Comtrade 数据库等,经本课题组整理所得。

UN Comtrade 等相关数据库的数据显示,2020 年,中国所有商品进口额约为 2 136 000 百万美元,希腊所有商品进口额为 55 523 百万美元,世界所有商品进口额为 19 867 000 百万美元。

按照公式 $TCI_{ij} = RCA_{xik} \times RCA_{mjk}$,得出计算结果如表 7-11 所示。

表 7-11 2020 年中希互补性指数计算结果

国家	SITC0	SITC1	SITC2	SITC3	SITC4	SITC5	SITC6	SITC7	SITC8	SITC9
中国	0.77	0.28	0.12	0.43	0.11	0.74	1.37	0.73	1.83	0.03
希腊	1.19	1.26	3.70	4.43	4.11	0.85	0.84	0.31	0.39	0.44

根据上述结果分析得到:

(1)在对中国与希腊贸易互补性指数分析中,并未出现两国贸易互补性指数都大于 1 的情况。

(2)在 SITC5(未列明的化学品和有关产品)、SITC7(机械及运输设备)和 SITC9(没有分类的其他商品)这三类商品中,双方 TCI 值均小于 1,说明两国互补性较弱。

7.7 中希合作展望

结合以上分析,不难发现近年来两国贸易发展较快。两国建有双边经贸混委会机制,截至 2022 年,共召开了 13 次会议。截至 2019 年 12 月,希对华直接投资项目累计 194 个,实际投资额 1.05 亿美元。2008 年,中远集团取得希腊比雷埃夫斯港 2 号和 3 号集装箱码头 35 年特许经营权。2016 年,中远海运集团中标比雷埃夫斯港港务局私有化项目。当前,项目经营良好,产生了良好的政治效益、经济效益和社会效益。此外,在投资方面,中希双向投资集中在海运、电信和光伏领域。2018 年 8 月,两国签署政府间共建"一带一路"合作谅解备忘录。2019 年 4 月,中希签署《关于重点领域 2020—2022 年合作框架计划》。2019 年 8 月,希腊成为亚洲基础设施投资银行正式成员。这些都为两国不断发展经贸关系奠定了坚实的基础。

但是,希腊整体上工业基础比较落后,同时铁路系统利用率较低,经济收益不高。对此,结合两国近些年发展势头良好的双边贸易关系,可从以下方面展开深入合作。

(1) 中国可针对希腊在工业上基础薄弱的现状,加大此方面的投资,如加大在机械、纺织等工业上的投入,通过政府主导、企业自筹等方式来实现。

(2) 对于希腊铁路系统发展速度缓慢的问题,希政府已计划建设南北铁路大动脉,以提高希经济和交通运输的能力。鉴于此,铁路作为中国"走出去"产业,中国企业可实行工程总承包的模式,对希腊铁路系统的设计等过程负责,以此推动两国交通基础设施建设的全面合作。

(3) 希腊拥有地中海第一大港——比雷埃夫斯港,港口资源丰富。双方可在海洋基础设施建设、海洋科技、海洋文化等诸多领域开展交流活动。例如,中远海运集团等企业可继续落实比港项目总体投资规划,协助希腊政府将比港邮轮码头建设成为地中海地区邮轮码头的枢纽。

(4) 旅游业是希腊获得外汇来源和维持国际收支平衡的重要经济部门,希腊很重视旅游资源的开发。因此,中希双方可加强在旅游业上的投资,不断促进服务产业的快速发展,从而提升两国双边贸易发展水平。

第 8 章 匈牙利的对外贸易

匈牙利,中欧内陆国。东邻罗马尼亚、乌克兰,南接斯洛文尼亚、克罗地亚、塞尔维亚,西靠奥地利,北连斯洛伐克,边界线全长2 246千米。属大陆性气候,凉爽湿润,全年平均气温为10 ℃,夏季平均气温21.7 ℃,冬季平均气温-1.2 ℃,年平均降水量约为630毫米。面积93 023平方千米。截至2021年,总人口973.0万。主要民族为匈牙利(马扎尔)族,约占90%。少数民族有斯洛伐克、罗马尼亚、克罗地亚、塞尔维亚、斯洛文尼亚、德意志等族。官方语言为匈牙利语。

公元896年,马扎尔游牧部落从乌拉尔山西麓和伏尔加河湾一带移居多瑙河盆地。1000年,圣·伊什特万建立封建国家,成为匈第一位国王。1526年土耳其入侵,匈封建国家解体。1541年匈一分为三,分别由土耳其苏丹、哈布斯堡王朝和埃尔代伊大公统治。自1699年起全境由哈布斯堡王朝统治。1848年爆发革命自由斗争。1849年4月建立匈牙利共和国。1867年成立奥匈二元帝国。1919年3月建立匈牙利苏维埃共和国。1949年8月20日宣布成立匈牙利人民共和国并颁布宪法。1956年10月爆发匈牙利事件。1989年10月23日国名改为匈牙利共和国。2012年1月,匈通过新宪法,更国名为匈牙利。

2020年国内生产总值1 581亿美元,人均国内生产总值1.69万美元,国内生产总值增长率-5.1%。自然资源较贫乏,主要矿产资源是铝矾土,蕴藏量居欧洲第3位,此外有少量褐煤、石油、天然气、铀、铁、锰等。森林覆盖率为20.4%。工业发展较快,2020年工业生产下降6.1%,总产值35.4万亿福林。其中加工工业占95%,工业从业人员752.6万,占全国就业人口总数的24.5%。农业基础较好。主要种植小麦、玉米、甜菜、土豆、葡萄等。2020年同上年相比减产2.1%,2019年粮食总产量1 565万吨。2019年小麦平均每公顷产量5 290千克,玉米8 060千克。耕地面积534.4万公顷。农牧林渔业从业人员70.5万,约占全国就业人口总数的2.3%。服务业发展迅速。各种小商店、小饮食店、小旅馆和其他服务网点的私有化已经完成。2020年全国零售商店125 417个,零售总额为126 777亿福林。2020年服务业就业人数209.7万,约占全国就业人数的68.1%。其中,旅游业比较发达。2020年旅游业收入4 224百万美元。全年接待外国游客6 139.7万人次。2018年全国共有三星级以上饭店405家,总床位8万余张,其中五星级饭店9家,四星级饭店229家。主要旅游点:布达佩斯、巴拉顿湖、多瑙河湾、马特劳山。交通运输方面,目前已形成以首都为中心、通向全国和邻国的铁路和公路网。总长7 682千米,其中电气化铁路3 066千米。2020年货运量111.4亿吨千米,占货运总量的21.4%,客运量48.8亿人千米。2020年公路总长3.2万千米,其中高速公路1 197千米。2020年全国机动车持有量为392万辆。公路货运量

322.1亿吨千米,占货运总量的61.9%,客运量92.5亿人千米。水路长1 638千米。2020年货运总量20亿吨千米。水运在匈牙利交通运输中起辅助作用,仅占货运总量的3.8%。2020年航班总班次40 484次,货运吞吐量78 363吨,旅客吞吐量379.2万人次。1个国际机场:布达佩斯李斯特·费兰茨机场。管道总长8 109千米。2020年总输送量66.7亿吨千米,占货运总量的12.8%,其中输送石油16.8亿吨千米,输送天然气50.9亿吨千米。

2020年进出口总额为2 402亿欧元。外贸进口额987亿欧元,比上年降低1%;出口额1 045亿欧元,比上年降低1.3%;外贸顺差58亿欧元。匈同欧盟国家的进、出口贸易分别占匈进、出口总额的91.4%和80.7%,同其他国家分别占8.6%和19.3%。

据欧盟统计局统计,2020年匈牙利贸易顺差62.3亿美元,同比增长31.5%。分国别(地区)看,匈牙利是欧盟成员国,其超过一半的货物贸易是在欧盟内部进行。在欧盟区域内,匈牙利最主要的出口国是德国、斯洛伐克和意大利,匈牙利对外货物贸易总额230.5亿美元,同比增长11.7%,其中出口120亿美元,同比增长14.3%;进口110.5亿美元,同比增长8.9%。贸易顺差9.6亿美元,同比增长166.4%。匈对欧盟其他国家出口占其出口总额的78%,自欧盟其他国家进口占其进口总额的70%。在欧盟区域外,美国是匈牙利最主要的出口国,2019年出口额为3.0亿美元,增加2.0%,占匈牙利出口总额的2.4%。分商品看,机电产品、机械零件及其器具和车辆及其零件是匈牙利的主要出口商品,2019年出口额分别为28.3亿美元、20.5亿美元和20.1亿美元,增减幅分别为6.0%、−8.0%和10.7%,占匈牙利出口总额的22.9%、16.6%和16.3%。机电产品、机械器具及其零件和车辆是匈牙利的前三大类进口商品,2019年分别进口25.9亿美元、18.9亿美元和12.4亿美元,增减幅分别为5.5%、−0.4%和−2.8%,占匈牙利进口总额的21.7%、15.8%和10.3%。

8.1 对外贸易发展趋势

2020年匈牙利货物进出口额为233 394百万美元,比上年(下同)下降4.1%。其中,出口119 971百万美元,下降2.9%;进口113 423百万美元,下降5.3%。

由表8-1和图8-1可知,匈牙利2008—2020年对外贸易总额呈现波动趋势。经历2008年的明显上升后,2009年出现了下滑。2010年和2011年保持稳定增长,但在2012年出现了小幅下跌。2013年与2014年止跌反弹,但在2015年出现了明显下滑。经历2016—2018年比较明显的增长后,2019年又出现了小幅下滑。

表8-1 匈牙利对外贸易年度表

年 份	总额/百万美元	同比/%	出口额/百万美元	同比/%	进口额/百万美元	同比/%
2008	218 002	14.0	108 769	13.8	109 233	14.1
2009	161 095	−26.1	83 195	−23.5	77 900	−28.7
2010	183 662	14.0	95 489	14.8	88 173	13.2
2011	214 727	16.9	112 298	17.6	102 429	16.2
2012	198 809	−7.4	103 602	−7.7	95 207	−7.1

续表

年 份	总额/百万美元	同比/%	出口额/百万美元	同比/%	进口额/百万美元	同比/%
2013	207 623	4.4	107 503	3.8	100 120	5.2
2014	215 519	3.8	110 622	2.9	104 897	4.8
2015	190 498	−11.6	98 524	−10.9	91 974	−12.3
2016	195 799	2.8	101 919	3.5	93 880	2.1
2017	220 924	12.8	113 585	11.5	107 339	14.3
2018	247 477	12.0	125 795	10.8	121 682	13.4
2019	243 430	−1.6	123 616	−1.7	119 814	−1.5
2020	233 394	−4.1	119 971	−2.9	113 423	−5.3

资料来源：商务部国别报告网、UN Comtrade 数据库、全球贸易观察等，经本课题组整理所得。

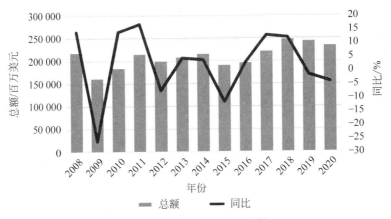

图 8-1　匈牙利对外贸易总额

由表 8-1 和图 8-2 可知，匈牙利 2008—2019 年对外贸易出口额呈现波动趋势。2008 年和 2009 年情况截然相反，2008 年飞速上升，而 2009 年大幅下滑。2010 年和 2011 年止跌反弹，并维持明显上升趋势。但是，2012 年又出现了下滑，2013 年明显回升。经历了 2014 年的上升和 2015 年同比下降之后，2016—2018 年对外贸易出口额稳定增长，但在 2020 年下滑 2.9 个百分点。

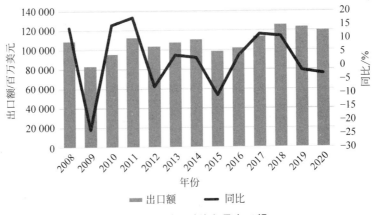

图 8-2　匈牙利对外贸易出口额

由表 8-1 和图 8-3 可知，匈牙利 2008—2020 年对外贸易进口额中，2018 年进口额最多，为 121 682 百万美元。2011 年增幅最大，为 16.2%。相比之下，2009 年进口额最少，为 77 900 百万美元，且下降幅度最大，为 28.7%。同时，2020 年对外贸易进口额呈现下降趋势，比 2019 年下跌 5.3 个百分点。

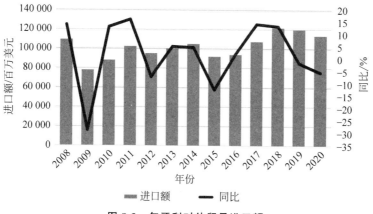

图 8-3　匈牙利对外贸易进口额

8.2　主要贸易市场结构

2020 年匈牙利共出口 119 971 百万美元，出口伙伴国主要有德国、斯洛伐克、意大利等国家；共进口 113 423 百万美元，进口伙伴国主要有德国、中国、波兰等国家。

由表 8-2 和图 8-4 可知，2020 年匈牙利出口货物至德国的金额最多，为 33 478 百万美元。在主要出口的伙伴国中，全部相较于 2019 年呈下降趋势。

表 8-2　2020 年匈牙利对主要贸易伙伴出口额

国　　家	出口额/百万美元	同比/%	占比/%
德国	33 478	−2.2	27.9
斯洛伐克	6 442	−1.5	5.4
意大利	6 300	−0.2	5.3
罗马尼亚	6 242	−2.8	5.2
奥地利	5 209	−10.9	4.3
法国	5 068	−4.1	4.2
波兰	4 950	−6.2	4.1
捷克	4 802	−9.2	4.0
荷兰	4 195	−2.1	3.5
英国	3 715	−8.5	3.1

资料来源：商务部国别报告网、UN Comtrade 数据库、全球贸易观察等，经本课题组整理所得。

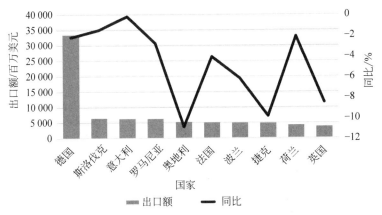

图 8-4　2020 年匈牙利对主要贸易伙伴出口额

由表 8-3 和图 8-5 可知,2020 年匈牙利进口货物自德国的金额最多,为 27 893 百万美元。在主要进口的伙伴国中,只有进口中国的金额较 2019 年有增加趋势。

表 8-3　2020 年匈牙利自主要贸易伙伴进口额

国　　家	进口额/百万美元	同比/%	占比/%
德国	27 893	−4.7	24.6
中国	9 017	8.0	7.9
波兰	6 596	−1.9	5.8
奥地利	6 588	−10.8	5.8
捷克	5 735	−1.4	5.1
荷兰	5 502	−12.3	4.9
斯洛伐克	5 320	−7.5	4.7
意大利	4 679	−7.4	4.1
法国	4 276	−1.4	3.8

资料来源:商务部国别报告网、UN Comtrade 数据库、全球贸易观察等,经本课题组整理所得。

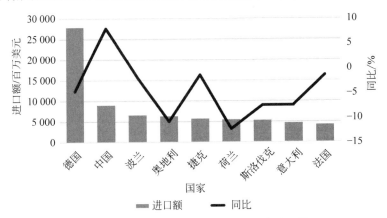

图 8-5　2020 年匈牙利自主要贸易伙伴进口额

8.3 主要进出口商品结构

2020年匈牙利共出口商品119 971百万美元,同比下降2.9%。由表8-4和图8-6可知,在主要出口商品结构中,商品编号71(天然或养殖珍珠、宝石或半宝石、贵金属、包贵金属及其制品;仿首饰;硬币)增幅最大。与此同时,商品编号为99(未按种类指定的商品)的商品下降幅度最大。

表8-4 2020年匈牙利主要出口商品结构

商品编号	商品类别	金额/百万美元	占比/%	同比/%
85	电机、电气设备及其零件;录音机及放声机、电视图像、声音的录制和重放设备及其零件、附件	29 373.33	24.48	3.9
87	车辆及其零件、附件,但铁道及电车道车辆除外	19 587.66	16.33	-2.7
84	核反应堆、锅炉、机器、机械器具及其零件	18 891.05	15.75	-7.8
30	药品	6 880.38	5.74	6.3
39	塑料及其制品	4 443.42	3.70	-1.2
90	光学、照相、电影、计量、检验、医疗或外科用仪器及设备、精密仪器及设备;上述物品的零件、附件	3 708.38	3.09	-5.1
27	矿物燃料、矿物油及其蒸馏产品;沥青物质;矿物蜡	2 631.77	2.19	-37.9
40	橡胶及其制品	2 367.04	1.97	-9.5
10	谷物	1 829.48	1.52	17.3
94	家具;寝具、褥垫、弹簧床垫、软坐垫及类似的填充制品;未列名灯具及照明装置;发光标志、发光铭牌及类似品;活动房屋	1 713.39	1.43	-6.8
73	钢铁制品	1 641.10	1.37	-4.3
29	有机化学品	1 536.12	1.28	-0.9
72	钢铁	1 359.25	1.13	-8.5
76	铝及其制品	1 269.26	1.06	-17.7
38	杂项化学产品	1 236.02	1.03	17.4
23	食品工业的残渣及废料;配制的动物饲料	1 098.64	0.92	3.1
2	肉及食用杂碎	1 020.83	0.85	-12.5
48	纸及纸板;纸浆、纸或纸板制品	1 001.58	0.83	-1.5
22	饮料、酒及醋	868.84	0.72	4.0
21	杂项食品	842.67	0.70	15.5
33	精油及香膏;芳香料制品及化妆盥洗品	793.79	0.66	1.1
70	玻璃及其制品	786.91	0.66	-5.1
44	木及木制品;木炭	752.64	0.63	-3.3

续表

商品编号	商品类别	金额/百万美元	占比/%	同比/%
12	含油子仁及果实；杂项子仁及果实；工业用或药用植物；稻草、秸秆及饲料	711.85	0.59	-4.9
34	肥皂、有机表面活性剂、洗涤剂、润滑剂、人造蜡、调制蜡、光洁剂、蜡烛及类似品、塑型用膏、"牙科用蜡"及牙科用熟石膏制剂	677.20	0.56	9.7
95	玩具、游戏品、运动用品及其零件、附件	675.52	0.56	3.1
15	动、植物油、脂及其分解产品；精制的食用油脂；动、植物蜡	652.78	0.54	3.0
20	蔬菜、水果、坚果或植物其他部分的制品	652.49	0.54	10.1
64	鞋靴、护腿和类似品及其零件	600.59	0.50	-14.0
4	乳品；蛋品；天然蜂蜜；其他食用动物产品	552.98	0.46	3.5
96	杂项制品	519.34	0.43	-3.5
61	针织或钩编的服装及衣着附件	483.19	0.40	1.8
28	无机化学品；贵金属、稀土金属、放射性元素及其同位素的有机及无机化合物	474.03	0.40	-14.7
68	石料、石膏、水泥、石棉、云母及类似材料的制品	472.49	0.39	1.1
1	活动物	468.55	0.39	-5.2
69	陶瓷产品	457.86	0.38	4.8
83	贱金属杂项制品	456.59	0.38	-2.9
86	铁道及电车道机车、车辆及其零件；铁道及电车道轨道固定装置及其零件、附件；各种机械(包括电动机械)交通信号设备	405.22	0.34	-2.1
16	肉、鱼、甲壳动物、软体动物及其他水生无脊椎动物的制品	379.14	0.32	4.9
62	非针织或非钩编的服装及衣着附件	328.31	0.27	-0.3
99	未按种类指定的商品	320.96	0.27	-59.6
19	谷物、粮食粉、淀粉或乳的制品；糕饼点心	313.59	0.26	3.6
42	皮革制品；鞍具及挽具；旅行用品、手提包及类似容器；动物肠线(蚕胶丝除外)制品	306.19	0.26	-34.7
7	食用蔬菜、根及块茎	295.64	0.25	4.6
63	其他纺织制成品；成套物品；旧衣着及旧纺织品；碎织物	291.97	0.24	20.7
24	烟草、烟草及烟草代用品的制品	251.91	0.21	5.0
74	铜及其制品	238.87	0.20	-5.0
17	糖及糖食	238.30	0.20	6.7
18	可可及可可制品	223.28	0.19	7.2

续表

商品编号	商品类别	金额/百万美元	占比/%	同比/%
56	絮胎、毡呢及无纺织物;特种纱线;线、绳、索、缆及其制品	221.10	0.18	5.2
71	天然或养殖珍珠、宝石或半宝石、贵金属、包贵金属及其制品;仿首饰;硬币	214.83	0.18	23.6
32	鞣料浸膏及染料浸膏;鞣酸及其衍生物;染料、颜料及其他着色料;油漆及清漆;油灰及其胶黏剂;墨水、油墨	190.46	0.16	−8.2
49	书籍、报纸、印刷图画及其他印刷品;手稿、打字稿及设计图纸	187.55	0.16	−15.0
11	制粉工业产品;麦芽;淀粉;菊粉;面筋	168.32	0.14	15.0
82	贱金属工具、器具、利口器、餐匙、餐叉及其零件	151.99	0.13	−11.6
8	食用水果及坚果;柑橘属水果或甜瓜的果皮	151.60	0.13	−5.0
59	浸渍、涂布、包覆或层压的织物;工业用纺织制品	141.61	0.12	−7.8
31	肥料	137.05	0.11	0.7
54	化学纤维长丝	131.17	0.11	−2.9

资料来源:全球贸易观察、UN Comtrade 数据库等,经本课题组整理所得。

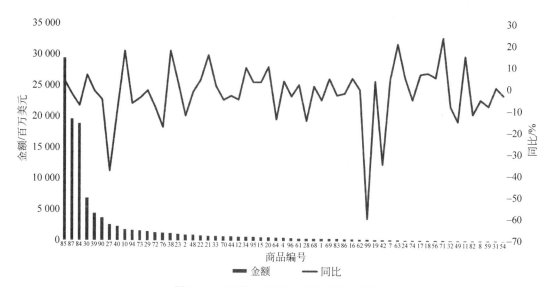

图 8-6　2020 年匈牙利主要出口商品金额

2020 年匈牙利共进口商品 113 423 百万美元,同比下降 5.3%。由表 8-5 和图 8-7 可知,在主要进口商品结构中,商品编号 63(其他纺织制成品;成套物品;旧衣着及旧纺织品;碎织物)增幅最大。与此同时,商品编号为 27(矿物燃料、矿物油及其蒸馏产品;沥青物质;矿物蜡)的商品下降幅度最大。

表 8-5 2020 年匈牙利主要进口商品结构

商品编号	商品类别	金额/百万美元	占比/%	同比/%
85	电机、电气设备及其零件；录音机及放声机、电视图像、声音的录制和重放设备及其零件、附件	25 086.63	22.12	−3.3
84	核反应堆、锅炉、机器、机械器具及其零件	17 614.69	15.53	−6.6
87	车辆及其零件、附件,但铁道及电车道车辆除外	10 945.40	9.65	−11.5
27	矿物燃料、矿物油及其蒸馏产品；沥青物质；矿物蜡	6 306.08	5.56	−39.3
30	药品	6 062.41	5.34	14.6
39	塑料及其制品	5 203.43	4.59	−4.2
90	光学、照相、电影、计量、检验、医疗或外科用仪器及设备、精密仪器及设备；上述物品的零件、附件	4 201.09	3.70	48.2
73	钢铁制品	2 665.40	2.35	−6.7
72	钢铁	2 110.78	1.86	−14.8
76	铝及其制品	1 865.62	1.64	−11.0
40	橡胶及其制品	1 845.42	1.63	−8.5
38	杂项化学产品	1 803.38	1.59	23.0
94	家具；寝具、褥垫、弹簧床垫、软坐垫及类似的填充制品；未列名灯具及照明装置；发光标志、发光铭牌及类似品；活动房屋	1 613.47	1.42	0.3
29	有机化学品	1 508.14	1.33	1.4
48	纸及纸板；纸浆、纸或纸板制品	1 450.31	1.28	−0.2
61	针织或钩编的服装及衣着附件	990.51	0.87	−0.5
88	航空器、航天器及其零件	957.10	0.84	39.1
33	精油及香膏；芳香料制品及化妆盥洗品	872.06	0.77	0.8
44	木及木制品；木炭	830.91	0.73	0.7
74	铜及其制品	760.22	0.67	−0.6
64	鞋靴、护腿和类似品及其零件	729.60	0.64	−14.8
70	玻璃及其制品	654.30	0.58	−0.7
34	肥皂、有机表面活性剂、洗涤剂、润滑剂、人造蜡、调制蜡、光洁剂、蜡烛及类似品、塑型用膏、"牙科用蜡"及牙科用熟石膏制剂	643.38	0.57	0.7
83	贱金属杂项制品	641.55	0.57	−9.7
21	杂项食品	628.07	0.55	5.5
2	肉及食用杂碎	607.78	0.54	−13.6
63	其他纺织制成品；成套物品；旧衣着及旧纺织品；碎织物	607.51	0.54	96.4
62	非针织或非钩编的服装及衣着附件	606.62	0.53	−11.2
28	无机化学品；贵金属、稀土金属、放射性元素及其同位素的有机及无机化合物	602.41	0.53	23.3

续表

商品编号	商品类别	金额/百万美元	占比/%	同比/%
95	玩具、游戏品、运动用品及其零件、附件	600.84	0.53	0.5
99	未按种类指定的商品	585.17	0.52	5.4
23	食品工业的残渣及废料；配制的动物饲料	581.55	0.51	0.6
32	鞣料浸膏及染料浸膏；鞣酸及其衍生物；染料、颜料及其他着色料；油漆及清漆；油灰及其他胶黏剂；墨水、油墨	561.80	0.50	−5.7
4	乳品；蛋品；天然蜂蜜；其他食用动物产品	525.54	0.46	0.9
19	谷物、粮食粉、淀粉及乳的制品；糕饼点心	520.90	0.46	2.7
82	贱金属工具、器具、利口器、餐匙、餐叉及其零件	444.26	0.39	−4.1
68	石料、石膏、水泥、石棉、云母及类似材料的制品	419.78	0.37	−7.3
22	饮料、酒及醋	405.90	0.36	−2.4
8	食用水果及坚果；柑橘属水果或甜瓜的果皮	393.75	0.35	16.9
16	肉、鱼、甲壳动物、软体动物及其他水生无脊椎动物的制品	371.18	0.33	7.2
31	肥料	362.67	0.32	−15.6
12	含油子仁及果实；杂项子仁及果实；工业用或药用植物；稻草、秸秆及饲料	358.28	0.32	8.4
24	烟草、烟草及烟草代用品的制品	355.68	0.31	19.9
7	食用蔬菜、根及块茎	351.48	0.31	13.9
96	杂项制品	350.09	0.31	7.3
18	可可及可可制品	337.19	0.30	4.0
20	蔬菜、水果、坚果或植物其他部分的制品	325.18	0.29	3.1
15	动、植物油、脂及其分解产品；精制的食用油脂；动、植物蜡	300.13	0.26	2.3
25	盐；硫黄；泥土及石料；石膏料、石灰及水泥	291.15	0.26	−8.2
1	活动物	272.27	0.24	2.2
69	陶瓷产品	257.02	0.23	−2.2
35	蛋白类物质；改性淀粉；胶；酶	247.16	0.22	7.3
42	皮革制品；鞍具及挽具；旅行用品、手提包及类似容器；动物肠线（蚕胶丝除外）制品	233.14	0.21	−24.5
10	谷物	231.32	0.20	0.8
59	浸渍、涂布、包覆或层压的织物；工业用纺织制品	216.92	0.19	−18.4
17	糖及糖食	202.36	0.18	9.7
86	铁道及电车道机车、车辆及其零件；铁道及电车道轨道固定装置及其零件、附件；各种机械（包括电动机械）交通信号设备	200.61	0.18	−20.0

资料来源：全球贸易观察、UN Comtrade 数据库等，经本课题组整理所得。

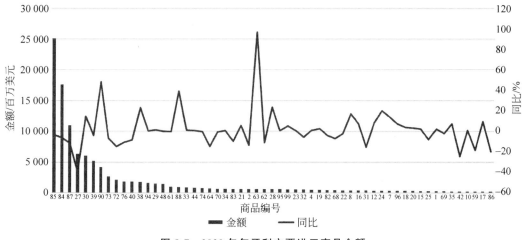

图 8-7　2020 年匈牙利主要进口商品金额

8.4 主要优势产业及其特征

1. 橡胶和塑料制品业

2017 年匈牙利橡胶和塑料制品业产值 2.27 万亿福林，占其制造业产值的 8.1%。其中，约 65% 的产品出口海外，2017 年该行业出口额为 1.48 万亿美元，占当年制造业出口总额的 7.1%，该行业的相对比较优势奠定了匈牙利在汽车零部件供应领域的优势。主要企业包括：ContiTech 企业集团，产品覆盖空气弹簧系统、减震系统、传送皮带等，2016 年新增投资 800 万欧元新建产房将产能提升 30% 以上，新工厂以生产用于石油钻井的高压管道为主；SIC 公司拥有 80 年以上的橡胶生产经验，是欧洲最主要的硅胶管生产企业，其生产的橡胶管和弯形连接头可承受高于标准的温度与压力。

2. 汽车制造业

汽车制造业是匈牙利核心产业之一，其产品出口约占出口总额 20%。截至 2020 年，行业拥有 700 多家企业，雇员 17.6 万。2017 年，该行业共生产汽车约 50 万辆，汽车业产值 261 亿欧元，占制造业产值的 28.7%，其中，91.8% 的产品出口国外，2010—2017 年产值年均增长 13%。2012 年，戴姆勒公司设在匈牙利中南部城市凯奇凯梅特（Kecskemét）的梅赛德斯—奔驰新工厂已正式投产，2017 年雇员约 4 000 人，产量超过 19 万辆。奥迪设在匈牙利杰尔（Györ）的工厂规模进一步扩张成为第二大汽车引擎生产基地，2013 年建成的研发中心负责为奥迪以及大众集团的其他公司研发和制造发动机，2017 年发动机产量超过 196.5 万。此外，美国通用电气（GM）和日本铃木汽车（Suzuki）加快了在匈牙利扩张的步伐，跨国公司投资规模的膨胀吸引了众多设备和零部件供应商的加入。汽车企业与当地高校进行的研发合作与联合培养则提升了企业的研发实力，使匈牙利主要城市成为研发中心聚集地。匈牙利政府鼓励电动汽车的研发与生产，并致力于成为欧洲地区最大的电动汽车电池生产基地，目前，包括比亚迪、奥迪、博世、韩国三星等多家企业已在匈牙利开展相关业务，进行纯电动车的生产或电动车电池与引擎的研发制造。

3. 电子设备制造业

电子设备制造业是匈牙利规模最大的产业之一，2017年产值约为174亿欧元，占制造业产出的21%、GDP的4%。同时，匈牙利也是中东欧地区最大的电子产品生产国，提供该地区约25%的产品，其中，93.5%的产品用于出口。此外，紧密的产学研合作关系为该行业技术研发提供助力。2013年，博世集团在匈牙利设立其欧洲最大规模的研发中心，与Miskolc大学共建实验室，支持以实践为导向的教育和电子工程研发；布达佩斯经济技术大学与思科、GE、IBM、西门子等知名企业合作进行半导体仪器测试、微米及纳米电子产品和能量传输系统的研发等。

4. 信息通信技术服务业

信息通信技术（ICT）服务业包括通信、IT外包、IT服务及软硬件产品，匈牙利ICT产业经历了迅猛发展，成为中东欧地区计算机组装和通信设备制造龙头，金融危机期间依然稳步增长。2017年，该行业增加值达51.1亿欧元，其中，66%的增加值由外资（或外资控股）企业创造。2013—2017年人均增加值年均增长3.2%，该行业外资企业占据主导地位，截至2016年底，ICT服务业累计吸引外商投资50亿欧元。2017年出口达19.6亿欧元，占匈牙利服务出口的8.2%，2010—2017年均出口增长6.4%。目前，行业内企业超过6万家，数字经济领域雇员约40万，劳动力成本相对较低，IT雇员平均月工资1 652欧元。硬件生产集中在中部地区，软件则集聚在首都布达佩斯，匈牙利成为包括过程控制、游戏、汽车卫星导航系统等软件的孵化器，爱立信、甲骨文、智乐（Gameloft）等软件企业在防护病毒、生物信息和信息技术安全等领域取得成功。

5. 商务服务业

2017年，商务服务中心（business services center，BSC）就业人数约4.6万。截至2020年，服务中心主要集中在布达佩斯，超过90家企业提供共享服务、流程外包、IT和R&D服务等，主要企业包括BP、British Telecom、Citigroup、Exxon Mobil、GE、IBM、Morgan Stanley等，考虑到布达佩斯相对较高的劳动力成本（平均高出20%），越来越多的企业选择Debrecen、Miscolc、Pecs和Szeged等大学城附近地区享受政府税收激励，因此劳动力和租金成本较低。BT、Global Email Company和National Instruments等10多家企业选择Debrecen作为其服务中心，目前，该地区雇员近3 000人。2017年，BP在Szeged创办匈牙利的第二家共享服务中心，新增工作岗位170个。

8.5 中匈双边贸易概况

2020年，分商品类别看，机电产品是匈牙利对中国出口的主力产品，也是匈牙利自中国进口金额的首位产品。

2020年匈牙利对中国共出口商品2 062百万美元。由表8-6和图8-8可知，在出口主要商品结构中，商品编号85（电机、电气设备及其零件；录音机及放声机、电视图像、声音的录制和重放设备及其零件、附件）、84（核反应堆、锅炉、机器、机械器具及其零件）、87（车辆及其零件、附件,但铁道及电车道车辆除外)、90(光学、照相、电影、计量、检验、医疗或外科用仪器及设备、精密仪器及设备;上述物品的零件、附件)、95(玩具、游戏品、运动用品及其零件、附件)、96(杂项制品)、72(钢铁)、40(橡胶及其制品)、39(塑料及其制品)、86〔铁道及电车道机车、车辆及其零件;铁道及电车道轨道固定装置及其零件、附件;各种机械(包括电动机械)交通信号设备〕、68(石料、石膏、水泥、石棉、云母及类似材料的制品)、44(木及木制品;木炭)、22(饮料、酒及醋)、2(肉及食用杂碎)等呈现增长趋势,尤其是68(石料、石膏、水泥、石棉、云母及类似材料的制品)增幅最大。与此同时,商品编号为5(其他动物产品)的商品下降幅度最大。

表 8-6　2020 年匈牙利对中国出口主要商品结构

商品编号	商品类别	金额/百万美元	占比/%	同比/%
85	电机、电气设备及其零件;录音机及放声机、电视图像、声音的录制和重放设备及其零件、附件	518	25	2
84	核反应堆、锅炉、机器、机械器具及其零件	394	19	34
87	车辆及其零件、附件,但铁道及电车道车辆除外	382	19	208
90	光学、照相、电影、计量、检验、医疗或外科用仪器及设备、精密仪器及设备;上述物品的零件、附件	134	6	4
30	药品	113	5	−2
95	玩具、游戏品、运动用品及其零件、附件	64	3	16
96	杂项制品	59	3	31
72	钢铁	59	3	23
73	钢铁制品	44	2	−14
40	橡胶及其制品	42	2	24
39	塑料及其制品	36	2	20
29	有机化学品	33	2	−30
86	铁道及电车道机车、车辆及其零件;铁道及电车道轨道固定装置及其零件、附件;各种机械(包括电动机械)交通信号设备	29	1	71
68	石料、石膏、水泥、石棉、云母及类似材料的制品	20	1	233
94	家具;寝具、褥垫、弹簧床垫、软坐垫及类似的填充制品;未列名灯具及照明装置;发光标志、发光铭牌及类似品;活动房屋	14	1	−13
5	其他动物产品	10	0	−47
38	杂项化学产品	10	0	−44
28	无机化学品;贵金属、稀土金属、放射性元素及其同位素的有机及无机化合物	9	0	−55
44	木及木制品;木炭	8	0	14
83	贱金属杂项制品	7	0	−13
22	饮料、酒及醋	7	0	17
74	铜及其制品	7	0	−36
2	肉及食用杂碎	6	0	20
69	陶瓷产品	5	0	

资料来源:商务部国别报告网、UN Comtrade 数据库等,经本课题组整理所得。

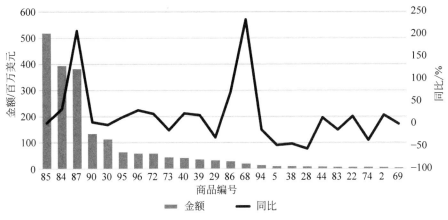

图 8-8 2020 年匈牙利对中国主要出口商品金额

2020 年匈牙利自中国共进口商品 9 017 百万美元。由表 8-7 和图 8-9 可知,在进口主要商品结构中,商品编号 90(光学、照相、电影、计量、检验、医疗或外科用仪器及设备、精密仪器及设备;上述物品的零件、附件)、63(其他纺织制成品;成套物品;旧衣着及旧纺织品;碎织物)、29(有机化学品)、87(车辆及其零件、附件,但铁道及电车道车辆除外)、39(塑料及其制品)、73(钢铁制品)、94(家具;寝具、褥垫、弹簧床垫、软坐垫及类似的填充制品;未列名灯具及照明装置;发光标志、发光铭牌及类似品;活动房屋)、38(杂项化学产品)、48(纸及纸板;纸浆、纸或纸板制品)、82(贱金属工具、器具、利口器、餐匙、餐叉及其零件)、40(橡胶及其制品)、28(无机化学品;贵金属、稀土金属、放射性元素及其同位素的有机及无机化合物)、96(杂项制品)、60(针织物及钩编织物)、55(化学纤维短纤)、68(石料、石膏、水泥、石棉、云母及类似材料的制品)、30(药品)等呈现增长趋势,尤其是 63(其他纺织制成品;成套物品;旧衣着及旧纺织品;碎织物)增幅最大。与此同时,商品编号为 42[皮革制品;鞍具及挽具;旅行用品、手提包及类似容器;动物肠线(蚕胶丝除外)制品]和 62(非针织或非钩编的服装及衣着附件)的商品下降幅度最大。

表 8-7 2020 年匈牙利自中国进口主要商品结构

商品编号	商品类别	金额/百万美元	占比/%	同比/%
85	电机、电气设备及其零件;录音机及放声机、电视图像、声音的录制和重放设备及其零件、附件	3 344	37	−18
84	核反应堆、锅炉、机器、机械器具及其零件	1 763	20	−4
90	光学、照相、电影、计量、检验、医疗或外科用仪器及设备、精密仪器及设备;上述物品的零件、附件	1 539	17	318
63	其他纺织制成品;成套物品;旧衣着及旧纺织品;碎织物	279	3	675
29	有机化学品	222	2	3
87	车辆及其零件、附件,但铁道及电车道车辆除外	200	2	14
39	塑料及其制品	184	2	3
73	钢铁制品	175	2	13

续表

商品编号	商品类别	金额/百万美元	占比/%	同比/%
94	家具;寝具、褥垫、弹簧床垫、软坐垫及类似的填充制品;未列名灯具及照明装置;发光标志、发光铭牌及类似品;活动房屋	138	2	12
95	玩具、游戏品、运动用品及其零件、附件	110	1	-11
38	杂项化学产品	103	1	47
48	纸及纸板;纸浆、纸或纸板制品	86	1	177
64	鞋靴、护腿和类似品及其零件	72	1	-32
82	贱金属工具、器具、利口器、餐具、餐匙、餐叉及其零件	52	1	16
76	铝及其制品	49	1	-18
40	橡胶及其制品	47	1	2
83	贱金属杂项制品	47	1	-4
28	无机化学品;贵金属、稀土金属、放射性元素及其同位素的有机及无机化合物	45	0	246
96	杂项制品	42	0	8
54	化学纤维长丝	42	0	-19
70	玻璃及其制品	38	0	-10
60	针织物及钩编织物	38	0	12
42	皮革制品;鞍具及挽具;旅行用品、手提包及类似容器;动物肠线(蚕胶丝除外)制品	35	0	-54
61	针织或钩编的服装及衣着附件	33	0	-49
62	非针织或非钩编的服装及衣着附件	27	0	-54
55	化学纤维短纤	26	0	4
44	木及木制品;木炭	23	0	
68	石料、石膏、水泥、石棉、云母及类似材料的制品	20	0	33
33	精油及香膏;芳香料制品及化妆盥洗品	20	0	
30	药品	18	0	64

资料来源:商务部国别报告网、UN Comtrade 数据库等,经本课题组整理所得。

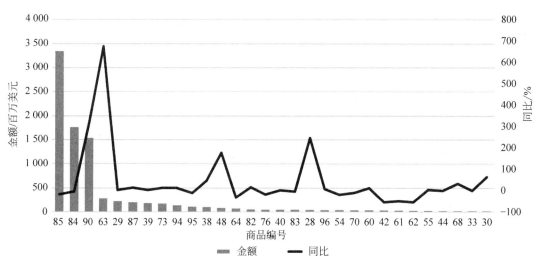

图 8-9　2020 年匈牙利自中国主要进口商品金额

8.6 中匈贸易竞争性与互补性分析

8.6.1 中匈显性比较优势指数分析

本书利用《国际贸易商品标准分类》(SITC. Rev4),以 2020 年为例,对中国与匈牙利显性比较优势指数(RCA)进行分析,具体数据如表 8-8 所示。

表 8-8 2020 年匈牙利商品出口额

SITC	商品类别名称	出口额/百万美元
SITC0	食品和活动物	8 317.95
SITC1	饮料及烟草	676.39
SITC2	非食用燃料(不包含燃料)	1 999.71
SITC3	矿物燃料、润滑油及有关原料	2 631.77
SITC4	动、植物油、脂和蜡	633.87
SITC5	未列明的化学品和有关产品	14 986.90
SITC6	主要按原材料分类的制成品	11 694.35
SITC7	机械及运输设备	68 216.44
SITC8	杂项制品	10 099.34
SITC9	没有分类的其他商品	714.00

资料来源:UN Comtrade 数据库等,经本课题组整理所得。

UN Comtrade 等相关数据库的数据显示,2020 年,中国所有商品出口额约为 2 589 098.37 百万美元,匈牙利所有商品出口额为 119 971 百万美元,世界所有商品出口额为 17 029 929.55 百万美元。

按照公式 $RCA_{xik}=(X_{ik}/X_{wk})/(X_i/X_w)$,得出计算结果如表 8-9 所示。

表 8-9 2020 年中匈显性比较优势指数计算结果

国家	SITC0	SITC1	SITC2	SITC3	SITC4	SITC5	SITC6	SITC7	SITC8	SITC9
中国	0.36	0.11	0.15	0.16	0.10	0.52	1.38	1.30	1.83	0.19
匈牙利	0.99	0.65	0.42	0.30	0.97	1.00	0.80	1.52	0.69	0.10

根据上述结果分析得到:

(1) 匈牙利 SITC5(未列明的化学品和有关产品)和 SITC7(机械及运输设备)两类商品具有显性比较优势。其中,SITC7(机械及运输设备)的 RCA 值最高,说明具有比较明显的显性比较优势。

(2) 在 SITC7(机械及运输设备)这类商品中,中国与匈牙利都具有显性比较优势。而在 SITC0(食品和活动物)、SITC1(饮料及烟草)、SITC2[非食用燃料(不包含燃料)]、SITC3(矿物燃料、润滑油及有关原料)、SITC4(动、植物油、脂和蜡)、SITC5(未列明的化学品和有关产品)和 SITC9(没有分类的其他商品)这七类商品中,中国显性比较优势小于1,说明中国不具有显性比较优势。

8.6.2 中匈互补性指数分析

本书利用《国际贸易商品标准分类》(SITC. Rev4),以 2020 年为例,对中国与匈牙利互补性指数进行分析,具体数据如表 8-10 所示。

表 8-10 2020 年匈牙利商品进口额

SITC	商品类别名称	进口额/百万美元
SITC0	食品和活动物	5 389.200 56
SITC1	饮料及烟草	679.631 442
SITC2	非食用燃料(不包含燃料)	2 268.027 362
SITC3	矿物燃料、润滑油及有关原料	9 582.881 566
SITC4	动、植物油、脂和蜡	235.629 201
SITC5	未列明的化学品和有关产品	14 655.682 28
SITC6	主要按原材料分类的制成品	17 137.751 81
SITC7	机械及运输设备	54 925.693 42
SITC8	杂项制品	10 853.300 27
SITC9	没有分类的其他商品	1 653.794 76

资料来源:UN Comtrade 数据库等,经本课题组整理所得。

UN Comtrade 等相关数据库的数据显示,2020 年,中国所有商品进口额约为 2 136 000 百万美元,匈牙利所有商品进口额为 113 423 百万美元,世界所有商品进口额为 19 867 000 百万美元。

按照公式 $TCI_{ij} = RCA_{xik} \times RCA_{mjk}$,得出计算结果如表 8-11 所示。

表 8-11 2020 年中匈互补性指数计算结果

国家	SITC0	SITC1	SITC2	SITC3	SITC4	SITC5	SITC6	SITC7	SITC8	SITC9
中国	21.74	0.14	0.10	0.12	0.05	0.66	1.77	1.81	1.7	0.02
匈牙利	0.47	0.28	5.94	0.31	0.85	0.85	0.51	1.71	0.46	0.09

根据上述结果分析得到:

(1) 在 SITC7(机械及运输设备)这类商品中,中国与匈牙利贸易互补性指数均大于 1,说明两国在这两类商品中互补性强,并未因为在该领域中双方都具有显性比较优势而出现激烈竞争的场面,反而表现出很强的贸易互补性。

(2) 在 SITC0(食品和活动物)、SITC6(主要按原材料分类的制成品)和 SITC8(杂项制品)这三类商品中,中国的 TCI 值均大于匈牙利且大于 1,说明中国这三类商品具有较强的竞争优势。

8.7 中匈合作展望

研究表明,近年来两国经贸合作稳步提升。截至 2020 年底,中国对匈累计投资逾 55 亿美元,占对中东欧总投资的一半,创造 2.3 万个就业岗位,匈继续保持中国在中东欧第一大投资目的国地位,投资领域涵盖化工、金融、通信设备、新能源、物流等行业。烟台万华集团收购的匈牙利宝思德化工公司项目,是中国在中东欧地区的最大投资项目。华为公司在匈牙利设立了欧洲供应中心和欧洲物流中心,建立了覆盖欧洲、独联体、中亚、北非等地区的物流网络。中国通用技术集团中技公司在匈考波什堡市投资兴建100兆瓦光伏电站项目,系中东欧地区最大光伏电站之一。深圳比亚迪、四川波鸿集团和上海延锋汽车内饰公司等汽车产业企业均在匈投资设厂。我国在匈设有中国匈牙利宝思德经贸合作区和中欧商贸物流合作园区两个国家级境外经贸合作区。截至2019年底,匈对华累计投资3.9亿美元,投资领域涵盖污水处理、水禽养殖、环保建材生产等。

同时,中匈科技合作良好,富有成果。两国双边人员互访稳步扩大,旅游合作势头良好。根据其与中国稳中有升的经贸合作关系,两国可在以下方面展开深入合作。

(1) 中匈科技领域涉及电子、化工、通信、电力机械、交通工具生产、制铝、真空技术等,合作方式从交换技术资料、种子、苗木,发展到互派专家考察组、共同研究、互换科技成果等。可以继续加强中匈之间的科技交流,向着高精尖方向发展。

(2) 中匈双边人员互访稳步扩大,旅游合作势头良好,因此,两国可加强在此方面的投资。例如,在酒店、景区、商超等大型场所展开合作投资,共同开发两国的旅游资源。

(3) 中匈两国在文化教育领域合作密切,可以通过文化交流的形式开办双语中小学、孔子学院等,举办电影展、歌剧表演、文化节等。

第 9 章
北马其顿的对外贸易

北马其顿共和国简称"北马其顿",是位于欧洲东南部的巴尔干半岛中部的南欧内陆国,东邻保加利亚,北连塞尔维亚,西接阿尔巴尼亚,南毗希腊。北马其顿面积 25 713 平方千米,气候以温带大陆性气候为主,大部分农业地区夏季最高气温达 40 ℃,冬季最低气温达 −30 ℃,西部受地中海气候影响,夏季平均气温 27 ℃,全年平均气温为 10 ℃,北马其顿多年平均降水量为 680 毫米。截至 2020 年,北马其顿共设 85 个地方行政单位,首都为斯科普里,面积 25 713 平方千米。北马其顿人口为 206.8 万,主要民族为马其顿族(64.18%)、阿尔巴尼亚族(25.17%)、土耳其族(3.85%)、罗姆族(2.66%)和塞尔维亚族(1.78%)。官方语言为马其顿语。

10 世纪下半叶至 1018 年,萨莫伊洛建立了第一个斯拉夫人的马其顿国。14 世纪后,其长期处于拜占庭和奥斯曼土耳其统治之下。1912 年后被塞尔维亚、保加利亚和希腊军队占领,经过 1913 年第二次巴尔干战争,塞、保、希三国重新瓜分了马其顿地区。第二次世界大战后成为南斯拉夫联邦人民共和国中的共和国之一。1991 年 11 月 20 日,马其顿正式宣布独立,国名为"马其顿共和国"。2019 年 2 月 12 日,北马其顿政府宣布正式更改国名为"北马其顿"。2019 年 4 月,北马其顿举行总统选举,社会民主联盟和阿尔巴尼亚族融合民主联盟推举的候选人彭达罗夫斯基当选,5 月 12 日宣誓就职。

独立后,北马其顿经济深受前南危机影响,后又因国内安全形势恶化再遭重创。近年来,随着国内外环境的改善和各项改革措施的推进,北马其顿经济有所恢复和发展。2020 年北马其顿国内生产总值 122.7 亿美元,人均国内生产总值 5 926 美元,国内生产总值增长率为 −4.5%。资源方面,矿产资源比较丰富,有煤、铁、铅、锌、铜、镍等,其中煤的蕴藏量约 9.4 亿吨。还有非金属矿产碳、斑脱土、耐火黏土、石膏、石英、蛋白石、长石等。森林覆盖率为 38.9%。工业方面,2020 年工业产值约占国内生产总值的 25.5%。主要工业部门有矿石开采、冶金、化工、电力、木材加工、食品加工等。农业方面,2020 年农业产值约占国内生产总值的 10.3%。农业用地面积为 126.4 万公顷,其中耕种面积为 51.9 万公顷,畜牧面积 74.4 万公顷。旅游业方面,有 1 000 余处教堂和修道院,4 200 余处考古遗址。主要旅游设施有旅店、浴场、家庭旅馆、汽车宿营地等。主要旅游区是奥赫里德湖、斯特鲁加、多伊兰湖、莱森、马弗洛沃山和普雷斯帕湖等地。2019 年,旅游直接从业人员 2 万,带动就业 10 万人。2020 年游客总人次 467 514,其中国内游客 349 308 人次,国外游客 118 206 人次。交通运输方面,客运以公路为主,货运以公路(约 97%)和铁路(约 3%)为主。2019 年铁路总长 907 千米。2020 年铁路客运量 25.3 万人次,货运量 174.0 万吨。2019 年公路总长 14 475 千米。

2020年客运量293.5万人次,货运量6 484.4万吨。主要机场是斯科普里机场和奥赫里德机场。2020年航空客运量78.1万人次。

对外贸易方面,2020年对外贸易总额153.4亿美元、同比下降7.7%,其中出口额为66.3亿美元、同比下降7.8%,进口额为87.1亿美元、同比下降8.0%。

2020年北马其顿对中国出口总金额1.64亿美元,下降1.2%;自中国进口总金额6亿美元。2019年北马其顿对中国出口钢铁金额1.3亿美元,上升329.4%,占北马其顿对中国出口总额的75.8%。2019年北马其顿对中国出口占比大于1的还有两类商品:盐、硫黄、泥土及石料、石膏料、石灰及水泥和饮料、酒及醋,金额分别为0.4亿美元和0.01亿美元,两种商品同比分别为16.6%和−13.1%,占北马其顿出口总额的21.2%和1.1%。以上三种商品占总金额98.1%。北马其顿自中国进口的商品主要集中在电机、电气设备及其零件;录音机及放声机、电视图像、声音的录制和重放设备及其零件、附件商品,2019年进口1.8亿美元,增长7.7%,占北马其顿自中国进口总额33.9%。其次为核反应堆、锅炉、机器、机械器具及其零件商品,2019年进口1亿美元,增长1.74%,占北马其顿自中国进口总额17.9%。以上商品占总金额的51.7%。

9.1 对外贸易发展趋势

2020年北马其顿货物进出口额为15 342百万美元,比上年(下同)下降7.9%。其中,出口6 633百万美元,下降7.8%;进口8 709百万美元,下降8.0%。

由表9-1和图9-1可知,北马其顿2014—2020年对外贸易总额呈现波动趋势。2015年出现了快速下跌,下降10.7%。2016—2019年保持快速增长,2016年对外贸易总额11 691百万美元,2020年对外贸易总额15 342百万美元。

表9-1 北马其顿对外贸易年度表

年 份	总额/百万美元	同比/%	出口额/百万美元	同比/%	进口额/百万美元	同比/%
2014	12 269		4 968		7 301	
2015	10 959	−10.7	4 534	−8.7	6 425	−12.0
2016	11 692	6.7	4 858	7.1	6 834	6.4
2017	13 387	14.5	5 666	16.7	7 721	13.0
2018	15 961	19.2	6 911	22.0	9 050	17.2
2019	16 660	4.4	7 193	4.1	9 467	4.6
2020	15 342	−7.9	6 633	−7.8	8 709	−8.0

资料来源:商务部国别报告网、UN Comtrade数据库、全球贸易观察等,经本课题组整理所得。

由表9-1和图9-2可知,北马其顿2014—2020年对外贸易出口额呈现波动趋势。2015年出现一定程度的下滑趋势,下降8.7%。2016—2019年保持快速增长,2018年同比增长22.0%,2019年同比增长变缓。

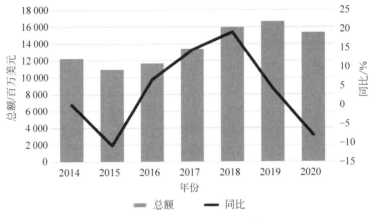

图 9-1　北马其顿对外贸易总额

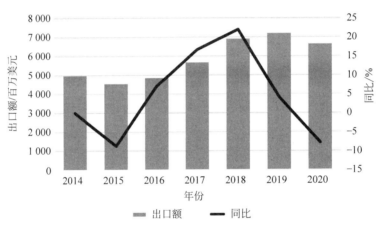

图 9-2　北马其顿对外贸易出口额

由表 9-1 和图 9-3 可知,北马其顿 2014—2020 年对外贸易进口额中,2019 年达到顶峰,为 9 467 百万美元。2018 年增幅最大,为 17.2%。相比之下,2015 年进口额最少,仅为 6 425 百万美元,同时下跌幅度也最大,为 12.0%。

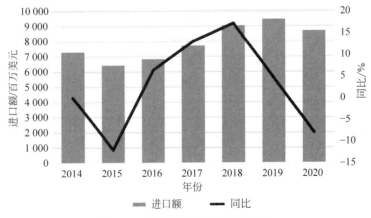

图 9-3　北马其顿对外贸易进口额

9.2 主要贸易市场结构

2020年北马其顿共出口6 633百万美元,由表9-2和图9-4可知,出口伙伴国主要有德国、塞尔维亚、保加利亚等国家。其中,出口货物至德国的金额最多,为3 129百万美元。在主要出口的伙伴国中,出口塞尔维亚、希腊、匈牙利的金额较2019年有增加趋势。

表9-2 2020年北马其顿对主要贸易伙伴出口额

国　　家	出口额/百万美元	同比/%	占比/%
德国	3 129	−10.8	47.2
塞尔维亚	523	88.1	7.9
保加利亚	311	−11.4	4.7
希腊	200	3.1	3.0
匈牙利	197	7.7	3.0
比利时	181	−24.3	2.7
意大利	164	−15.9	2.5
中国	164	−1.2	2.5
罗马尼亚	121	−29.6	1.8

资料来源:商务部国别报告网、UN Comtrade数据库、全球贸易观察等,经本课题组整理所得。

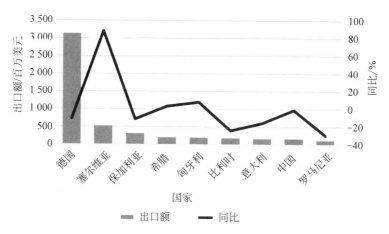

图9-4 2020年北马其顿对主要贸易伙伴出口额

2020年北马其顿共进口8 709百万美元,由表9-3和图9-5可知,进口伙伴国主要有英国、德国、塞尔维亚等国家。其中,进口货物自英国的金额最多,为1 358百万美元。在主要进口的伙伴国中,只有进口英国和中国两国的金额较2019年有增加趋势。

表 9-3 2020 年北马其顿自主要贸易伙伴进口额

国　　家	进口额/百万美元	同比/%	占比/%
英国	1 358	25.2	15.6
德国	928	−13.6	10.7
塞尔维亚	677	−0.1	7.8
中国	600	10.1	6.9
希腊	516	−32.5	5.9
土耳其	445	−1.5	5.1
意大利	388	−26.4	4.6
保加利亚	354	−2.5	4.1
波兰	244	−7.9	2.8
美国	236	−23.6	2.7

资料来源：商务部国别报告网、UN Comtrade 数据库、全球贸易观察等，经本课题组整理所得。

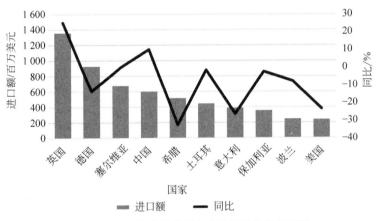

图 9-5 2020 年北马其顿自主要贸易伙伴进口额

9.3 主要进出口商品结构

2020 年北马其顿共出口商品 6 633 百万美元，同比下降 7.8%。由表 9-4 和图 9-6 可知，在主要出口商品结构中，商品编号 69（陶瓷产品）增幅最大。与此同时，商品编号为 4（乳品；蛋品；天然蜂蜜；其他食用动物产品）的商品下降幅度最大。

表 9-4 2020 年北马其顿主要出口商品结构

商品编号	商品类别	金额/百万美元	占比/%	同比/%
38	杂项化学产品	1 331.96	20.08	−11.7

续表

商品编号	商品类别	金额/百万美元	占比/%	同比/%
85	电机、电气设备及其零件；录音机及放声机、电视图像、声音的录制和重放设备及其零件、附件	1 009.40	15.22	−7.1
84	核反应堆、锅炉、机器、机械器具及其零件	871.29	13.14	−3.1
72	钢铁	532.70	8.03	−3.6
62	非针织或非钩编的服装及衣着附件	303.78	4.58	−20.2
94	家具；寝具、褥垫、弹簧床垫、软坐垫及类似的填充制品；未列名灯具及照明装置；发光标志、发光铭牌及类似品；活动房屋	294.36	4.44	−6.3
87	车辆及其零件、附件，但铁道及电车道车辆除外	285.58	4.31	−19.9
26	矿砂、矿渣及矿灰	196.50	2.96	−10.5
73	钢铁制品	192.52	2.90	−1.0
24	烟草、烟草及烟草代用品的制品	143.35	2.16	−10.6
30	药品	124.14	1.87	19.2
39	塑料及其制品	117.47	1.77	−0.8
61	针织或钩编的服装及衣着附件	98.09	1.48	−6.6
27	矿物燃料、矿物油及其蒸馏产品；沥青物质；矿物蜡	93.65	1.41	−37.5
22	饮料、酒及醋	79.20	1.19	−7.0
19	谷物、粮食粉、淀粉或乳的制品；糕饼点心	76.55	1.15	−3.7
7	食用蔬菜、根及块茎	71.92	1.08	−10.1
20	蔬菜、水果、坚果或植物其他部分的制品	71.41	1.08	20.3
25	盐；硫黄；泥土及石料；石膏料、石灰及水泥	69.40	1.05	−23.3
8	食用水果及坚果；柑橘属水果或甜瓜的果皮	67.93	1.02	17.5
63	其他纺织制成品；成套物品；旧衣着及旧纺织品；碎织物	57.44	0.87	83.8
21	杂项食品	38.77	0.58	15.1
68	石料、石膏、水泥、石棉、云母及类似材料的制品	33.76	0.51	−8.3
64	鞋靴、护腿和类似品及其零件	28.66	0.43	−34.8
69	陶瓷产品	28.43	0.43	100.0
86	铁道及电车道机车、车辆及其零件；铁道及电车道轨道固定装置及其零件、附件；各种机械(包括电动机械)交通信号设备	25.81	0.39	13.6
6	活树及其他活植物；鳞茎、根及类似品；插花及装饰用簇叶	22.08	0.33	10.0
90	光学、照相、电影、计量、检验、医疗或外科用仪器及设备、精密仪器及设备；上述物品的零件、附件	21.67	0.33	16.6
48	纸及纸板；纸浆、纸或纸板制品	20.43	0.31	−4.7
16	肉、鱼、甲壳动物、软体动物及其他水生无脊椎动物的制品	18.34	0.28	5.8
70	玻璃及其制品	18.27	0.28	12.5

续表

商品编号	商品类别	金额/百万美元	占比/%	同比/%
32	鞣料浸膏及染料浸膏；鞣酸及其衍生物；染料、颜料及其他着色料；油漆及清漆；油灰及其他胶黏剂；墨水、油墨	17.03	0.26	13.3
40	橡胶及其制品	16.32	0.25	33.3
76	铝及其制品	14.54	0.22	-6.6
18	可可及可可制品	13.98	0.21	-7.1
52	棉花	13.24	0.20	-7.1
74	铜及其制品	13.04	0.20	-23.5
28	无机化学品；贵金属、稀土金属、放射性元素及其同位素的有机及无机化合物	12.27	0.18	-40.0
56	絮胎、毡呢及无纺织物；特种纱线；线、绳、索、缆及其制品	11.90	0.18	57.1
2	肉及食用杂碎	11.81	0.18	0
33	精油及香膏；芳香料制品及化妆盥洗品	10.58	0.16	-9.0
83	贱金属杂项制品	9.87	0.15	-18.1
54	化学纤维长丝	9.42	0.14	80.0
4	乳品；蛋品；天然蜂蜜；其他食用动物产品	8.81	0.13	-57.8
10	谷物	8.35	0.13	-20.0
17	糖及糖食	7.93	0.12	-12.5
9	咖啡、茶、马黛茶及调味香料	7.58	0.11	40.0
95	玩具、游戏品、运动用品及其零件、附件	7.32	0.11	16.6
44	木及木制品；木炭	6.90	0.10	-33.3
71	天然或养殖珍珠、宝石或半宝石、贵金属、包贵金属及其制品；仿首饰；硬币	5.84	0.09	-16.6
3	鱼、甲壳动物、软体动物及其他水生无脊椎动物	5.39	0.08	0.6
12	含油子仁及果实；杂项子仁及果实；工业用或药用植物；稻草、秸秆及饲料	5.23	0.08	25.0
60	针织物及钩编织物	4.76	0.07	0.1
34	肥皂、有机表面活性剂、洗涤剂、润滑剂、人造蜡、调制蜡、光洁剂、蜡烛及类似品、塑型用膏、"牙科用蜡"及牙科用熟石膏制剂	4.33	0.07	0.3

资料来源：商务部国别报告网、UN Comtrade 数据库、全球贸易观察等，经本课题组整理所得。

2020 年北马其顿共进口商品 8 709 百万美元，同比下降 8.0%。由表 9-5 和图 9-7 可知，在进口商品结构中，有商品编号 71（天然或养殖珍珠、宝石或半宝石、贵金属、包贵金属及其制品；仿首饰；硬币）、85（电机、电气设备及其零件；录音机及放声机、电视图像、声音的录制和重放设备及其零件、附件）、27（矿物燃料、矿物油及其蒸馏产品；沥青物质；矿物蜡）、84（核反应堆、锅炉、机器、机械器具及其零件）等。商品编号 28（无机化学品；贵金属、稀土金属、放射性元素及其同位素的有机及无机化合物）增幅最大。与此同时，商品编号为 27（矿物燃料、矿物油及其蒸馏产品；沥青物质；矿物蜡）的商品下降幅度最大。

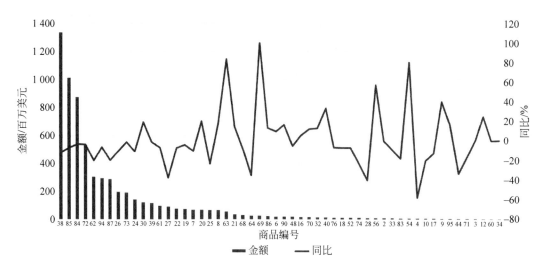

图 9-6　2020 年北马其顿主要出口商品金额

表 9-5　2020 年北马其顿进口商品结构

商品编号	商品类别	金额/百万美元	占比/%	同比/%
71	天然或养殖珍珠、宝石或半宝石、贵金属、包贵金属及其制品；仿首饰；硬币	1 140.12	13.09	−14.2
85	电机、电气设备及其零件；录音机及放声机、电视图像、声音的录制和重放设备及其零件、附件	929.86	10.68	−6.0
27	矿物燃料、矿物油及其蒸馏产品；沥青物质；矿物蜡	685.81	7.87	−29.4
84	核反应堆、锅炉、机器、机械器具及其零件	595.54	6.84	−2.7
72	钢铁	429.24	4.93	−15.5
69	陶瓷产品	421.97	4.85	−10.8
87	车辆及其零件、附件,但铁道及电车道车辆除外	386.41	4.44	−12.2
39	塑料及其制品	358.71	4.12	−6.2
28	无机化学品；贵金属、稀土金属、放射性元素及其同位素的有机及无机化合物	303.16	3.48	69.2
30	药品	234.24	2.69	18.1
38	杂项化学产品	191.65	2.20	−14.3
73	钢铁制品	149.93	1.72	2.0
2	肉及食用杂碎	121.10	1.39	−7.6
94	家具；寝具、褥垫、弹簧床垫、软坐垫及类似的填充制品；未列名灯具及照明装置；发光标志、发光铭牌及类似品；活动房屋	111.75	1.28	−1.7
48	纸及纸板；纸浆、纸或纸板制品	109.89	1.26	−8.4
26	矿砂、矿渣及矿灰	104.14	1.20	−24.6

续表

商品编号	商品类别	金额/百万美元	占比/%	同比/%
90	光学、照相、电影、计量、检验、医疗或外科用仪器及设备；精密仪器及设备；上述物品的零件、附件	103.10	1.18	1.9
44	木及木制品；木炭	100.72	1.16	6.3
21	杂项食品	97.50	1.12	6.5
59	浸渍、涂布、包覆或层压的织物；工业用纺织制品	87.85	1.01	−16.3
55	化学纤维短纤	77.41	0.89	−10.4
76	铝及其制品	74.41	0.85	−7.5
40	橡胶及其制品	74.11	0.85	−3.8
52	棉花	73.47	0.84	−20.6
33	精油及香膏；芳香料制品及化妆盥洗品	70.26	0.81	−6.6
4	乳品；蛋品；天然蜂蜜；其他食用动物产品	68.97	0.79	−1.4
34	肥皂、有机表面活性剂、洗涤剂、润滑剂、人造蜡、调制蜡、光洁剂、蜡烛及类似品、塑型用膏、"牙科用蜡"及牙科用熟石膏制剂	67.64	0.78	8.1
19	谷物、粮食粉、淀粉或乳的制品；糕饼点心	64.97	0.75	4.9
15	动、植物油、脂及其分解产品；精制的食用油脂；动、植物蜡	63.07	0.72	10.5
54	化学纤维长丝	58.44	0.67	−21.6
32	鞣料浸膏及染料浸膏；鞣酸及其衍生物；染料、颜料及其他着色料；油漆及清漆；油灰及其他胶黏剂；墨水、油墨	57.83	0.66	1.7
60	针织物及钩编织物	57.04	0.65	−3.3
70	玻璃及其制品	55.11	0.63	0
8	食用水果及坚果；柑橘属水果或甜瓜的果皮	54.74	0.63	10.2
18	可可及可可制品	51.39	0.59	−1.9
22	饮料、酒及醋	50.01	0.57	−5.6
62	非针织或非钩编的服装及衣着附件	48.50	0.56	−11.1
17	糖及糖食	45.86	0.53	4.6
96	杂项制品	45.82	0.53	−4.2
42	皮革制品；鞍具及挽具；旅行用品、手提包及类似容器；动物肠线（蚕胶丝除外）制品	45.58	0.52	0
61	针织或钩编的服装及衣着附件	44.48	0.51	0
29	有机化学品	43.97	0.50	7.5
16	肉、鱼、甲壳动物、软体动物及其他水生无脊椎动物的制品	42.55	0.49	0.4
23	食品工业的残渣及废料；配制的动物饲料	37.68	0.43	27.5
20	蔬菜、水果、坚果或植物其他部分的制品	37.42	0.43	−2.6

续表

商品编号	商品类别	金额/百万美元	占比/%	同比/%
95	玩具、游戏品、运动用品及其零件、附件	37.29	0.43	−2.6
10	谷物	36.80	0.42	5.8
83	贱金属杂项制品	34.68	0.40	−8.1
25	盐；硫黄；泥土及石料；石膏料、石灰及水泥	32.64	0.37	0
64	鞋靴、护腿和类似品及其零件	32.50	0.37	−21.9
24	烟草、烟草及烟草代用品的制品	31.19	0.36	−22.5

资料来源：全球贸易观察、UN Comtrade 数据库等，经本课题组整理所得。

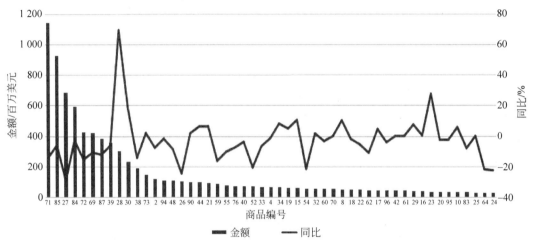

图 9-7　2020 年北马其顿主要进口商品金额

9.4　主要优势产业及其特征

1. 化学原料和化学制品制造业

北马其顿拥有相当发达的化学工业，具有生产基本化学品、合成纤维、聚氯乙烯以及洗涤剂、肥料、聚氨酯泡沫和纤维的能力。马其顿的化学工业占其工业生产的 10%。北马其顿在基础化工产品、人造纤维、聚氯乙烯以及洗涤剂、化肥、聚氨酯泡沫塑料和纤维等产品方面具有很强的生产能力。医药、化妆品的公司每年生产 3 500 吨药品和医药物资与 1.25 万种化妆品。主要企业有阿克罗伊德公司，年营业额为 9 300 万欧元。除绿地投资机会外，包括化妆品在内的现有化学加工能力对国外投资者具有较大吸引力。特色产品包括杂项化学产品、基础化工产品、人造纤维、聚氯乙烯以及洗涤剂、化肥和纤维。

2. 纺织服装、皮革制品业

纺织品工业包括纺织和服装皮革制品两大部门，是北马其顿国内领先的加工工业之一，在GDP构成、吸收劳动力和产品出口方面有突出贡献。纺织和皮革业产值占GDP的20%,拥有企业约800家,其中,250人以上大企业仅占企业总数的2.6%,近70%为不足10人的小微型企业,行业员工约3.8万,其中,35%受雇于服装业。主要产品包括棉线和布料、羊毛纱线及其制品、针织品等,出口供应欧洲和北美市场。该产业特色产品为非针织或非钩编的服装及衣着附件;棉线和布料、羊毛纱线及其制品、针织品;皮革制品。2015—2020年北马其顿有超过400个小型纺织厂,年生产能力为皮革350万平方米、毛皮130万平方米、橡胶制品5 000吨,有超过70家小型鞋厂。2016年,纺织工业出口总额为5.12亿欧元,占全国出口总额的12.6%。在该行业的雇员总数中,约10%属于纺织业,约40%的雇员总数是加工业,从就业角度看,加工业在北马其顿整体经济中尤其重要。与其他经济活动不同,企业家创业活动在这个领域更加显著,这使得企业与外国投资者的关系更加密切,为进行下一步合作打下了基础。纺织业的一个突出特点在于亚麻的高产量,它占服装生产的93%。

3. 烟草制品业

烟草的生产是以培育小叶子的东方芳香烟草为基础的。北马其顿的气候条件适合烟草的种植和加工,2020年烟草产量2.7万吨,烟草质量优良,产品远销欧美与亚洲的多个国家和地区。据CEIC数据库统计,有4.3万户家庭从事烟草生产,由于国家对烟草生产的高补贴,这个数字在过去几年显著增加。特色产品是烟草、烟草及烟草代用品的制品等,主要企业为帝王烟草公司,年营业额为6 000万欧元。

4. 农副食品加工、食品制造业

农业部门在北马其顿经济中发挥着重要作用,该国近一半的人口生活在农村地区。大约49%的土地面积是农业用地,耕地和牧场各占一半。据官方统计,北马其顿1/5的人口从事农业生产,农业有14.8%的生产部门增加值,并且10%的出口额来源于农业。北马其顿大陆和亚地中海气候的结合,使其夏季长而温暖,冬季短,不太严寒,土壤肥沃,为生产一系列食品提供了一般优良的条件。具体来说,北马其顿有农业用地126.8万公顷,可耕地41.4万公顷。气候条件良好,适合各种农作物的生长。主要农作物有小麦和燕麦、玉米、水稻、棉花、烟草、向日葵,其中水果和蔬菜出口量较大。小麦年产量约29万吨,玉米年产量约14万吨,大米年产量约3万吨。北马其顿2020年农业产值约占国内生产总值的10.3%。主要农产品包括烟草原料和制成品、葡萄酒、羊肉和园艺产品。主要农产品贸易伙伴是欧盟、塞尔维亚和黑山。

5. 建筑服务业

北马其顿拥有较为完善的建筑业,其技术人员和现代技术的使用得到了国际认可,特别是在土木工程和水电建设方面。民用建筑土木工程营业额超过4亿美元,其中20%~25%的建筑项目在国外完成。其较大企业有:格拉尼特AD公司,年营业额约9 000万欧元;贝通公司,年营业额约4 500万欧元。该国是中欧、东欧、中东和俄罗斯的主要建筑劳工供应国。建筑业是北马其顿较为发达的行业,较大型公司有6家。该行业依赖于国内建筑原料,如长石、碳酸钙、膨润土、超细石英、珍珠岩等,生产瓷砖、洁具、石棉、水泥及水泥制品等建筑材料。

9.5 中北双边贸易概况

2020年,分商品类别看,北马其顿对中国出口金额最多的商品均为钢铁,自中国进口金额最多的商品均为机电设备。

2020年北马其顿对中国共出口商品164百万美元。由表9-6和图9-8可知,在出口主要商品结构中,商品编号22(饮料、酒及醋)、84(核反应堆、锅炉、机器、机械器具及其零件)、86[铁道及电车道机车、车辆及其零件;铁道及电车道轨道固定装置及其零件、附件;各种机械(包括电动机械)交通信号设备]、39(塑料及其制品)、19(谷物、粮食粉、淀粉或乳的制品;糕饼点心)、90(光学、照相、电影、计量、检验、医疗或外科用仪器及设备、精密仪器及设备;上述物品的零件、附件)、1(活动物)等呈现增长趋势,尤其是84(核反应堆、锅炉、机器、机械器具及其零件)增幅最大。与此同时,商品编号为44(木及木制品;木炭)的商品下降幅度最大。

表9-6 2020年北马其顿对中国出口主要商品结构

商品编号	商品类别	金额/百万美元	占比/%	同比/%
72	钢铁	120	74	−5
25	盐;硫黄;泥土及石料;石膏料、石灰及水泥	27	17	−23
26	矿砂、矿渣及矿灰	8	5	
22	饮料、酒及醋	2	1	8
84	核反应堆、锅炉、机器、机械器具及其零件	2	1	9 900
85	电机、电气设备及其零件;录音机及放声机、电视图像、声音的录制和重放设备及其零件、附件	1	1	−15
86	铁道及电车道机车、车辆及其零件;铁道及电车道轨道固定装置及其零件、附件;各种机械(包括电动机械)交通信号设备	0.67	0	103
91	钟表及其零件	0.18	0	
73	钢铁制品	0.13	0	
39	塑料及其制品	0.12	0	500
87	车辆及其零件、附件,但铁道及电车道车辆除外	0.12	0	0
63	其他纺织制成品;成套物品;旧衣着及旧纺织品;碎织物	0.1	0	
19	谷物、粮食粉、淀粉或乳的制品;糕饼点心	0.07	0	40
44	木及木制品;木炭	0.04	0	−69
38	杂项化学产品	0.03	0	
90	光学、照相、电影、计量、检验、医疗或外科用仪器及设备、精密仪器及设备;上述物品的零件、附件	0.03	0	200
94	家具;寝具、褥垫、弹簧床垫、软坐垫及类似的填充制品;未列名灯具及照明装置;发光标志、发光铭牌及类似品;活动房屋	0.03	0	
1	活动物	0.021	0	110

资料来源:商务部国别报告网、UN Comtrade数据库、全球贸易观察等,经本课题组整理所得。

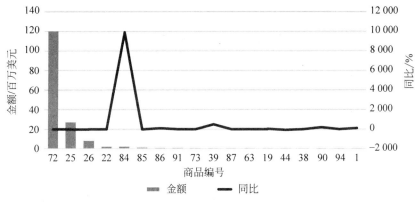

图 9-8　2020 年北马其顿对中国主要出口商品金额

2020 年北马其顿自中国共进口商品 600 百万美元。由表 9-7 和图 9-9 可知，在进口主要商品结构中，商品编号 85（电机、电气设备及其零件；录音机及放声机、电视图像、声音的录制和重放设备及其零件、附件）、84（核反应堆、锅炉、机器、机械器具及其零件）、39（塑料及其制品）、87（车辆及其零件、附件，但铁道及电车道车辆除外）、94（家具；寝具、褥垫、弹簧床垫、软坐垫及类似的填充制品；未列名灯具及照明装置；发光标志、发光铭牌及类似品；活动房屋）、95（玩具、游戏品、运动用品及其零件、附件）、90（光学、照相、电影、计量、检验、医疗或外科用仪器及设备、精密仪器及设备；上述物品的零件、附件）、69（陶瓷产品）、56（絮胎、毡呢及无纺织物；特种纱线；线、绳、索、缆及其制品）、29（有机化学品）、28（无机化学品；贵金属、稀土金属、放射性元素及其同位素的有机及无机化合物）、63（其他纺织制成品；成套物品；旧衣着及旧纺织品；碎织物）、73（钢铁制品）、40（橡胶及其制品）、70（玻璃及其制品）、72（钢铁）、44（木及木制品；木炭）等呈现增长趋势，尤其是 72（钢铁）增幅最大。与此同时，商品编号为 64（鞋靴、护腿和类似品及其零件）的商品下降幅度最大。

表 9-7　2020 年北马其顿自中国进口主要商品结构

商品编号	商品类别	金额/百万美元	占比/%	同比/%
85	电机、电气设备及其零件；录音机及放声机、电视图像、声音的录制和重放设备及其零件、附件	200	33	8
84	核反应堆、锅炉、机器、机械器具及其零件	121	20	24
39	塑料及其制品	20	3	8
87	车辆及其零件、附件，但铁道及电车道车辆除外	18	3	13
94	家具；寝具、褥垫、弹簧床垫、软坐垫及类似的填充制品；未列名灯具及照明装置；发光标志、发光铭牌及类似品；活动房屋	16	3	5
95	玩具、游戏品、运动用品及其零件、附件	13	2	5
90	光学、照相、电影、计量、检验、医疗或外科用仪器及设备、精密仪器及设备；上述物品的零件、附件	11	2	9
69	陶瓷产品	10	2	43
55	化学纤维短纤	10	2	−12

续表

商品编号	商品类别	金额/百万美元	占比/%	同比/%
56	絮胎、毡呢及无纺织物；特种纱线；线、绳、索、缆及其制品	10	2	54
29	有机化学品	10	2	47
28	无机化学品；贵金属、稀土金属、放射性元素及其同位素的有机及无机化合物	10	2	1
63	其他纺织制成品；成套物品；旧衣着及旧纺织品；碎织物	9	2	100
52	棉花	9	2	−22
73	钢铁制品	9	2	6
40	橡胶及其制品	9	2	7
62	非针织或非钩编的服装及衣着附件	8	1	−7
86	铁道及电车道机车、车辆及其零件；铁道及电车道轨道固定装置及其零件、附件；各种机械（包括电动机械）交通信号设备	7	1	1
70	玻璃及其制品	7	1	4
64	鞋靴、护腿和类似品及其零件	6	1	−27
54	化学纤维长丝	6	1	−17
72	钢铁	6	11	596
61	针织或钩编的服装及衣着附件	5	1	−12
42	皮革制品；鞍具及挽具；旅行用品、手提包及类似容器；动物肠线（蚕胶丝除外）制品	5	1	−24
96	杂项制品	4	1	−18
44	木及木制品；木炭	4	1	3
82	贱金属工具、器具、利口器、餐匙、餐叉及其零件	4	1	−2

资料来源：商务部国别报告网、UN Comtrade 数据库、全球贸易观察等，经本课题组整理所得。

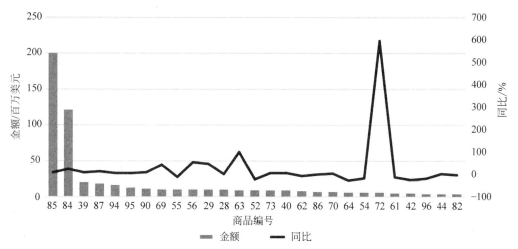

图 9-9　2020 年北马其顿自中国主要进口商品金额

9.6 中北贸易竞争性与互补性分析

9.6.1 中北显性比较优势指数分析

本书利用《国际贸易商品标准分类》(SITC.Rev4),以 2020 年为例,对中国与北马其顿显性比较优势指数进行分析,具体数据如表 9-8 所示。

表 9-8 2020 年北马其顿商品出口额

SITC	商品类别名称	出口额/百万美元
SITC0	食品和活动物	418.13
SITC1	饮料及烟草	221.74
SITC2	非食用燃料(不包含燃料)	322.46
SITC3	矿物燃料、润滑油及有关原料	93.65
SITC4	动、植物油、脂和蜡	10.11
SITC5	未列明的化学品和有关产品	1 586.32
SITC6	主要按原材料分类的制成品	973.87
SITC7	机械及运输设备	2 193.59
SITC8	杂项制品	808.97
SITC9	没有分类的其他商品	4.37

资料来源:UN Comtrade 数据库等,经本课题组整理所得。

UN Comtrade 等相关数据库的数据显示,2020 年,中国所有商品出口额约为 2 589 098.37 百万美元,北马其顿所有商品出口额为 6 633 百万美元,世界所有商品出口额为 17 029 929.55 百万美元。

按照公式 $RCA_{xik}=(X_{ik}/X_{wk})/(X_i/X_w)$,得出计算结果如表 9-9 所示。

表 9-9 2020 年中北显性比较优势指数计算结果

国家	SITC0	SITC1	SITC2	SITC3	SITC4	SITC5	SITC6	SITC7	SITC8	SITC9
中国	0.36	0.11	0.15	0.16	0.10	0.52	1.38	1.30	1.83	0.19
北马其顿	0.90	3.87	1.22	0.19	0.28	1.91	1.21	0.89	0.99	0.01

根据上述结果分析得到:

(1) 北马其顿除了 SITC0(食品和活动物)、SITC3(矿物燃料、润滑油及有关原料)、SITC4(动、植物油、脂和蜡)、SITC7(机械及运输设备)、SITC8(杂项制品)和 SITC9(没有分类的其他商品)六类商品外,其余商品均具有显性比较优势。其中,SITC1(饮料及烟草)的 RCA 值最高,为 3.87,说明具有比较明显的显性比较优势。

(2) 在 SITC6(主要按原材料分类的制成品)这类商品中,中国与北马其顿都具有显性比较优势。在 SITC1(饮料及烟草)、SITC3(矿物燃料、润滑油及有关原料)、SITC4(动、植物油、脂和蜡)和 SITC9(没有分类的其他商品)这四类商品中,两国显性优势比较指数均小于 1,说明两国都不具备比较优势。

9.6.2 中北互补性指数分析

本书利用《国际贸易商品标准分类》(SITC. Rev4),以 2020 年为例,对中国与北马其顿互补性指数进行分析,具体数据如表 9-10 所示。

表 9-10 2020 年北马其顿商品进口额

SITC	商品类别名称	进口额/百万美元
SITC0	食品和活动物	741.93
SITC1	饮料及烟草	96.62
SITC2	非食用燃料(不包含燃料)	238.44
SITC3	矿物燃料、润滑油及有关原料	918.16
SITC4	动、植物油、脂和蜡	52.91
SITC5	未列明的化学品和有关产品	1 052.34
SITC6	主要按原材料分类的制成品	3 330.76
SITC7	机械及运输设备	2 007.87
SITC8	杂项制品	607.23
SITC9	没有分类的其他商品	5.42

资料来源:UN Comtrade 数据库等,经本课题组整理所得。

UN Comtrade 等相关数据库的数据显示,2020 年,中国所有商品进口额约为 2 136 000 百万美元,北马其顿所有商品进口额为 8 709 百万美元,世界所有商品进口额为 19 867 000 百万美元。

按照公式 $\text{TCI}_{ij} = \text{RCA}_{xik} \times \text{RCA}_{mjk}$,得出计算结果如表 9-11 所示。

表 9-11 2020 年中北互补性指数计算结果

国 家	SITC0	SITC1	SITC2	SITC3	SITC4	SITC5	SITC6	SITC7	SITC8	SITC9
中国	0.63	0.25	0.13	0.15	0.14	0.61	4.46	0.86	1.23	0
北马其顿	0.48	1.96	4.93	0.22	0.28	1.99	0.76	1.14	0.81	0.01

根据上述结果分析得到:

(1) 中国与北马其顿贸易互补性指数差异较大,且两国在各类商品中都具有显性比较优势而激烈竞争。

(2) 在 SITC0(食品和活动物)、SITC3(矿物燃料、润滑油及有关原料)、SITC4(动、植物油、脂和蜡)和 SITC9(没有分类的其他商品)这几类商品中,双方 TCI 值均小于 1,说明两国互补性较弱。

9.7 中北合作展望

根据以上分析可知,中国是北马其顿的主要贸易伙伴国,近年来中北经贸关系发展快速。两国政府间建有经贸混委会和科技合作委员会机制,签有《经贸合作协定》(1995 年 6

月)、《鼓励和保护相互投资协定》(1997年6月)、《避免双重征税协定》(1997年6月)、《经济技术合作协定》(2007年12月)、《关于在经贸混委会框架下推进共建丝绸之路经济带谅解备忘录》(2015年4月)等合作文件。据中方统计,2019年,两国双边7.633亿美元,同比增长7.3%。其中,北马其顿对华出口1.637亿美元,同比下降1.5%;北马其顿自华进口5.996亿美元,同比增长10.0%。中国是北马其顿第四大贸易伙伴。

但是,北马其顿属于中东欧地区技术环境较差的国家且基础设施条件较差,需要进一步加强,结合其与中国奠定的良好的贸易关系,对中国与北马其顿双边贸易的发展进行展望。

(1) 针对技术环境差、基础设施不完善等问题,中国企业可以采取对基础设施进行投资等方式,加强基础设施的产业合作和技术的提升。

(2) 北马其顿有煤、铁、铅、锌、铜等。据不完全统计,煤的蕴藏量为9.4亿吨,铜的蕴藏量约为3亿吨。中国经济快速增长,对矿产、矿物燃料资源的依存度持续上涨,双方可以在这一方面进行贸易合作,促进双方的贸易增长。

(3) 旅游可以作为增进民间交往、促进民众感情交流的重要载体。关于旅游合作,北马其顿重视程度最高,因此旅游业合作可以全面铺开。例如,可采取旅游基础设施投资、旅游重点项目投资等模式,大力推广两国的旅游胜地,推动旅游业的服务产业向更深层次发展。

第 10 章
黑山的对外贸易

　　黑山,位于欧洲巴尔干半岛中西部,东南同阿尔巴尼亚为邻,东北部同塞尔维亚相连,西北同波黑和克罗地亚接壤。西南部地区濒临亚得里亚海,海岸线长 293 千米。面积 1.38 万平方千米。西部和中部为丘陵平原地带,北部和东北部为高原与山地。气候依地形自南向北分为地中海式气候、温带大陆性气候和山地气候。1 月平均气温 5 ℃,7 月平均气温 25 ℃。人口 62.2 万(2020 年 1 月)。其中,黑山族占 45%,塞尔维亚族占 29%,波什尼亚克族占 8.6%,阿尔巴尼亚族占 4.9%。官方语言为黑山语。首都为波德戈里察,人口 18.9 万(2019 年 12 月)。国家代码 MNE。

　　1878 年,柏林会议承认黑山为独立国家,1910 年黑山王国建立,1918 年第一次世界大战后,黑山再遭塞尔维亚吞并,并入塞尔维亚-克罗地亚-斯洛文尼亚王国,1929 年改称南斯拉夫王国,1945 年黑山社会主义共和国成立,成为南斯拉夫社会主义联邦共和国的加盟共和国之一。1992 年,南斯拉夫解体,塞尔维亚与黑山联合组成南斯拉夫联盟共和国(南联盟)。2003 年 2 月 4 日,其更名为塞尔维亚和黑山(塞黑)。2006 年 5 月 21 日,黑山举行全民独立公投,独立派以 55.5% 的微弱优势险胜,同年 6 月 3 日,黑山国会正式宣布恢复其在第一次世界大战之前的独立地位。独立后,黑山政局稳定。2016 年 10 月,黑山举行议会选举,社会主义者民主党再次赢得最多议席,和社会民主者党、波什尼亚克族党等共同组成执政联盟。2018 年 4 月,黑山举行总统选举,社会主义者民主党主席久卡诺维奇当选。

　　旅游业和制铝工业是黑山经济支柱,前南斯拉夫解体后,黑山因受战乱、国际制裁影响,经济一路下滑。近年来随着外部环境改善及各项经济改革推进,经济逐步恢复,总体呈增长态势。黑山政府将旅游、能源、农业、基础设施作为重点领域,重视改善投资环境和吸引外资。2020 年黑山国内生产总值 41.9 亿欧元,国内生产总值增长率 −15.4%。资源方面,森林和水利资源丰富,森林覆盖率 45%。铝、煤等资源丰富,约有 3 600 万吨铝土矿石和 3.5 亿吨褐煤。工业方面,2020 年,工业产值同比下降 0.9%。主要工业部门有采矿、建筑、冶金、食品加工、电力和木材加工等。农牧业方面,农牧业为黑山重要产业。主要畜牧产品为牛、猪、羊、家禽、马。服务业方面,服务业较为发达,其中旅游业为黑山最重要的产业之一。黑山服务业主要包括批发零售、住宿餐饮、房地产、电信、金融等。旅游业方面,旅游业是黑山国民经济的重要组成部分和主要外汇收入来源。2020 年,赴黑山游客总数 44.4 万人次,同比下降 83.2%,旅游者主要来自塞尔维亚、德国、克罗地亚、土耳其、俄罗斯、德国等。

　　对外贸易方面,黑山 2016—2018 年保持增长趋势,2019 年和 2020 年连续呈现下降趋势,2020 年对外贸易总额为 28 亿美元,同比下降 16.8%;出口总额 4.1 亿美元,同比下降

11.5%;进口总额23.9亿美元,同比下降17.7%。据数据统计,2020年,塞尔维亚、斯洛文尼亚和匈牙利是黑山的前三大出口市场,2020年黑山对三国出口1.16亿美元、0.4亿美元和0.25亿美元,同比分别为-4.2%、43.5%和-48.7%,三国合计占黑山出口总额的44.5%。进口方面,塞尔维亚为黑山第一进口来源国,2020年进口4.7亿美元,下降20.6%,占黑山进口总额的19.7%。中国和德国也是其主要进口来源国,2020年黑山自两国进口2.5亿美元和2.3亿美元,其中自中国进口增长7.8%,自德国进口下降10.6%,占黑山进口总额的10.4%和9.7%。

10.1 对外贸易发展趋势

2020年黑山货物进出口额为2 804百万美元,比上年(下同)下降16.8%。其中,出口410百万美元,下降11.5%;进口2 394百万美元,下降17.7%。

由表10-1和图10-1可知,黑山2014—2020年对外贸易总额呈现波动趋势。2015年相较于2014年明显下降。经历2016—2018年比较明显的增长后,2019年和2020年又出现了下滑。

表10-1 黑山对外贸易年度表

年 份	总额/百万美元	同比/%	出口额/百万美元	同比/%	进口额/百万美元	同比/%
2014	2 810		441		2 369	
2015	2 391	-14.9	352	-20.2	2 039	-13.9
2016	2 647	10.7	361	2.5	2 286	12.1
2017	3 034	14.7	421	16.9	2 613	14.3
2018	3 482	14.8	472	12.1	3 010	15.2
2019	3 374	-3.1	465	-1.5	2 909	-3.4
2020	2 804	-16.8	410	-11.5	2 394	-17.7

资料来源:商务部国别报告网、UN Comtrade数据库、全球贸易观察等,经本课题组整理所得。

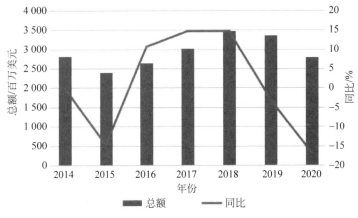

图10-1 黑山对外贸易总额

由表 10-1 和图 10-2 可知，黑山在 2014—2020 年对外贸易出口额呈现波动趋势。经历 2015 年下降之后，2016—2018 年对外贸易出口额稳定增长，但 2020 年较 2019 年再次下降 11.5 个百分点。

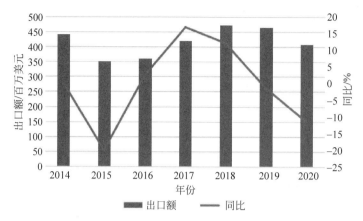

图 10-2　黑山对外贸易出口额

由表 10-1 和图 10-3 可知，黑山 2014—2020 年对外贸易进口额中，2018 年增幅最大，为 15.2%。同时，2020 年对外贸易进口额呈现下降趋势，比 2019 年下跌 17.7 个百分点。

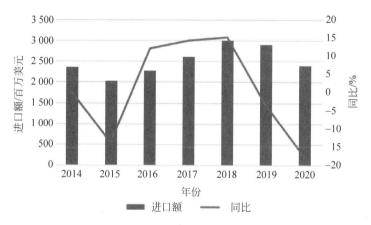

图 10-3　黑山对外贸易进口额

10.2　主要贸易市场结构

2020 年黑山共出口 410 百万美元，由表 10-2 和图 10-4 可知，出口伙伴国主要有塞尔维亚、斯洛文尼亚、匈牙利、波黑等国家。其中，出口货物至塞尔维亚的金额最多，为 115 百万美元。在主要出口的伙伴国中，出口斯洛文尼亚、中国、德国和阿尔巴尼亚的金额较 2019 年有增加趋势。

表 10-2　2020 年黑山对主要贸易伙伴出口额

国　　家	出口额/百万美元	同比/%	占比/%
塞尔维亚	115	−4.2	28.3
斯洛文尼亚	41	43.5	10.0
匈牙利	26	−48.7	6.3
波黑	25	−23.5	6.2
中国	25	29.5	6.2
德国	20	14.4	4.8
土耳其	15	−3.5	3.8
阿尔巴尼亚	15	0.1	3.6
波兰	14	−11.4	3.3
捷克	13	−39.9	3.2

资料来源：商务部国别报告网、UN Comtrade 数据库、全球贸易观察等，经本课题组整理所得。

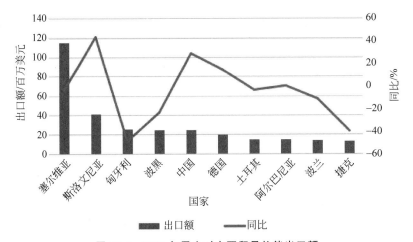

图 10-4　2020 年黑山对主要贸易伙伴出口额

2020 年黑山共进口 2 394 百万美元，由表 10-3 和图 10-5 可知，进口伙伴国主要有塞尔维亚、中国、德国等国家。其中，从塞尔维亚进口货物的金额最多，为 473 百万美元。在主要进口的伙伴国中，只有进口中国的金额较 2019 年有增长趋势，其他均呈下降趋势。

表 10-3　2020 年黑山自主要贸易伙伴进口额

国　　家	进口额/百万美元	同比/%	占比/%
塞尔维亚	473.0	−20.6	19.8
中国	248.8	7.8	10.4
德国	232.0	−10.6	9.7
意大利	153.0	−25.5	6.4
波黑	136.0	−27.0	5.7
克罗地亚	131.0	−24.5	5.5
土耳其	123.0	−18.2	5.1
希腊	105.0	−39.7	4.4

续表

国　　家	进口额/百万美元	同比/%	占比/%
法国	50	−20.7	2.1
西班牙	49	−4.8	2.1

资料来源：商务部国别报告网、UN Comtrade 数据库、全球贸易观察等，经本课题组整理所得。

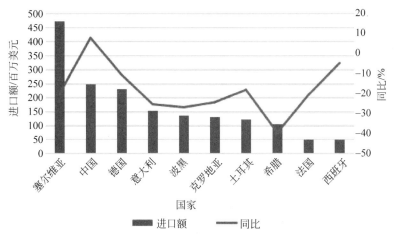

图 10-5　2020 年黑山自主要贸易伙伴进口额

10.3　主要进出口商品结构

2020 年黑山共出口商品 410 百万美元，同比下降 11.5%。由表 10-4 和图 10-6 可知，在主要出口商品结构中，有商品编号 27（矿物燃料、矿物油及其蒸馏产品；沥青物质；矿物蜡）、76（铝及其制品）、44（木及木制品；木炭）、26（矿砂、矿渣及矿灰）等。相比 2019 年，商品编号 95（玩具、游戏品、运动用品及其零件、附件）、61（针织或钩编的服装及衣着附件）、63（其他纺织制成品；成套物品；旧衣着及旧纺织品；碎织物）、20（蔬菜、水果、坚果或植物其他部分的制品）等增长幅度超过 100%，尤其是 63（其他纺织制成品；成套物品；旧衣着及旧纺织品；碎织物）增幅最大，达到 532.53%。与此同时，商品编号为 97（艺术品、收藏品及古物）的商品下降幅度最大。

表 10-4　2020 年黑山主要出口商品结构

商品编号	商品类别	金额/百万美元	占比/%	同比/%
27	矿物燃料、矿物油及其蒸馏产品；沥青物质；矿物蜡	68.23	16.65	−32.50
76	铝及其制品	67.39	16.44	−10.65
44	木及木制品；木炭	36.01	8.79	−7.60
26	矿砂、矿渣及矿灰	37.62	9.18	6.24
72	钢铁	22.85	5.58	−28.01

续表

商品编号	商品类别	金额/百万美元	占比/%	同比/%
30	药品	27.60	6.73	9.00
22	饮料、酒及醋	17.35	4.23	−20.08
84	核反应堆、锅炉、机器、机械器具及其零件	20.65	5.04	0.24
87	车辆及其零件、附件,但铁道及电车道车辆除外	13.75	3.35	−5.76
2	肉及食用杂碎	11.22	2.74	8.09
73	钢铁制品	2.95	0.72	−63.08
85	电机、电气设备及其零件;录音机及放声机、电视图像、声音的录制和重放设备及其零件、附件	7.08	1.73	3.81
74	铜及其制品	5.13	1.25	−20.83
16	肉、鱼、甲壳动物、软体动物及其他水生无脊椎动物的制品	6.99	1.71	35.73
71	天然或养殖珍珠、宝石或半宝石、贵金属、包贵金属及其制品;仿首饰;硬币	6.65	1.62	38.54
8	食用水果及坚果;柑橘属水果或甜瓜的果皮	4.20	1.02	−2.10
24	烟草、烟草及烟草代用品的制品	4.53	1.11	8.11
39	塑料及其制品	4.17	1.02	6.38
93	武器、弹药及其零件、附件	3.41	0.83	−8.82
7	食用蔬菜、根及块茎	4.15	1.01	38.33
68	石料、石膏、水泥、石棉、云母及类似材料的制品	2.38	0.58	−14.70
41	生皮(毛皮除外)及皮革	1.81	0.44	−33.46
88	航空器、航天器及其零件	1.61	0.39	−36.11
25	盐;硫黄;泥土及石料;石膏料、石灰及水泥	1.74	0.42	−27.80
36	炸药;烟火制品;火柴;引火合金;易燃材料制品	0.96	0.23	−59.83
48	纸及纸板;纸浆、纸或纸板制品	1.69	0.41	−19.14
18	可可及可可制品	2.34	0.57	16.42
23	食品工业的残渣及废料;配制的动物饲料	1.61	0.39	−17.86
33	精油及香膏;芳香料制品及化妆盥洗品	2.64	0.64	37.50
49	书籍、报纸、印刷图画及其他印刷品;手稿、打字稿及设计图纸	1.67	0.41	−11.64
90	光学、照相、电影、计量、检验、医疗或外科用仪器及设备、精密仪器及设备;上述物品的零件、附件	2.29	0.56	35.50
62	非针织或非钩编的服装及衣着附件	1.80	0.44	14.65
94	家具;寝具、褥垫、弹簧床垫、软坐垫及类似的填充制品;未列名灯具及照明装置;发光标志、发光铭牌及类似品;活动房屋	2.16	0.53	50.00
70	玻璃及其制品	0.16	0.04	−88.59
47	木浆及其他纤维状纤维素浆;纸及纸板的废碎品	0.86	0.21	−32.61

续表

商品编号	商品类别	金额/百万美元	占比/%	同比/%
28	无机化学品;贵金属、稀土金属、放射性元素及其同位素的有机及无机化合物	1.59	0.39	28.23
97	艺术品、收藏品及古物	0.03	0.01	-95.31
19	谷物、粮食粉、淀粉或乳的制品;糕饼点心	0.48	0.12	-23.37
95	玩具、游戏品、运动用品及其零件、附件	1.30	0.32	116.67
89	船舶及浮动结构体	0.37	0.09	-34.64
91	钟表及其零件	1.01	0.25	94.23
64	鞋靴、护腿和类似品及其零件	0.60	0.15	25.34
12	含油子仁及果实;杂项子仁及果实;工业用或药用植物;稻草、秸秆及饲料	0.71	0.17	69.61
9	咖啡、茶、马黛茶及调味香料	0.25	0.06	-38.92
15	动、植物油、脂及其分解产品;精制的食用油脂;动、植物蜡	0.22	0.05	-43.64
86	铁道及电车道机车、车辆及其零件;铁道及电车道轨道固定装置及其零件、附件;各种机械(包括电动机械)交通信号设备	0.07	0.02	-79.48
21	杂项食品	0.30	0.07	-3.86
6	活树及其他活植物;鳞茎、根及类似品;插花及装饰用簇叶	0.32	0.08	10.63
69	陶瓷产品	0.08	0.02	-68.18
83	贱金属杂项制品	0.21	0.05	-2.65
82	贱金属工具、器具、利口器、餐匙、餐叉及其零件	0.05	0.01	-73.43
42	皮革制品;鞍具及挽具;旅行用品、手提包及类似容器;动物肠线(蚕胶丝除外)制品	0.30	0.07	57.55
4	乳品;蛋品;天然蜂蜜;其他食用动物产品	0.17	0.04	1.77
57	地毯及纺织材料的其他铺地制品	0.06	0.01	-63.29
78	铅及其制品	0.07	0.02	-52.84
61	针织或钩编的服装及衣着附件	0.30	0.07	129.03
38	杂项化学产品	0.08	0.02	-35.74
63	其他纺织制成品;成套物品;旧衣着及旧纺织品;碎织物	0.70	0.17	532.53
32	鞣料浸膏及染料浸膏;鞣酸及其衍生物;染料、颜料及其他着色料;油漆及清漆;油灰及其他胶黏剂;墨水、油墨	0.10	0.02	-9.11
20	蔬菜、水果、坚果或植物其他部分的制品	0.25	0.06	154.96

资料来源:商务部国别报告网、UN Comtrade 数据库、全球贸易观察等,经本课题组整理所得。

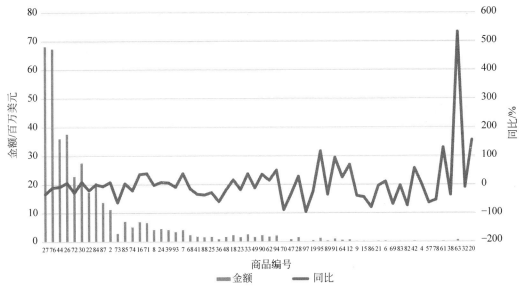

图 10-6 2020 年黑山主要出口商品金额

2020 年黑山共进口商品 2 394 百万美元，同比下降 17.7%。由表 10-5 和图 10-7 可知，在主要进口商品结构中，有商品编号 27（矿物燃料、矿物油及其蒸馏产品；沥青物质；矿物蜡）、84（核反应堆、锅炉、机器、机械器具及其零件）、87（车辆及其零件、附件，但铁道及电车道车辆除外）、85（电机、电气设备及其零件；录音机及放声机、电视图像、声音的录制和重放设备及其零件、附件）、73（钢铁制品）等。相比 2019 年，商品编号 85（电机、电气设备及其零件；录音机及放声机、电视图像、声音的录制和重放设备及其零件、附件）、30（药品）、90（光学、照相、电影、计量、检验、医疗或外科用仪器及设备、精密仪器及设备；上述物品的零件、附件）、38（杂项化学产品）、23（食品工业的残渣及废料；配制的动物饲料）、96（杂项制品）、15（动、植物油、脂及其分解产品；精制的食用油脂；动、植物蜡）、63（其他纺织制成品；成套物品；旧衣着及旧纺织品；碎织物）、10（谷物）、12（含油子仁及果实；杂项子仁及果实；工业用或药用植物；稻草、秸秆及饲料）等呈现增长趋势，尤其是 63（其他纺织制成品；成套物品；旧衣着及旧纺织品；碎织物）增幅最大。与此同时，商品编号为 71（天然或养殖珍珠、宝石或半宝石、贵金属、包贵金属及其制品；仿首饰；硬币）的商品下降幅度最大。

表 10-5 2020 年黑山主要进口商品结构

商品编号	商品类别	金额/百万美元	占比/%	同比/%
27	矿物燃料、矿物油及其蒸馏产品；沥青物质；矿物蜡	190.60	7.96	−40.0
84	核反应堆、锅炉、机器、机械器具及其零件	200.93	8.39	−14.1
87	车辆及其零件、附件，但铁道及电车道车辆除外	150.35	6.28	−29.1
85	电机、电气设备及其零件；录音机及放声机、电视图像、声音的录制和重放设备及其零件、附件	202.80	8.47	4.8
73	钢铁制品	90.06	3.76	−22.4
30	药品	128.31	5.36	11.2

续表

商品编号	商品类别	金额/百万美元	占比/%	同比/%
94	家具；寝具、褥垫、弹簧床垫、软坐垫及类似的填充制品；未列名灯具及照明装置；发光标志、发光铭牌及类似品；活动房屋	79.08	3.30	-25.5
2	肉及食用杂碎	80.39	3.36	-20.4
39	塑料及其制品	77.81	3.25	-14.3
22	饮料、酒及醋	53.14	2.22	-29.7
72	钢铁	51.74	2.16	-28.8
4	乳品；蛋品；天然蜂蜜；其他食用动物产品	44.36	1.85	-18.2
62	非针织或非钩编的服装及衣着附件	41.82	1.75	-21.4
21	杂项食品	48.00	2.00	-8.7
19	谷物、粮食粉、淀粉或乳的制品；糕饼点心	44.28	1.85	-14.5
25	盐；硫黄；泥土及石料；石膏料、石灰及水泥	43.80	1.83	-13.3
44	木及木制品；木炭	35.74	1.49	-18.8
68	石料、石膏、水泥、石棉、云母及类似材料的制品	27.74	1.16	-34.9
64	鞋靴、护腿和类似品及其零件	33.92	1.42	-16.0
33	精油及香膏；芳香料制品及化妆盥洗品	30.58	1.28	-19.3
69	陶瓷产品	31.42	1.31	-15.5
76	铝及其制品	29.62	1.24	-19.9
90	光学、照相、电影、计量、检验、医疗或外科用仪器及设备、精密仪器及设备；上述物品的零件、附件	38.59	1.61	6.0
8	食用水果及坚果；柑橘属水果或甜瓜的果皮	31.01	1.30	-14.3
48	纸及纸板；纸浆、纸或纸板制品	29.40	1.23	-18.6
28	无机化学品；贵金属、稀土金属、放射性元素及其同位素的有机及无机化合物	28.60	1.19	-18.5
61	针织或钩编的服装及衣着附件	27.59	1.15	-20.5
32	鞣料浸膏及染料浸膏；鞣酸及其衍生物；染料、颜料及其他着色料；油漆及清漆；油灰及其他胶黏剂；墨水、油墨	32.09	1.34	-1.6
16	肉、鱼、甲壳动物、软体动物及其他水生无脊椎动物的制品	27.36	1.14	-15.6
1	活动物	27.47	1.15	-9.3
38	杂项化学产品	33.58	1.40	15.4
34	肥皂、有机表面活性剂、洗涤剂、润滑剂、人造蜡、调制蜡、光洁剂、蜡烛及类似品、塑型用膏、"牙科用蜡"及牙科用熟石膏制剂	25.45	1.06	-4.3
7	食用蔬菜、根及块茎	21.48	0.90	-18.9
40	橡胶及其制品	24.22	1.01	-6.8
18	可可及可可制品	21.87	0.91	-15.6
70	玻璃及其制品	17.21	0.72	-27.7
20	蔬菜、水果、坚果或植物其他部分的制品	17.52	0.73	-23.5
11	制粉工业产品；麦芽；淀粉；菊粉；面筋	21.42	0.89	-6.5
23	食品工业的残渣及废料；配制的动物饲料	24.99	1.04	11.6
95	玩具、游戏品、运动用品及其零件、附件	15.21	0.64	-31.5
96	杂项制品	18.80	0.79	2.2

续表

商品编号	商品类别	金额/百万美元	占比/%	同比/%
24	烟草、烟草及烟草代用品的制品	15.65	0.65	-4.6
3	鱼、甲壳动物、软体动物及其他水生无脊椎动物	6.25	0.26	-59.9
15	动、植物油、脂及其分解产品；精制的食用油脂；动、植物蜡	15.86	0.66	5.0
83	贱金属杂项制品	13.48	0.56	-3.0
42	皮革制品；鞍具及挽具；旅行用品、手提包及类似容器；动物肠线（蚕胶丝除外）制品	8.14	0.34	-39.3
71	天然或养殖珍珠、宝石或半宝石、贵金属、包贵金属及其制品；仿首饰；硬币	3.32	0.14	-74.1
9	咖啡、茶、马黛茶及调味香料	9.91	0.41	-22.6
63	其他纺织制成品；成套物品；旧衣着及旧纺织品；碎织物	17.02	0.71	37.3
49	书籍、报纸、印刷图画及其他印刷品；手稿、打字稿及设计图纸	10.43	0.44	-15.2
17	糖及糖食	10.22	0.43	-5.4
82	贱金属工具、器具、利口器、餐匙、餐叉及其零件	8.21	0.34	-17.9
10	谷物	10.25	0.43	5.7
6	活树及其他活植物；鳞茎、根及类似品；插花及装饰用簇叶	7.38	0.31	-6.6
91	钟表及其零件	5.07	0.21	-32.4
29	有机化学品	6.45	0.27	-10.4
89	船舶及浮动结构体	3.94	0.16	-43.7
57	地毯及纺织材料的其他铺地制品	2.87	0.12	-36.2
12	含油子仁及果实；杂项子仁及果实；工业用或药用植物；稻草、秸秆及饲料	4.07	0.17	4.4
74	铜及其制品	2.60	0.11	-27.8

资料来源：商务部国别报告网、UN Comtrade 数据库、全球贸易观察等，经本课题组整理所得。

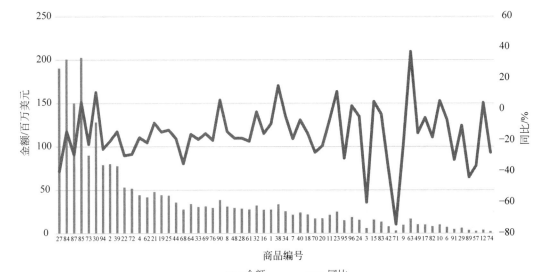

图 10-7　2020 年黑山主要进口商品金额

10.4 主要优势产业及其特征

1. 采矿业

黑山最重要的矿产资源是煤、红铝土矿、铅和锌等。在开采煤,红铝土矿、海盐等矿物的基础上,黑山还发展起其他加工业,如火力发电厂、铝厂和盐加工厂等,形成了较为完整的再加工产业链条。截至2020年,黑山已经发现26种矿产资源,目前已经开采的有15种,还有9种矿产资源尚待开发。地质勘探队已经在不同层次上确定了潜在和可利用的矿产资源储量,除海水、矿泉水、地下水和砾石以及来自水道的沙子等矿产资源是可再生的外,其他矿产资源均是不可再生的。黑山还有大量的地下水库,其中有大量矿泉水。

2. 金属制品业

金属加工业包括初级金属和金属产品(有色金属、钢铁)的生产,是黑山制造业最重要的部门。铝制品业是黑山出口规模最大的行业,采矿和金属加工业具有进一步发展的巨大潜力。吸引具有高环境保护标准和做法的外国投资进一步发展采矿与金属加工部门,仍然是黑山的主要优先事项之一。该行业最大的公司是铝厂KAP和钢厂Nikšić,该部门已被公认为具有吸引力的出口行业。铝行业的全球趋势表明,各国需要根据金属行业现有的劳动力技能和材料科学的研究能力,重点关注铝的再加工和回收,其他金属加工子行业的发展,以及用于建筑行业的金属产品的扩展。

3. 木质制品制造业

木材工业是黑山经济的重要组成部分,其发展基于当地自然资源的使用,森林和水利资源丰富,森林覆盖面积54万公顷,约占黑山总面积39.43%。原材料资源和加工能力是提高生产水平的良好基础,也是国内生产总值、出口和就业的重要组成部分。目前,木材工业生产包括初级生产(木材和原材料的生产)、二次加工和最终产品生产,即家具、镶木地板、预制木屋、乳胶条和细木工(门窗)的生产。其中,初级生产和二次加工占该部门产值的90%,最终产品加工生产规模仍然很小,仅占10%,这表明外国投资者在该领域投资机会巨大。

4. 农产品及其加工业

黑山全国农业用地面积为51.6万公顷,约占国土总面积的37.4%。农业用地中绝大部分为牧场和人工草场,可耕地面积为18.91万公顷。黑山拥有最佳的蜂蜜生产条件,丰富的葡萄栽培(葡萄酒是食品加工业最重要的出口产品),橄榄种植和橄榄油生产,水果和蔬菜加工、天然草药的有机生产(超过5000种草本植物,黑山特有物种200种)、畜牧业和木材加工技术。在农产品加工部门,食品加工包括罐头、鱼类加工、水果和蔬菜加工、乳制品加工和食品包装厂等,具有较大的投资潜力,特别是有机食品和传统特色产品,主要农产品为小麦、大麦、玉米、土豆、李子、橄榄、葡萄及不断增长的高端旅游产品。木材加工被归类为农业部门的一部分,特别是考虑到黑山蓬勃发展的房地产和旅游业(优质家具制造,酒店和住宅),该行业具有一定投资潜力。

5. 旅游业

旅游业是黑山国民经济的重要组成部分和主要外汇收入来源。黑山是一个地中海小国,拥有丰富的建筑和文化遗产,多样化的景观和气候,以及保存完好的自然环境。黑山的面积很小,但它拥有迷人的山地景观、引人注目的海岸线、历史古迹和美丽的城墙。主要风景区是亚德里亚海滨和国家公园等,海洋类旅游资源开发较为完善,山区旅游资源尚待深度开发,黑山的几乎所有经济活动都是为了促进旅游业的发展。政府的目标是吸引绿地投资,以充分利用海岸的未开发部分,这些投资可能会重塑黑山对游客的吸引力,使其成为可持续优质旅游的极具竞争力的目的地。黑山可以提供多样化的景点,并通过宣传其各种各样的旅游来实现全年旅游。因此,黑山旅游总体规划也为自然旅游的国家发展计划铺平了道路,特别是徒步旅行和骑自行车,并提供新的基础设施和服务。

10.5 中黑双边贸易概况

2020年黑山与中国双边货物进出口额为2.74亿美元。分商品类别看,黑山对中国出口金额最多的商品为矿砂、矿渣及矿灰,自中国进口金额最多的商品为机电产品。

2020年黑山对中国共出口商品25百万美元,同比增长29.5%。由表10-6和图10-8可知,在出口主要商品结构中,以商品编号26(矿砂、矿渣及矿灰)为主,该类商品占总出口商品金额的88.85%。相比2019年,商品编号26(矿砂、矿渣及矿灰)、90(光学、照相、电影、计量、检验、医疗或外科用仪器及设备、精密仪器及设备;上述物品的零件、附件)等呈现增长趋势,尤其是90(光学、照相、电影、计量、检验、医疗或外科用仪器及设备、精密仪器及设备;上述物品的零件、附件)增幅最大。与此同时,商品编号为44(木及木制品;木炭)和39(塑料及其制品)的商品下降幅度最大。

表10-6 2020年黑山对中国出口主要商品结构

商品编号	商品类别	金额/百万美元	占比/%	同比/%
26	矿砂、矿渣及矿灰	22.54	88.85	31.89
22	饮料、酒及醋	1.38	5.44	−18.82
90	光学、照相、电影、计量、检验、医疗或外科用仪器及设备、精密仪器及设备;上述物品的零件、附件	1.32	5.20	266.67
44	木及木制品;木炭	0.02	0.08	−50.00
68	石料、石膏、水泥、石棉、云母及类似材料的制品	0.04	0.16	0
39	塑料及其制品	0.01	0.04	−50.00
42	皮革制品;鞍具及挽具;旅行用品、手提包及类似容器;动物肠线(蚕胶丝除外)制品	0.01	0.04	0
62	非针织或非钩编的服装及衣着附件	0.01	0.03	

续表

商品编号	商品类别	金额/百万美元	占比/%	同比/%
61	针织或钩编的服装及衣着附件	0.02	0.08	
64	鞋靴、护腿和类似品及其零件	0.01	0.02	
85	电机、电气设备及其零件;录音机及放声机、电视图像、声音的录制和重放设备及其零件、附件	0	0.02	
63	其他纺织制成品;成套物品;旧衣着及旧纺织品;碎织物	0	0	
25	盐;硫黄;泥土及石料;石膏料、石灰及水泥	0	0	
48	纸及纸板;纸浆、纸或纸板制品	0	0	

资料来源:商务部国别报告网、UN Comtrade 数据库、全球贸易观察等,经本课题组整理所得。

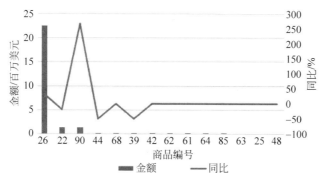

图 10-8　2020 年黑山对中国主要出口商品金额

2020 年黑山自中国共进口商品 248.8 百万美元,同比增长 7.8%。由表 10-7 和图 10-9 可知,在进口主要商品结构中,以商品编号 85(电机、电气设备及其零件;录音机及放声机、电视图像、声音的录制和重放设备及其零件、附件)、84(核反应堆、锅炉、机器、机械器具及其零件)为主,上述商品占总进口商品金额的 47.66%。相比 2019 年,商品编号 85(电机、电气设备及其零件;录音机及放声机、电视图像、声音的录制和重放设备及其零件、附件)、84(核反应堆、锅炉、机器、机械器具及其零件)、62(非针织或非钩编的服装及衣着附件)、94(家具;寝具、褥垫、弹簧床垫、软坐垫及类似的填充制品;未列名灯具及照明装置;发光标志、发光铭牌及类似品;活动房屋)、40(橡胶及其制品)、90(光学、照相、电影、计量、检验、医疗或外科用仪器及设备、精密仪器及设备;上述物品的零件、附件)、63(其他纺织制成品;成套物品;旧衣着及旧纺织品;碎织物)、68(石料、石膏、水泥、石棉、云母及类似材料的制品)和 32(鞣料浸膏及染料浸膏;鞣酸及其衍生物;染料、颜料及其他着色料;油漆及清漆;油灰及其他胶黏剂;墨水、油墨)等呈现增长趋势,尤其是 63(其他纺织制成品;成套物品;旧衣着及旧纺织品;碎织物)增幅最大。与此同时,商品编号为 73(钢铁制品)的商品下降幅度最大。

表 10-7　2020 年黑山自中国进口主要商品结构

商品编号	商品类别	金额/百万美元	占比/%	同比/%
85	电机、电气设备及其零件;录音机及放声机、电视图像、声音的录制和重放设备及其零件、附件	74.7	30.02	8.89

续表

商品编号	商品类别	金额/百万美元	占比/%	同比/%
84	核反应堆、锅炉、机器、机械器具及其零件	43.9	17.64	8.40
62	非针织或非钩编的服装及衣着附件	13.8	5.55	1.47
94	家具；寝具、褥垫、弹簧床垫、软坐垫及类似的填充制品；未列名灯具及照明装置；发光标志、发光铭牌及类似品；活动房屋	14.7	5.91	11.36
64	鞋靴、护腿和类似品及其零件	10.0	4.02	−19.35
95	玩具、游戏品、运动用品及其零件、附件	8.2	3.30	−23.36
73	钢铁制品	4.8	1.93	−54.29
61	针织或钩编的服装及衣着附件	6.4	2.57	−23.81
39	塑料及其制品	4.6	1.85	−25.81
87	车辆及其零件、附件，但铁道及电车道车辆除外	5.7	2.29	−6.56
42	皮革制品；鞍具及挽具；旅行用品、手提包及类似容器；动物肠线（蚕胶丝除外）制品	3.9	1.57	−32.76
40	橡胶及其制品	6.2	2.49	12.73
90	光学、照相、电影、计量、检验、医疗或外科用仪器及设备、精密仪器及设备；上述物品的零件、附件	8.1	3.26	50.00
69	陶瓷产品	2.6	1.05	−18.75
72	钢铁	2.6	1.05	−18.75
82	贱金属工具、器具、利口器、餐匙、餐叉及其零件	2.6	1.05	−10.34
63	其他纺织制成品；成套物品；旧衣着及旧纺织品；碎织物	7.4	2.97	196.00
83	贱金属杂项制品	2.2	0.88	−12.00
44	木及木制品；木炭	1.6	0.64	−33.33
70	玻璃及其制品	1.6	0.64	−27.27
96	杂项制品	1.9	0.76	−13.64
48	纸及纸板；纸浆、纸或纸板制品	1.4	0.56	−30.00
76	铝及其制品	1.4	0.56	−22.22
91	钟表及其零件	0.9	0.36	−30.77
37	照相及电影用品	1.1	0.44	−15.38
33	精油及香膏；芳香料制品及化妆盥洗品	1.1	0.44	−8.33
65	帽类及其零件	0.7	0.28	−22.22
68	石料、石膏、水泥、石棉、云母及类似材料的制品	1.5	0.60	87.50
32	鞣料浸膏及染料浸膏；鞣酸及其衍生物；染料、颜料及其他着色料；油漆及清漆；油灰及其他胶黏剂；墨水、油墨	0.9	0.36	12.50
66	雨伞、阳伞、手杖、鞭子、马鞭及其零件	0.5	0.20	−37.50

资料来源：商务部国别报告网、UN Comtrade 数据库、全球贸易观察等，经本课题组整理所得。

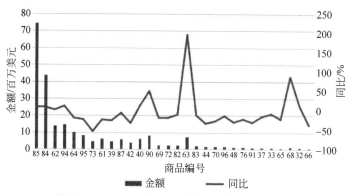

图 10-9　2020 年黑山自中国主要进口商品金额

10.6　中黑贸易竞争性与互补性分析

10.6.1　中黑显性比较优势指数分析

本书利用《国际贸易商品标准分类》(SITC.Rev4),以 2020 年为例,对中国与黑山显性比较优势指数进行分析,具体数据如表 10-8 所示。

表 10-8　2020 年黑山商品出口额

SITC	商品类别名称	出口额/百万美元
SITC0	食品和活动物	28.59
SITC1	饮料及烟草	25.63
SITC2	非食用燃料(不包含燃料)	95.61
SITC3	矿物燃料、润滑油及有关原料	96.96
SITC4	动、植物油、脂和蜡	0.67
SITC5	未列明的化学品和有关产品	34.98
SITC6	主要按原材料分类的制成品	126.78
SITC7	机械及运输设备	41.53
SITC8	杂项制品	15.25
SITC9	没有分类的其他商品	0

资料来源:UN Comtrade 数据库等,经本课题组整理所得。

UN Comtrade 等相关数据库的数据显示,2020 年,中国所有商品出口额约为 2 487 000 百万美元,黑山所有商品出口额为 410 百万美元,世界所有商品出口额为 19 475 000 百万美元。

按照公式 $RCA_{xik}=(X_{ik}/X_{wk})/(X_i/X_w)$,得出计算结果如表 10-9 所示。

表 10-9　2020 年中黑显性比较优势指数计算结果

国　家	SITC0	SITC1	SITC2	SITC3	SITC4	SITC5	SITC6	SITC7	SITC8	SITC9
中国	0.44	0.19	0.20	0.19	0.10	0.60	1.38	1.37	1.99	0.04
黑山	1.02	6.82	5.85	2.07	0.33	0.67	2.28	0.25	0.29	0

根据上述结果分析得到:

(1) 黑山除了 SITC4、SITC5、SITC7、SITC8 和 SITC9 五类商品外,其余商品均具有显性比较优势。其中,SITC1(饮料及烟草)的 RCA 值最高,接近 7,说明具有比较明显的显性比较优势。

(2) 在 SITC6(主要按原材料分类的制成品)这类商品中,中国与黑山都具有显性比较优势。在 SITC4(动、植物油、脂和蜡)、SITC5(未列明的化学品和有关产品)和 SITC9(没有分类的其他商品)这三类商品中,两国显性优势比较指数均小于 1,说明两国都不具备比较优势。

10.6.2 中黑互补性指数分析

本书利用《国际贸易商品标准分类》(SITC.Rev4),以 2020 年为例,对中国与黑山互补性指数进行分析,具体数据如表 10-10 所示。

表 10-10 2020 年黑山商品进口额

SITC	商品类别名称	进口额/百万美元
SITC0	食品和活动物	522.93
SITC1	饮料及烟草	88.69
SITC2	非食用燃料(不包含燃料)	58.47
SITC3	矿物燃料、润滑油及有关原料	322.02
SITC4	动、植物油、脂和蜡	16.53
SITC5	未列明的化学品和有关产品	295.75
SITC6	主要按原材料分类的制成品	545.15
SITC7	机械及运输设备	751.75
SITC8	杂项制品	403.48
SITC9	没有分类的其他商品	0.02

资料来源:UN Comtrade 数据库等,经本课题组整理所得。

UN Comtrade 等相关数据库的数据显示,2020 年,中国所有商品进口额约为 2 136 000 百万美元,黑山所有商品进口额为 2 394 百万美元,世界所有商品进口额为 19 867 000 百万美元。

按照公式 $\text{TCI}_{ij} = \text{RCA}_{xik} \times \text{RCA}_{mjk}$,得出计算结果如表 10-11 所示。

表 10-11 2020 年中黑互补性指数计算结果

国家	SITC0	SITC1	SITC2	SITC3	SITC4	SITC5	SITC6	SITC7	SITC8	SITC9
中国	1.33	0.70	0.10	0.16	0.13	0.52	2.20	0.97	2.47	0
黑山	0.54	3.26	18.69	2.69	0.28	0.62	1.48	0.32	0.19	0

根据上述结果分析得到:

(1) 在 SITC6(主要按原材料分类的制成品)这类商品中,中国与黑山贸易互补性指数均大于 1,说明两国在该类商品中互补性强,并未因为在该领域中双方都具有显性比较优势而激烈竞争。

(2) 在 SITC4（动、植物油、脂和蜡）、SITC5（未列明的化学品和有关产品）、SITC7（机械及运输设备）和 SITC9（没有分类的其他商品）这几类商品中，双方 TCI 值均小于1，说明两国互补性较弱。

10.7 中黑合作展望

根据以上分析可知，中国为黑山的主要贸易伙伴，近年来中黑经贸关系发展顺利，双边经贸合作具有良好的基础。中国同黑山政府间建有经济联委会和科技合作委员会等机制，签有共建"一带一路"谅解备忘录等多项合作文件。2019年11月，中国企业参与的黑山莫茹拉风电站投产。中国企业参与的黑山南北高速公路项目积极推进。2019年7月，中国国际电视总公司同黑山国家广播电视台就该台加入"丝绸之路电视国际合作共同体"签署合作备忘录。据中国海关总署统计，2019年中国同黑山双边贸易额1.6亿美元，同比下降28.5%。其中中方出口1.1亿美元，同比下降36.1%；进口0.5亿美元，同比增长3.8%。

但是，黑山的产业技术水平和技术环境相对落后，是劳动力最贫瘠的国家之一，同时其政治环境相对较弱，需要进一步的加强。为了进一步加强中国与黑山的良好贸易往来，对双边贸易发展进行如下展望。

（1）中国工程企业可以通过承包这些国家基础设施类项目进入中东欧市场，来提高黑山的技术水平和环境，从而在国际合作过程中，推动双方在政策、人才等领域的合作。

（2）根据中东欧国家的资源禀赋与其早期对外贸易结构，黑山在中东欧国家中显现出更大的能源优势与合作可能性，中国可以与其建立能源合作关系。

（3）针对黑山的政治环境相对较弱，应扩大双边贸易投资协定范围，积极构建政府层面的双边协商。

第 11 章
波兰的对外贸易

波兰共和国,简称波兰,是一个位于中欧、由 16 个省组成的民主共和制国家。东与乌克兰及白俄罗斯相连,东北与俄罗斯的飞地加里宁格勒州接壤,西与德国接壤,南与捷克和斯洛伐克为邻,北面濒临波罗的海。海岸线长 528 千米。属海洋性向大陆性气候过渡的温带阔叶林气候。1 月份平均气温 $-5 \sim -1$ ℃,7 月份 $17 \sim 19$ ℃。面积 32.26 万平方千米。人口 3 816.9 万(2021 年 5 月)。其中波兰族约占 97.1%(2016 年),此外还有德意志、白俄罗斯、乌克兰、俄罗斯、犹太等少数民族。官方语言为波兰语。首都为华沙,其国家代码为 POL。

波兰国家起源于西斯拉夫人中的波兰、维斯瓦、西里西亚、东波美拉尼亚、马佐维亚等部落的联盟。1939 年 9 月 1 日,法西斯德国入侵波兰,第二次世界大战全面爆发。第二次世界大战后建立波兰共和国,后改名为波兰人民共和国。1980 年,反政府组织——团结工会组织全国大罢工,波当局于 1981 年 12 月至 1983 年 7 月实行战时状态,宣布团结工会为非法组织。1989 年 4 月,议会通过了团结工会合法化和实行议会民主等决议。团结工会在当年 6 月提前举行的议会大选中获胜,成立了以其为主体的政府。12 月 29 日,议会通过宪法修正案,改国名为波兰共和国,将 5 月 3 日定为国庆日。

近年来,波兰经济保持稳定增长。2020 年,受疫情影响,波兰经济下滑 2.8%,经济总量位列欧盟第六,国内生产总值 5 230 亿欧元,人均国内生产总值 13 640 欧元。自然资源方面,主要矿产有煤、页岩气、硫黄、铜、锌、铅、铝、银等。截至 2019 年底,已探明硬煤储量为 643.3 亿吨,褐煤 232.62 亿吨,硫黄 4.95 亿吨,铜银 19.51 亿吨。森林(绿地)面积 925.9 万公顷,森林覆盖率 30.9%。工业方面,2019 年工业总产值按现行价格计算为 16 152 亿兹罗提(约合 3 524 亿欧元),占当年国内生产总值的 70.6%。工业部门从业人员 326.15 万,占就业总数的 20.23%。主要工业产品有煤炭、原钢、小轿车、水泥等。农牧业方面,2019 年农业用地 1 468.95 万公顷,人均占地面积 0.38 公顷。2019 年农村人口 1 534.95 万,占全国人口的 40%。农业就业人数 237.8 万,占就业总数的 14.75%。2018 年农业总产值按现行价格计算为 1 131.5 亿兹罗提(约合 246.7 亿欧元),占当年国内生产总值的 2.1%。主要粮食农作物有小麦、黑麦、大麦、燕麦、甜菜、马铃薯、油菜籽等,主要出口的农副产品有肉、奶、蔬菜、水果、可可及其加工食品。旅游业方面,2019 年接待外国游客 1 861.94 万人次。游客多来自德国、英国、乌克兰、意大利、法国、俄罗斯、西班牙、以色列、瑞典、白俄罗斯、荷兰等。主要旅游胜地有:首都华沙,沿海城市格但斯克、索波特和什切青,以及托伦、奥尔什丁、南部古城克拉科夫、山城扎科帕内、克雷尼察和东部的比亚沃维扎森林区等。

对外贸易方面,据欧盟统计局统计,2020年,波兰货物进出口额为5 088.3亿美元,比上年同期(下同)下降3.2%。其中,出口2 541.7亿美元,下降3.73%;进口2 546.6亿美元,下降2.8%;贸易逆差4.9亿美元。分国别(地区)看,2020年波兰对德国、捷克、英国和法国的出口额分别占波兰出口总额的28.9%、5.9%、5.7%和5.6%,为735.1亿美元、150.3亿美元、145.7亿美元和141.9亿美元,对德国增长6.2%,对捷克、英国和法国分别下降3.1%、4.4%和3%。自德国、中国、意大利和俄罗斯的进口额分别占波兰进口总额的21.9%、14.4%、5.0%和4.5%,为557.9亿美元、367.9亿美元、127.6亿美元和115.2亿美元,除对俄罗斯下降28.1%以外,对德国、中国和意大利分别增加5.8%、20.9%和3.9%。2020年波兰前四大逆差来源地依次是中国、韩国、意大利和俄罗斯,逆差分别为337.3亿美元、54.3亿美元、39.1亿美元和20.3亿美元,对中国和韩国分别增长20.3%和18.9%,对意大利和俄罗斯分别下降1.8%和19.9%;顺差主要来自德国、英国、捷克和法国,分别为117.1亿美元、91.9亿美元、69.6亿美元和54亿美元,对德国增长6%,对英国、捷克和法国分别下降4%、2.5%和3.1%。分商品看,核反应堆、锅炉、机器、机械器具及其零件;车辆及其零件、附件,但铁道及电车道车辆除外;电机、电气设备及其零件、声音的录制和重放设备及其零件、附件是波兰的主要出口商品,2020年出口额分别占波兰出口总额的13.37%、9.74%和11.57%,为339.7亿美元、247.7亿美元和294.0亿美元,其中,电机、电气设备及其零件、声音的录制和重放设备及其零件、附件增长0.25%,核反应堆、锅炉、机器、机械器具及其零件和车辆及其零件、附件,但铁道及电车道车辆除外分别下降7.28%和17.65%。核反应堆、锅炉、机器、机械器具及其零件;车辆及其零件、附件,但铁道及电车道车辆除外;电机、电气设备及其零件、声音的录制和重放设备及其零件、附件同样也是波兰进口的前三大类商品,分别占波兰进口总额的13.25%、8.31%和13.68%,为337.3亿美元、348.3亿美元和211.6亿美元,其中,核反应堆、锅炉、机器、机械器具及其零件和电机、电气设备及其零件、声音的录制和重放设备及其零件、附件分别增长10.15%和22.18%,车辆及其零件、附件,但铁道及电车道车辆除外下降15.8%。

据欧盟统计局统计,2020年,波兰对中国货物进出口额为398.5亿美元,增长20.3%。其中,波兰对中国出口30.6亿美元,增长3.1%,占波兰出口总额的1.2%,增加0.1个百分点;波兰自中国进口367.9亿美元,增长20.9%,占波兰进口总额的14.4%,增加5.6个百分点。波方贸易逆差337.3亿美元,增长68.5%,中国是波兰最大的逆差来源国。截至2020年12月,中国为波兰第19大出口市场和第2大进口来源地。铜及其制品;核反应堆、锅炉、机械器具及零件;电机、电气、音像设备及其零附件是波兰对中国出口的主要产品,2020年三类产品出口额合计占波兰对中国出口总额的55.4%,分别为5.7亿美元、7.5亿美元和3.6亿美元,分别下降12.7%、增长42.8%和基本保持不变,另外,纸及纸板;纸浆、纸或纸板制品的出口额增幅较大,为140%。波兰自中国进口的主要商品为:电机、电气、音像设备及其零附件;核反应堆、锅炉、机械器具及零件和家具,寝具等,灯具,活动房,2020年三类产品进口额合计占波兰自中国进口总额的56.5%,分别为121.4亿美元、71.5亿美元和15亿美元,分别增长72.2%、57.8%和27.3%。这些产品在波兰进口市场中分别占有33%、19.4%和4.1%的份额。另外,波兰自中国进口的非针织或非钩编的服装及衣着附件增幅较大,为169.3%。

11.1 对外贸易发展趋势

2020年波兰货物进出口额为508 829百万美元,比上年(下同)下降3.2%。其中,出口254 169百万美元,下降3.73%;进口254 660百万美元,下降2.8%。

由表11-1和图11-1可知,波兰2008—2020年对外贸易总额呈现波动趋势。2008年相较于2007年明显增长,但在2009年出现了明显下滑。经历2016—2018年比较明显的增长后,2019年出现小幅下滑,2020年再次增长。

表11-1 波兰对外贸易年度表

年 份	总额/百万美元	同比/%	出口额/百万美元	同比/%	进口额/百万美元	同比/%
2008	380 382	24.1	171 022	21.80	209 360	26.0
2009	286 505	−24.7	136 787	−20.00	149 718	−28.5
2010	337 956	18.0	159 819	16.80	178 137	19.0
2011	399 552	18.2	188 794	18.10	210 758	18.3
2012	384 903	−3.7	185 569	−1.70	199 334	−5.4
2013	412 809	7.3	205 088	10.50	207 721	4.2
2014	443 639	7.5	220 067	7.30	223 572	7.6
2015	395 751	−10.8	199 201	−9.50	196 550	−12.1
2016	399 829	1.0	202 533	1.70	197 296	0.4
2017	461 602	15.4	231 006	14.10	230 596	16.9
2018	527 098	12.5	260 601	11.20	266 497	13.9
2019	526 023	−1.2	264 019	0.20	262 004	−2.6
2020	508 829	−3.2	254 169	−3.73	254 660	−2.8

资料来源:商务部国别报告网、UN Comtrade数据库、全球贸易观察等,经本课题组整理所得。

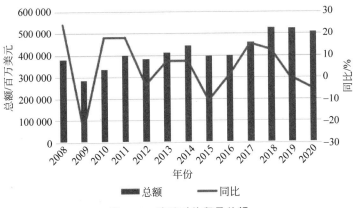

图11-1 波兰对外贸易总额

由表11-1和图11-2可知,波兰2008—2020年对外贸易出口额呈现波动趋势。经历2015年下降之后,2016—2018年对外贸易出口额稳定增长,2020年出口254 169百万美元,较2019年下降3.73个百分点。

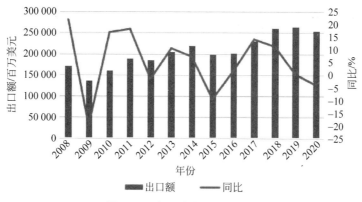

图 11-2　波兰对外贸易出口额

由表 11-1 和图 11-3 可知,波兰 2008—2020 年对外贸易进口额中,2008 年增幅最大,为 26.0%。相比之下,2009 年下降幅度最大,为 28.5%。同时,2020 年对外贸易进口额呈现下降趋势,比 2019 年下降 2.8 个百分点。

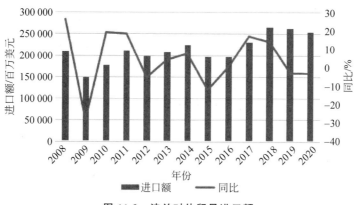

图 11-3　波兰对外贸易进口额

11.2　主要贸易市场结构

2020 年波兰共出口 254 169 百万美元,由表 11-2 和图 11-4 可知,出口伙伴国主要有德国、捷克、英国和法国等国家。其中,出口货物至德国的金额最多,为 73 512 百万美元。在主要出口的伙伴国中,出口德国和瑞典两国的金额较 2019 年有增长趋势。

表 11-2　2020 年波兰对主要贸易伙伴出口额

国　　家	出口额/百万美元	同比/%	占比/%
德国	73 512	6.2	28.9
捷克	15 030	−3.1	5.9
英国	14 568	−4.4	5.7
法国	14 191	−3.0	5.6

续表

国家	出口额/百万美元	同比/%	占比/%
荷兰	10 783	-2.2	4.2
意大利	10 731	-7.9	4.2
俄罗斯	7 607	-3.3	3.0
美国	7 318	-0.2	2.8
瑞典	7 298	4.9	2.8
西班牙	6 437	-1.5	2.5

资料来源：商务部国别报告网、UN Comtrade 数据库、全球贸易观察等，经本课题组整理所得。

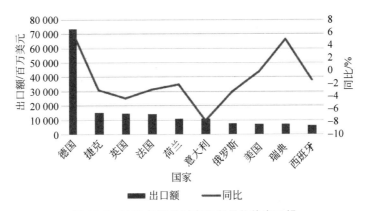

图 11-4　2020 年波兰对主要贸易伙伴出口额

2020 年波兰共进口 254 660 百万美元，由表 11-3 和图 11-5 可知，进口伙伴国主要有德国、中国、意大利和俄罗斯等国家。其中，进口货物自德国的金额最多，为 55 799 百万美元。在主要进口的伙伴国中，法国、俄罗斯、美国和捷克四国的金额较 2019 年有下降趋势，其他均是增长趋势。

表 11-3　2020 年波兰自主要贸易伙伴进口额

国家	进口额/百万美元	同比/%	占比/%
德国	55 799	5.8	21.9
中国	36 790	20.9	14.4
意大利	12 759	3.9	5.0
俄罗斯	11 520	-28.1	4.5
荷兰	10 028	8.3	3.9
法国	8 788	-1.6	3.4
捷克	8 071	-3.4	3.2
美国	7 904	-0.2	3.1
韩国	6 128	20.7	2.4
比利时	5 778	2.3	2.2

资料来源：商务部国别报告网、UN Comtrade 数据库、全球贸易观察等，经本课题组整理所得。

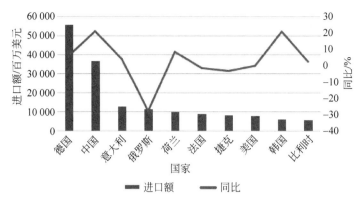

图 11-5　2020 年波兰自主要贸易伙伴进口额

11.3　主要进出口商品结构

2020 年波兰共出口商品 254 169 百万美元,同比下降 3.73%。由表 11-4 和图 11-6 可知,在主要出口商品结构中,有商品编号 84(核反应堆、锅炉、机器、机械器具及其零件)、87(车辆及其零件、附件,但铁道及电车道车辆除外)、85(电机、电气设备及其零件;录音机及放声机、电视图像、声音的录制和重放设备及其零件、附件)、94(家具;寝具、褥垫、弹簧床垫、软坐垫及类似的填充制品;未列名灯具及照明装置;发光标志、发光铭牌及类似品;活动房屋)等。相比 2019 年,商品编号 62(非针织或非钩编的服装及衣着附件)、61(针织或钩编的服装及衣着附件)、89(船舶及浮动结构体)、23(食品工业的残渣及废料;配制的动物饲料)、10(谷物)、15(动、植物油、脂及其分解产品;精制的食用油脂;动、植物蜡)等呈现增长趋势,尤其是 10(谷物)增幅最大。与此同时,商品编号为 44(木及木制品;木炭)的商品下降幅度最大。

表 11-4　2020 年波兰主要出口商品结构

商品编号	商品类别	金额/百万美元	占比/%	同比/%
84	核反应堆、锅炉、机器、机械器具及其零件	33 970.3	13.37	−7.28
87	车辆及其零件、附件,但铁道及电车道车辆除外	24 767.9	9.74	−17.65
85	电机、电气设备及其零件;录音机及放声机、电视图像、声音的录制和重放设备及其零件、附件	29 404.5	11.57	0.25
94	家具;寝具、褥垫、弹簧床垫、软坐垫及类似的填充制品;未列名灯具及照明装置;发光标志、发光铭牌及类似品;活动房屋	14 394.3	5.66	−3.56
39	塑料及其制品	11 900.1	4.68	−7.27
73	钢铁制品	8 331.4	3.28	−5.71
27	矿物燃料、矿物油及其蒸馏产品;沥青物质;矿物蜡	4 018.4	1.58	−31.85
2	肉及食用杂碎	5 512.9	2.17	−5.25
40	橡胶及其制品	5 115.5	2.01	−6.15

续表

商品编号	商品类别	金额/百万美元	占比/%	同比/%
44	木及木制品；木炭	3 582.4	1.41	-32.76
90	光学、照相、电影、计量、检验、医疗或外科用仪器及设备、精密仪器及设备；上述物品的零件、附件	4 931.7	1.94	-6.12
48	纸及纸板；纸浆、纸或纸板制品	5 038.1	1.98	0.63
72	钢铁	4 268.3	1.68	-12.26
24	烟草、烟草及烟草代用品的制品	4 809.2	1.89	16.53
30	药品	4 041.4	1.59	-0.40
33	精油及香膏；芳香料制品及化妆盥洗品	4 210.1	1.66	7.96
74	铜及其制品	3 744.3	1.47	0.99
76	铝及其制品	3 683.5	1.45	0.06
62	非针织或非钩编的服装及衣着附件	4 512.1	1.78	23.34
61	针织或钩编的服装及衣着附件	3 986.2	1.57	25.31
19	谷物、粮食粉、淀粉或乳的制品；糕饼点心	2 733.1	1.08	-9.48
89	船舶及浮动结构体	3 597.6	1.42	21.52
4	乳品；蛋品；天然蜂蜜；其他食用动物产品	2 751.6	1.08	-0.47
38	杂项化学产品	3 033.0	1.19	11.63
95	玩具、游戏品、运动用品及其零件、附件	3 173.8	1.25	17.03
34	肥皂、有机表面活性剂、洗涤剂、润滑剂、人造蜡、调制蜡、光洁剂、蜡烛及类似品、塑型用膏、"牙科用蜡"及牙科用熟石膏制剂	2 874.7	1.13	16.11
64	鞋靴、护腿和类似品及其零件	2 575.1	1.01	5.67
21	杂项食品	2 415.2	0.95	6.28
70	玻璃及其制品	2 154.6	0.85	-4.89
83	贱金属杂项制品	2 266.4	0.89	4.10
49	书籍、报纸、印刷图画及其他印刷品；手稿、打字稿及设计图纸	2 317.4	0.91	7.26
16	肉、鱼、甲壳动物、软体动物及其他水生无脊椎动物的制品	2 229.3	0.88	11.60
18	可可及可可制品	2 144.9	0.84	13.70
3	鱼、甲壳动物、软体动物及其他水生无脊椎动物	1 914.7	0.75	3.37
86	铁道及电车道机车、车辆及其零件；铁道及电车道轨道固定装置及其零件、附件；各种机械（包括电动机械）交通信号设备	1 219.3	0.48	-32.50
82	贱金属工具、器具、利口器、餐匙、餐叉及其零件	1 596.9	0.63	-3.67
23	食品工业的残渣及废料；配制的动物饲料	1 976.2	0.78	22.47
29	有机化学品	1 296.3	0.51	-18.56
20	蔬菜、水果、坚果或植物其他部分的制品	1 552.5	0.61	0.64
96	杂项制品	1 544.8	0.61	0.20
68	石料、石膏、水泥、石棉、云母及类似材料的制品	1 578.0	0.62	3.39
71	天然或养殖珍珠、宝石或半宝石、贵金属、包贵金属及其制品；仿首饰；硬币	1 743.7	0.69	16.41
69	陶瓷产品	1 045.7	0.41	-23.76

续表

商品编号	商品类别	金额/百万美元	占比/%	同比/%
7	食用蔬菜、根及块茎	1 312.8	0.52	−3.71
63	其他纺织制成品；成套物品；旧衣着及旧纺织品；碎织物	1 576.2	0.62	17.76
8	食用水果及坚果；柑橘属水果或甜瓜的果皮	1 323.4	0.52	4.17
32	鞣料浸膏及染料浸膏；鞣酸及其衍生物；染料、颜料及其他着色料；油漆及清漆；油灰及其他胶黏剂；墨水、油墨	1 182.1	0.47	−4.14
88	航空器、航天器及其零件	899.7	0.35	−25.17
22	饮料、酒及醋	1 108.8	0.44	−3.22
28	无机化学品；贵金属、稀土金属、放射性元素及其同位素的有机及无机化合物	986.2	0.39	−10.59
10	谷物	1 951.3	0.77	112.29
17	糖及糖食	834.7	0.33	6.65
31	肥料	706.1	0.28	−5.09
42	皮革制品；鞍具及挽具；旅行用品、手提包及类似容器；动物肠线（蚕胶丝除外）制品	697.6	0.27	0.80
9	咖啡、茶、马黛茶及调味香料	700.6	0.28	9.19
15	动、植物油、脂及其分解产品；精制的食用油脂；动、植物蜡	641.5	0.25	23.01
12	含油子仁及果实；杂项子仁及果实；工业用或药用植物；稻草、秸秆及饲料	574.1	0.23	18.36
59	浸渍、涂布、包覆或层压的织物；工业用纺织制品	355.1	0.14	−26.29
56	絮胎、毡呢及无纺织物；特种纱线；线、绳、索、缆及其制品	543.7	0.21	14.18
5	其他动物产品	382.1	0.15	−2.76

资料来源：商务部国别报告网、UN Comtrade 数据库、全球贸易观察等，经本课题组整理所得。

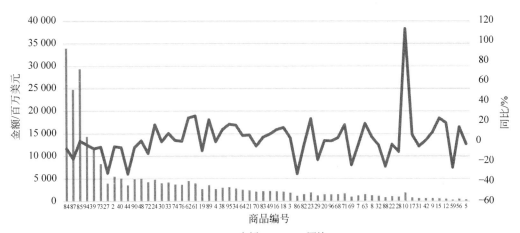

图 11-6 2020 年波兰主要出口商品金额

2020年波兰共进口商品254 660百万美元,同比下降2.8%。由表11-5和图11-7可知,在主要进口商品结构中,有商品编号84(核反应堆、锅炉、机器、机械器具及其零件)、85(电机、电气设备及其零件;录音机及放声机、电视图像、声音的录制和重放设备及其零件、附件)、87(车辆及其零件、附件,但铁道及电车道车辆除外)、27(矿物燃料、矿物油及其蒸馏产品;沥青物质;矿物蜡)、39(塑料及其制品)等。相比2019年,商品编号30(药品)、38(杂项化学产品)、28(无机化学品;贵金属、稀土金属、放射性元素及其同位素的有机及无机化合物)、44(木及木制品;木炭)、63(其他纺织制成品;成套物品;旧衣着及旧纺织品;碎织物)、71(天然或养殖珍珠、宝石或半宝石、贵金属、包贵金属及其制品;仿首饰;硬币)、19(谷物、粮食粉、淀粉或乳的制品;糕饼点心)等呈现大幅增长趋势,涨幅超过30%,尤其是44(木及木制品;木炭)增幅最大,达到63.81%。与此同时,商品编号为88(航空器、航天器及其零件)的商品下降幅度最大。

表11-5 2020年波兰主要进口商品结构

商品编号	商品类别	金额/百万美元	占比/%	同比/%
84	核反应堆、锅炉、机器、机械器具及其零件	33 729.9	13.25	10.15
85	电机、电气设备及其零件;录音机及放声机、电视图像、声音的录制和重放设备及其零件、附件	34 830.9	13.68	22.18
87	车辆及其零件、附件,但铁道及电车道车辆除外	21 165.8	8.31	−15.80
27	矿物燃料、矿物油及其蒸馏产品;沥青物质;矿物蜡	13 479.1	5.29	−32.70
39	塑料及其制品	14 743.2	5.79	10.55
72	钢铁	8 588.6	3.37	−5.83
30	药品	8 499.5	3.34	31.38
73	钢铁制品	5 682.9	2.23	1.81
90	光学、照相、电影、计量、检验、医疗或外科用仪器及设备、精密仪器及设备;上述物品的零件、附件	5 758.6	2.26	3.20
48	纸及纸板;纸浆、纸或纸板制品	4 954.2	1.95	−0.77
76	铝及其制品	4 534.7	1.78	3.32
62	非针织或非钩编的服装及衣着附件	5 310.9	2.09	25.42
61	针织或钩编的服装及衣着附件	4 838.2	1.90	19.55
94	家具;寝具、褥垫、弹簧床垫、软坐垫及类似的填充制品;未列名灯具及照明装置;发光标志、发光铭牌及类似品;活动房屋	4 108.7	1.61	3.22
99	未按种类指定的商品	2 230.3	0.88	−43.40
40	橡胶及其制品	3 914.4	1.54	−0.09
95	玩具、游戏品、运动用品及其零件、附件	3 483.5	1.37	8.83
29	有机化学品	3 207.1	1.26	1.79
64	鞋靴、护腿和类似品及其零件	3 302.2	1.30	8.08
38	杂项化学产品	4 101.8	1.61	42.32
33	精油及香膏;芳香料制品及化妆盥洗品	3 000.7	1.18	6.08
3	鱼、甲壳动物、软体动物及其他水生无脊椎动物	2 379.9	0.93	−0.32
89	船舶及浮动结构体	1 413.4	0.56	−38.10

续表

商品编号	商品类别	金额/百万美元	占比/%	同比/%
23	食品工业的残渣及废料;配制的动物饲料	2 591.6	1.02	15.41
83	贱金属杂项制品	2 028.6	0.80	0.53
2	肉及食用杂碎	1 784.6	0.70	-8.82
32	鞣料浸膏及染料浸膏;鞣酸及其衍生物;染料、颜料及其他着色料;油漆及清漆;油灰及其他胶黏剂;墨水、油墨	2 078.8	0.82	7.64
88	航空器、航天器及其零件	875.4	0.34	-54.30
8	食用水果及坚果;柑橘属水果或甜瓜的果皮	2 302.6	0.90	27.71
74	铜及其制品	1 996.7	0.78	10.91
82	贱金属工具、器具、利口器、餐匙、餐叉及其零件	1 495.0	0.59	-0.21
70	玻璃及其制品	1 406.7	0.55	-4.97
28	无机化学品;贵金属、稀土金属、放射性元素及其同位素的有机及无机化合物	2 307.5	0.91	61.34
34	肥皂、有机表面活性剂、洗涤剂、润滑剂、人造蜡、调制蜡、光洁剂、蜡烛及类似品、塑型用膏、"牙科用蜡"及牙科用熟石膏制剂	1 600.5	0.63	12.50
18	可可及可可制品	1 531.4	0.60	15.09
21	杂项食品	1 365.6	0.54	3.49
44	木及木制品;木炭	2 104.5	0.83	63.81
4	乳品;蛋品;天然蜂蜜;其他食用动物产品	1 193.1	0.47	0.87
26	矿砂、矿渣及矿灰	1 058.2	0.42	-10.30
7	食用蔬菜、根及块茎	1 134.4	0.45	-0.03
63	其他纺织制成品;成套物品;旧衣着及旧纺织品;碎织物	1 575.2	0.62	39.31
22	饮料、酒及醋	1 330.6	0.52	23.50
15	动、植物油、脂及其分解产品;精制的食用油脂;动、植物蜡	1 302.3	0.51	24.13
42	皮革制品;鞍具及挽具;旅行用品、手提包及类似容器;动物肠线(蚕胶丝除外)制品	947.8	0.37	-8.46
31	肥料	953.6	0.37	-4.79
24	烟草、烟草及烟草代用品的制品	1 236.8	0.49	25.24
71	天然或养殖珍珠、宝石或半宝石、贵金属、包贵金属及其制品;仿首饰;硬币	1 466.5	0.58	49.45
20	蔬菜、水果、坚果或植物其他部分的制品	999.5	0.39	7.56
96	杂项制品	903.4	0.35	3.09
68	石料、石膏、水泥、石棉、云母及类似材料的制品	833.7	0.33	-0.10
86	铁道及电车道机车、车辆及其零件;铁道及电车道轨道固定装置及其零件、附件;各种机械(包括电动机械)交通信号设备	844.2	0.33	2.61
25	盐;硫黄;泥土及石料;石膏料、石灰及水泥	764.1	0.30	-7.10
1	活动物	781.4	0.31	-4.84

续表

商品编号	商品类别	金额/百万美元	占比/%	同比/%
9	咖啡、茶、马黛茶及调味香料	914.2	0.36	12.22
54	化学纤维长丝	697.0	0.27	-12.50
19	谷物、粮食粉、淀粉或乳的制品;糕饼点心	1 070.7	0.42	36.05
49	书籍、报纸、印刷图画及其他印刷品;手稿、打字稿及设计图纸	854.2	0.34	9.90
56	絮胎、毡呢及无纺织物;特种纱线;线、绳、索、缆及其制品	753.9	0.30	0.55
12	含油子仁及果实;杂项子仁及果实;工业用或药用植物;稻草、秸秆及饲料	746.1	0.29	0.03
47	木浆及其他纤维状纤维素浆;纸及纸板的废碎品	624.0	0.25	-15.30

资料来源:全球贸易观察、UN Comtrade 数据库等,经本课题组整理所得。

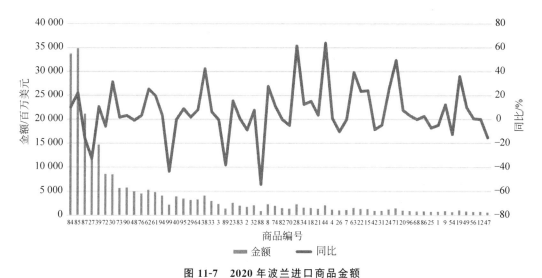

图 11-7 2020 年波兰进口商品金额

11.4 波兰优势产业及其特征

1. 汽车制造业

波兰汽车及其零部件制造业优势较为明显,每年约 98% 的产出出口国外市场。波兰汽车工业的主要特点是外资企业占主导地位,以汽车装配为主,汽车零部件生产商技术标准高、品种齐全,加工生产增长较快。意大利菲亚特公司是该行业的主要西方投资者,占有 57% 的市场份额,生产基地位于波兰西南部城市别尔斯克-比亚瓦。菲亚特汽车波兰公司、通用汽车波兰公司(波兰欧宝)、大众汽车波兹南公司和波兰 FSO 股份公司 4 家汽车制造商的产量,占据波兰汽车总产量的 99%。波兰汽车零部件产业蓬勃发展,已成为欧洲汽车零部件主要生产国之一,全球重要的汽车零部件制造商如天合、天纳克、法雷奥、德尔福、威伯拉、佛吉亚、依顿等也在波兰建立了研发中心,大众、欧宝、奥迪、菲亚特、斯柯达和本田等著名品牌的发动机、变速箱等零部件都在波兰生产。

2018年上半年,波兰机动车产量36.21万辆,较2017年同期下降6.7%,其中,客运车辆产量下降26.13万辆,降幅达13.6%,而公共运输车辆产量则上升13.2%,达到2950辆。同期,轻型商务车(LCV)和重型商务车(HCV)产量增幅达到17.7%,产出9.79万。该行业人力资本储备丰富,越来越多的学生选择汽车工程相关专业,仅2012—2013学年,就有约7%的在校生选择汽车工程专业,当年毕业生2.1万。

2. 家具制造业

近年来,波兰成为世界第六大家具制造国、第四大家具出口国。2017年,波兰家具制造业出口额达129亿美元,占当年货物出口总额的5.8%,包括家具、寝具、坐垫、床垫、照明装置等均有较强优势(RCA指标排名第二),特别是坐垫、家具及其零件出口规模较大,出口目的国主要为西欧国家,包括德国、英国、捷克、法国及荷兰等。

波兰是仅次于中国的宜家第二大供应国,拥有超过2.7万家家具制造企业,其中大企业407家,与中等规模企业产量之和占行业总产量的75%以上。波兰当地规模较大的企业包括BRW(Black Red White,波兰和海外拥有21个生产厂)、Nowy Styl集团公司(欧洲第三大办公家具制造商,拥有高技术办公家具生产厂),此外,还有Forte、Szynaka和Wojcik处于行业领先地位。2017年,波兰对中国出口占该类产品出口的12.5%,目前与中国企业合作程度一般,中波该领域产业内贸易规模可进一步提高。

3. 烟草制品业

波兰是欧盟第二大烟草制品生产国,按价值链划分为四个阶段,即烟草种植、初级加工、烟草制品制造及销售。2016年,波兰烟草制品产出15.8万吨,其中包括香烟1750亿只和其他烟草产品2.7万吨。创造相关就业岗位56万个,包括烟草种植5万人、烟草制造约1万,其他涉及烟草贸易与分销。波兰烟草种植以Virginia和Burley为主,大型烟草加工企业主要有两家:Universal LeafTobacco Poland位于Jędrzejów,还有Fermentownia Tytoniu Krasnystaw(Krasnystaw)。烟草制造商以跨国公司为主,包括Philip Morris(Kraków)、British AmericanTobacco(Augustów)、Imperial Tobacco(Radom)、Tarnów Podgórny(Poznań)和JTI factory(Stary Gostków,Łódź附近)。坐落于Radom的International TobaccoMachinery Poland S.A.是世界最大的专门设计制造烟草生产设备的企业之一,还有一系列提供设备维护的企业。此外,共享服务中心为大型烟草公司提供行政管理和会计服务。

4. 商务服务业

商务服务业(business services sector,BSS)优势明显,2015年就业人数达到19.35万。波兰以其高质量服务、可忽略的文化差异、较小的时差成为美欧企业外包服务的首选。截至2015年底,波兰分别拥有信息技术服务和共享服务中心(shared service center,SSC)368家与238家,占商务服务中心数量的43%和28%,分别提供就业岗位5.9万个和6.3万个。传统外包服务以呼叫中心、人力资源和会计服务外包为主,但在政府优惠政策的引导下,越来越多的研发中心向波兰转移。此外,大量接受过高等教育的熟练劳动力流入大城市,使劳动力成本维持在较低水平。近年来,劳动力金融服务水平的提高吸引企业将资产管理服务外包给波兰企业。与此同时,财政部与经济委员会正积极合作,致力于修改相关法规,该行业的升级再造为中国企业利用当地劳动力成本优势提供了机会。

5. 运输服务业

波兰位于欧洲中部,西与德国为邻,南与捷克、斯洛伐克接壤,东邻俄罗斯、白俄罗斯、乌克兰,北濒波罗的海,成为架起东西欧、南北欧的桥梁,因此造就出波兰高度发达的运输服务业。其中,公路和铁路运输是规模最大的部门,政府对其基础设施升级改造投入大量资金,公路运输占货物运输总规模的88%,而客运仅占40.1%,相比而言,旅客运输市场则较为分散,铁路客运和空运各占30.5%与28%。

11.5 中波双边贸易概况

2020年波兰与中国双边货物进出口额为398.5亿美元。分商品类别看,波兰自中国进口金额最多的商品为机电产品,对中国出口金额最多的商品为核反应堆、锅炉、机械器具及零件。

2020年波兰对中国共出口商品3 059百万美元,同比增长3.1%。由表11-6和图11-8可知,在出口主要商品结构中,商品编号48(纸及纸板;纸浆、纸或纸板制品)增幅最大,达到140%。与此同时,商品编号为2(肉及食用杂碎)的商品下降幅度最大。

表11-6 2020年波兰对中国出口主要商品结构

商品编号	商品类别	金额/百万美元	占比/%	同比/%
74	铜及其制品	577	18.9	−12.7
84	核反应堆、锅炉、机器、机械器具及其零件	754	24.6	42.8
85	电机、电气设备及其零件;录音机及放声机、电视图像、声音的录制和重放设备及其零件、附件	365	11.9	0.0
44	木及木制品;木炭	22	0.7	−86.5
94	家具;寝具、褥垫、弹簧床垫、软坐垫及类似的填充制品;未列名灯具及照明装置;发光标志、发光铭牌及类似品;活动房屋	116	3.8	−24.2
40	橡胶及其制品	136	4.4	−4.2
87	车辆及其零件、附件,但铁道及电车道车辆除外	117	3.8	−4.1
90	光学、照相、电影、计量、检验、医疗或外科用仪器及设备、精密仪器及设备;上述物品的零件、附件	100	3.3	−12.3
39	塑料及其制品	76	2.5	−14.6
4	乳品;蛋品;天然蜂蜜;其他食用动物产品	135	4.4	51.7
2	肉及食用杂碎	1	0.0	−98.2
73	钢铁制品	43	1.4	−18.9
68	石料、石膏、水泥、石棉、云母及类似材料的制品	44	1.4	−8.3

续表

商品编号	商品类别	金额/百万美元	占比/%	同比/%
28	无机化学品;贵金属、稀土金属、放射性元素及其同位素的有机及无机化合物	17	0.6	-45.2
19	谷物、粮食粉、淀粉或乳的制品;糕饼点心	36	1.2	20.0
26	矿砂、矿渣及矿灰	17	0.6	-34.6
38	杂项化学产品	19	0.6	-24.0
48	纸及纸板;纸浆、纸或纸板制品	48	1.6	140.0
82	贱金属工具、器具、利口器、餐匙、餐叉及其零件	24	0.8	20.0
30	药品	30	1.0	66.7
83	贱金属杂项制品	2	0.1	-86.7
69	陶瓷产品	25	0.8	66.7
34	肥皂、有机表面活性剂、洗涤剂、润滑剂、人造蜡、调制蜡、光洁剂、蜡烛及类似品、塑型用膏、"牙科用蜡"及牙科用熟石膏制剂	20	0.7	53.8
5	其他动物产品	2	0.1	-84.6
33	精油及香膏;芳香料制品及化妆盥洗品	11	0.4	-8.3
59	浸渍、涂布、包覆或层压的织物;工业用纺织制品	14	0.5	16.7
76	铝及其制品	15	0.5	50.0
86	铁道及电车道机车、车辆及其零件;铁道及电车道轨道固定装置及其零件、附件;各种机械(包括电动机械)交通信号设备	8	0.3	-11.1
32	鞣料浸膏及染料浸膏;鞣酸及其衍生物;染料、颜料及其他着色料;油漆及清漆;油灰及其他胶黏剂;墨水、油墨	6	0.2	-25.0

资料来源:商务部国别报告网、UN Comtrade 数据库、全球贸易观察等,经本课题组整理所得。

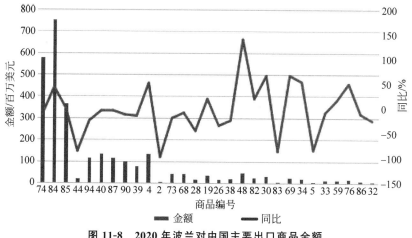

图 11-8 2020 年波兰对中国主要出口商品金额

2020 年波兰自中国共进口商品 36 790 百万美元,同比增长 21%。由表 11-7 和图 11-9 可知,在进口主要商品结构中,以商品编号 85(电机、电气设备及其零件;录音机及放声机、电视图像、声音的录制和重放设备及其零件、附件)、84(核反应堆、锅炉、机器、机械器具及其零件)为主,上述商品占总进口商品金额的52.4%。相比2019年,除商品编号30(药品)、72(钢铁)的商品,其余商品均呈增长态势,尤其是62(非针织或非钩编的服装及衣着附件)增幅最大。与此同时,商品编号为30(药品)的商品下降幅度最大。

表11-7 2020年波兰自中国进口主要商品结构

商品编号	商品类别	金额/百万美元	占比/%	同比/%
85	电机、电气设备及其零件;录音机及放声机、电视图像、声音的录制和重放设备及其零件、附件	12 142	33.0	72.2
84	核反应堆、锅炉、机器、机械器具及其零件	7 151	19.4	57.8
94	家具;寝具、褥垫、弹簧床垫、软坐垫及类似的填充制品;未列名灯具及照明装置;发光标志、发光铭牌及类似品;活动房屋	1 500	4.1	27.3
90	光学、照相、电影、计量、检验、医疗或外科用仪器及设备、精密仪器及设备;上述物品的零件、附件	1 125	3.1	53.3
95	玩具、游戏品、运动用品及其零件、附件	1 578	4.3	124.8
73	钢铁制品	785	2.1	16.0
39	塑料及其制品	911	2.5	43.0
87	车辆及其零件、附件,但铁道及电车道车辆除外	803	2.2	32.5
62	非针织或非钩编的服装及衣着附件	1 562	4.2	169.3
61	针织或钩编的服装及衣着附件	1 245	3.4	122.7
64	鞋靴、护腿和类似品及其零件	886	2.4	114.0
29	有机化学品	526	1.4	37.3
83	贱金属杂项制品	424	1.2	22.5
76	铝及其制品	374	1.0	12.3
42	皮革制品;鞍具及挽具;旅行用品、手提包及类似容器;动物肠线(蚕胶丝除外)制品	406	1.1	38.6
63	其他纺织制成品;成套物品;旧衣着及旧纺织品;碎织物	763	2.1	164.0
82	贱金属工具、器具、利口器、餐匙、餐叉及其零件	350	1.0	21.1
40	橡胶及其制品	290	0.8	33.6
70	玻璃及其制品	225	0.6	4.2
54	化学纤维长丝	256	0.7	28.6
30	药品	151	0.4	−22.6
96	杂项制品	233	0.6	25.3
38	杂项化学产品	432	1.2	149.7
48	纸及纸板;纸浆、纸或纸板制品	148	0.4	10.4
72	钢铁	103	0.3	−15.6
69	陶瓷产品	131	0.4	9.2
3	鱼、甲壳动物、软体动物及其他水生无脊椎动物	130	0.4	15.0
68	石料、石膏、水泥、石棉、云母及类似材料的制品	107	0.3	2.9
67	已加工羽毛、羽绒及其制品;人造花;人发制品	89	0.2	1.1
44	木及木制品;木炭	103	0.3	21.2

资料来源:商务部国别报告网、UN Comtrade数据库、全球贸易观察等,经本课题组整理所得。

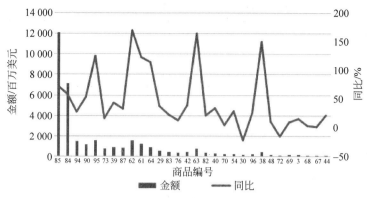

图 11-9 2020 年波兰自中国主要进口商品金额

11.6 中波贸易竞争性与互补性分析

11.6.1 中波显性比较优势指数分析

本书利用《国际贸易商品标准分类》(SITC. Rev4),以 2020 年为例,对中国与波兰显性比较优势指数进行分析,具体数据如表 11-8 所示。

表 11-8 2020 年波兰商品出口额

SITC	商品类别名称	出口额/百万美元
SITC0	食品和活动物	28 251.52
SITC1	饮料及烟草	4 980.96
SITC2	非食用燃料(不包含燃料)	5 958.20
SITC3	矿物燃料、润滑油及有关原料	6 802.02
SITC4	动、植物油、脂和蜡	291.18
SITC5	未列明的化学品和有关产品	23 643.64
SITC6	主要按原材料分类的制成品	49 010.63
SITC7	机械及运输设备	97 650.23
SITC8	杂项制品	44 729.72
SITC9	没有分类的其他商品	497.16

资料来源:UN Comtrade 数据库等,经本课题组整理所得。

UN Comtrade 等相关数据库的数据显示,2020 年,中国所有商品出口额约为 2 487 000 百万美元,波兰所有商品出口额为 254 169 百万美元,世界所有商品出口额为 19 475 000 百万美元。

按照公式 $RCA_{xik}=(X_{ik}/X_{wk})/(X_i/X_w)$,得出计算结果如表 11-9 所示。

表 11-9 2020 年中波显性比较优势指数计算结果

国 家	SITC0	SITC1	SITC2	SITC3	SITC4	SITC5	SITC6	SITC7	SITC8	SITC9
中国	0.44	0.19	0.20	0.19	0.10	0.60	1.38	1.37	1.99	0.04
波兰	1.80	2.36	0.65	0.26	0.26	0.81	1.57	1.05	1.49	0.03

根据上述结果分析得到：

（1）波兰除了 SITC2[非食用燃料（不包含燃料）]、SITC3（矿物燃料、润滑油及有关原料）、SITC4（动、植物油、脂和蜡）、SITC5（未列明的化学品和有关产品）和 SITC9（没有分类的其他商品）五类商品外，其余商品均具有显性比较优势。其中，SITC1（饮料及烟草）的 RCA 值最高，为 2.36，说明具有比较明显的显性比较优势。

（2）在 SITC6（主要按原材料分类的制成品）、SITC7（机械及运输设备）和 SITC8（杂项制品）三类商品中，中国与波兰都具有显性比较优势。在 SITC2[非食用燃料（不包含燃料）]、SITC3（矿物燃料、润滑油及有关原料）、SITC4（动、植物油、脂和蜡）、SITC5（未列明的化学品和有关产品）和 SITC9（没有分类的其他商品）这五类商品中，两国显性优势比较指数均小于1，说明两国都不具备比较优势。

11.6.2 中波互补性指数分析

本书利用《国际贸易商品标准分类》（SITC. Rev4），以 2020 年为例，对中国与波兰互补性指数进行分析，具体数据如表 11-10 所示。

表 11-10 2020 年波兰商品进口额

SITC	商品类别名称	进口额/百万美元
SITC0	食品和活动物	18 655.49
SITC1	饮料及烟草	1 912.78
SITC2	非食用燃料（不包含燃料）	8 176.19
SITC3	矿物燃料、润滑油及有关原料	23 549.71
SITC4	动、植物油、脂和蜡	915.28
SITC5	未列明的化学品和有关产品	36 447.67
SITC6	主要按原材料分类的制成品	46 744.81
SITC7	机械及运输设备	92 805.60
SITC8	杂项制品	34 314.95
SITC9	没有分类的其他商品	4 177.41

资料来源：UN Comtrade 数据库等，经本课题组整理所得。

UN Comtrade 等相关数据库的数据显示，2020 年，中国所有商品进口额约为 2 136 000 百万美元，波兰所有商品进口额为 254 660 百万美元，世界所有商品进口额为 19 867 000 百万美元。

按照公式 $TCI_{ij} = RCA_{xik} \times RCA_{mjk}$，得出计算结果如表 11-11 所示。

表 11-11　2020 年中波互补性指数计算结果

国家	SITC0	SITC1	SITC2	SITC3	SITC4	SITC5	SITC6	SITC7	SITC8	SITC9
中国	0.53	0.17	0.15	0.13	0.08	0.71	2.11	1.34	2.36	0.02
波兰	0.95	1.13	2.07	0.34	0.22	0.74	1.02	1.34	1	0.03

根据上述结果分析得到：

(1) 在 SITC6（主要按原材料分类的制成品）、SITC7（机械及运输设备）和 SITC8（杂项制品）这三类商品中，中国与波兰贸易互补性指数均大于 1，说明两国在该类商品中互补性强，并未因为在该领域中双方都具有显性比较优势而激烈竞争。

(2) 在 SITC0（食品和活动物）、SITC3（矿物燃料、润滑油及有关原料）、SITC4（动、植物油、脂和蜡）、SITC5（未列明的化学品和有关产品）和 SITC9（没有分类的其他商品）这几类商品中，双方 TCI 值均小于 1，说明两国互补性较弱。

11.7　中波合作展望

通过上述分析，不难看出近些年来中波贸易关系发展顺利，双边贸易合作频繁。2019 年 10 月，第三届中国—中东欧国家海关合作论坛在波兰举办。11 月，波兰政府代表团和 51 家企业来华参加第二届中国国际进口博览会，双方企业成交金额位居中东欧国家之首。截至 2019 年底，中国对波直接投资累计约 6 亿美元，波对华直接投资累计资约 2.3 亿美元。我向波出口的主要商品有机电、纺织、鞋类、家电、运输设备、钢铁、家具等，进口铜、化工、机电、钢铁、运输设备、纸制品、家具等产品。

但是，波兰的基础设施比较落后，大量路线最高行驶速度不足 80 千米/小时，1/3 路线需要维修与维护，同时其铁路网络技术严重退化，波兰铁路货运总量比重近年出现下降趋势。为了进一步加强中国与波兰的良好贸易往来，对双边贸易发展进行如下展望。

(1) 波兰针对国内交通基础设施在《2020 交通发展战略及 2030 展望》和《2030 铁路发展计划》等规划中提到了建设与整合。中方企业可以对其项目进行融资、建造，以减轻波兰政府的财政负担。

(2) 波兰的煤、硫黄、铜、银类矿产资源丰富，出口量位居世界前列。中国经济快速增长，对矿产、矿物燃料资源的依存度持续上涨，能源供需缺口不断加大。两方可以进行长期、深度合作。

(3) 服务业是国与国合作最薄弱的环节，而其中的旅游业可以很好地带动中东欧国家的对外服务贸易。当前旅游业已成为多数中东欧国家的经济支柱和重点鼓励发展行业，因此两国旅游业合作可以全面铺开、深入合作。

第 12 章 罗马尼亚的对外贸易

罗马尼亚,位于东南欧巴尔干半岛北部。北和东北分别同乌克兰与摩尔多瓦为邻,南接保加利亚,西南和西北分别同塞尔维亚与匈牙利接壤,东南邻黑海。海岸线 245 千米,温带大陆性气候。年均降水量 637 毫米。四季分明,平均气温 1 月为 $-3\sim5$ ℃,7 月为 $22\sim-24$ ℃。面积 23.8 万平方千米。截至 2020 年,总人口 1 932 万。罗马尼亚族占 88.6%,匈牙利族占 6.5%,罗姆族占 3.2%,日耳曼族和乌克兰族各占 0.2%,其余民族为俄罗斯、土耳其、鞑靼等。城市人口所占比例为 53.8%,农村人口所占比例为 46.2%。官方语言为罗马尼亚语,主要少数民族语言为匈牙利语。首都布加勒斯特,面积 228 平方千米,人口 214 万(2019 年)。

罗马尼亚人的祖先为达契亚人。约公元前 1 世纪,布雷比斯塔建立了第一个中央集权和独立的达契亚奴隶制国家。公元 106 年,达契亚国被罗马帝国征服后,达契亚人同罗马人共居融合,形成罗马尼亚民族。14 世纪先后建立瓦拉几亚、摩尔多瓦和特兰西瓦尼亚 3 个公国。16 世纪后成为奥斯曼帝国的附属国。1859 年,瓦拉几亚公国和摩尔多瓦公国合并,称罗马尼亚,仍隶属奥斯曼帝国。1877 年 5 月 9 日,罗马尼亚宣布独立。1881 年,改称罗马尼亚王国。1918 年 12 月 1 日,特兰西瓦尼亚公国同罗马尼亚王国合并。至此,罗马尼亚形成统一的民族国家。第二次世界大战期间,安东尼斯库政权参加德、意、日法西斯同盟。1944 年 8 月 23 日,罗举行反法西斯武装起义。1945 年 3 月 6 日,罗成立联合政府。1947 年 12 月 30 日,成立罗马尼亚人民共和国。1965 年,改国名为罗马尼亚社会主义共和国。1989 年 12 月 22 日,齐奥塞斯库政权被推翻,罗马尼亚救国阵线委员会接管国家一切权力,易国名为罗马尼亚,定国庆日为 12 月 1 日。

2020 年国内生产总值 2 131 亿欧元,人均国内生产总值 1.1 万欧元,国内生产总值增长率 -3.9%。矿藏有石油、天然气、煤、铝土矿、金、银、铁、锰、锑、盐、铀、铅等,森林面积为 653 万公顷,约占全国面积的 27.3%,水力资源蕴藏量为 625 万千瓦。内河和沿海产多种鱼类。工业方面,主要工业部门有冶金、汽车制造、石油化工和仪器加工等。2020 年工业产值同比下降 9.2%,其中采掘业下降 9.9%,加工业下降 10.2%,能源业下降 2.7%。农业方面,农业在罗经济中占有重要地位。罗马尼亚土地肥沃,雨水充足,农业生产条件良好。2020 年粮食产量 3 400 万吨。全国农业种植面积 1 470 万公顷,其中耕地面积 1 000 万公顷。主要种植小麦、玉米、向日葵、土豆、苹果、葡萄等。服务业方面,2017 年、2018 年、2019 年,罗马尼亚服务业占国内生产总值比重分别为 56%、58%、58%,产值同比分别增长 10.8%、10.3%、10.6%。其中,旅游资源较丰富。主要旅游点包括布加勒斯特、黑海海滨、多瑙河三角洲、摩尔多瓦地区、喀尔巴阡山山区等。2018 年、2019 年、2020 年,接待外国旅游者分别为 280 万人次、267 万人次、45 万人次。交通运输方面，以公路、铁路运输为主。铁路总长 10 765 千米，其中电气化铁路占 37.4%。2018 年铁路货运量 5 542 万吨，客运量 6 650 万人次。公路总长 8.62 万千米，其中高速公路 830 千米，国家级公路 1.8 万千米。2018 年公路货运量为 2.4 亿吨，客运量 3.6 亿人次。河道长 1 779 千米，拥有港口 35 个、海港 3 个。2018 年内河货运量为 2 971 万吨，客运量 12 万人次；海运货运量为 4 911 万吨。截至 2020 年，康斯坦察港有 156 个泊位，是黑海第一大港。空运已开辟连接首都和国内 17 个城市、欧洲大多数国家的航线。主要航空公司为罗马尼亚航空公司（TAROM）。有 6 个国际机场，最重要的是布加勒斯特广达国际机场，还有康斯坦察、蒂米什瓦拉、阿拉德、锡比乌、苏恰瓦机场。2018 年空运货运量为 4.9 万吨，客运量 2 181 万人次。

对外贸易方面，罗马尼亚目前同世界 180 多个国家和地区有经贸往来。2020 年贸易进出口总额 1 631 亿欧元，同比下降 6.2%。其中罗方出口额 710 亿欧元，进口额 921 亿欧元，逆差 211 亿欧元。主要出口产品：鞋类、服装、纺织品。主要进口产品：机电、家电、矿产品、石油产品。主要贸易国：德国、意大利、匈牙利。

罗马尼亚是欧盟成员国，据欧盟统计局统计，分国别（地区）看，其超过一半的货物贸易是在欧盟内部进行。在欧盟区域内，罗马尼亚最主要的出口国是德国、意大利和法国，2020 年出口额为 161.9 亿美元、76.3 亿美元和 47.8 亿美元，增减幅分别为 −6.6%、−12.3% 和 −10.3%，占罗马尼亚出口总额的 22.8%、10.7% 和 6.7%；欧盟区域内主要的进口国是德国和意大利，2020 年进口额为 191.7 亿美元和 82.2 亿美元，下降 1.7% 和 6.8%，占罗马尼亚进口总额的 20.8% 和 8.9%。在欧盟区域外，中国是罗马尼亚最主要的进口国，2020 年进口额为 57.44 亿美元，增长 13.5%，占罗马尼亚进口总额的 6.24%。分商品看，机电产品、机械器具及其零件和车辆及其零件是罗马尼亚的前三大类进口商品，2020 年分别进口 143.9 亿美元、113.5 亿美元和 83 亿美元，增减幅分别为 −1.5%、−1.7% 和 −13.6%，占罗马尼亚进口总额的 15.6%、12.3% 和 9%。

据欧盟统计局统计，2020 年罗马尼亚对中国出口 9.4 亿美元，增加 10.9%；自中国进口 57.44 亿美元，增加 13.5%。2020 年，罗马尼亚核反应堆、锅炉、机械器具及零件对中国年出口额为 2.92 亿美元，增长 194.8%，占罗马尼亚对中国出口总额的 30.9%。木及木制品是罗马尼亚对中国出口的第二大类商品，出口 1.94 亿美元，增长 41.8%，占罗马尼亚对中国出口总额的 20.6%。电机、电气、音像设备及其零附件是罗马尼亚对中国出口的第三大类产品，出口 1.68 亿美元，增长 0.3%。罗马尼亚自中国进口的主要商品为机电产品、机械器具及其零件和医疗设备及其零件，2019 年三类商品分别进口 16.8 亿美元、12.9 亿美元和 3 亿美元，合计占罗马尼亚自中国进口总额的 57%。

12.1 对外贸易发展趋势

2020 年罗马尼亚货物进出口额为 163 102 百万美元，比上年（下同）下降 6.2%。其中，出口 71 046 百万美元，下降 8.1%；进口 92 056 百万美元，下降 4.7%。

由表 12-1 和图 12-1 可知，罗马尼亚 2008—2020 年对外贸易总额呈现波动趋势。经历

2008 年的明显上升后,2009 年出现了剧烈下滑。2010 年和 2011 年保持稳定增长,但在 2012 年出现了小幅下跌。2013 年与 2014 年止跌反弹,但在 2015 年出现了明显下滑。经历 2016—2018 年比较明显的增长后,2019 年和 2020 年又出现了小幅下滑。

表 12-1 罗马尼亚对外贸易年度表

年 份	总额/百万美元	同比/%	出口额/百万美元	同比/%	进口额/百万美元	同比/%
2008	133 976	20.6	49 685	22.5	84 291	19.4
2009	95 139	−29.0	40 674	−18.1	54 465	−35.4
2010	111 617	17.3	49 556	21.8	62 061	13.9
2011	139 595	25.1	63 052	27.2	76 543	23.3
2012	128 168	−8.2	57 902	−8.2	70 266	−8.2
2013	139 391	8.8	65 873	13.8	73 518	4.6
2014	147 481	5.8	69 729	5.9	77 752	5.8
2015	130 468	−11.5	60 618	−13.1	69 850	−10.2
2016	138 105	5.9	63 539	4.8	74 566	6.8
2017	156 298	13.2	70 785	11.4	85 513	14.7
2018	177 444	13.5	79 669	12.6	97 775	14.3
2019	173 407	−2.3	76 875	−3.5	96 532	−1.2
2020	163 102	−6.2	71 046	−8.1	92 056	−4.7

资料来源:商务部国别报告网、UN Comtrade 数据库、全球贸易观察等,经本课题组整理所得。

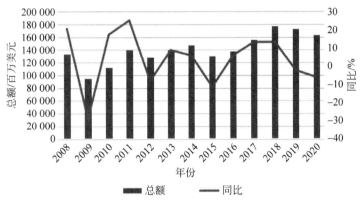

图 12-1 罗马尼亚对外贸易总额

由表 12-1 和图 12-2 可知,罗马尼亚 2008—2020 年对外贸易出口额呈现波动趋势。2008 年和 2009 年情况截然相反,2008 年飞速上升,而 2009 年大幅下滑。2010 年和 2011 年止跌反弹,并维持明显上升趋势。但是,2012 年又出现了下滑,2013 年和 2014 年明显回升。经历了 2015 年同比下降之后,2016—2018 年对外贸易出口额稳定增长,但在 2019 年和 2020 年又出现小幅下滑。

由表 12-1 和图 12-3 可知,罗马尼亚 2008—2020 年对外贸易进口额中,2018 年进口额最多,为 97 775 百万美元。2011 年增幅最大,为 23.3%。相比之下,2009 年进口额最少,为

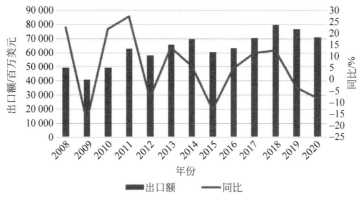

图 12-2　罗马尼亚对外贸易出口额

54 465 百万美元,且下降幅度最大,为 35.4%。同时,2020 年对外贸易进口额持续呈现下降趋势,比 2019 年下跌 4.7 个百分点。

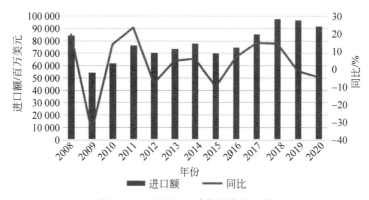

图 12-3　罗马尼亚对外贸易进口额

12.2　主要贸易市场结构

2020 年罗马尼亚共出口 71 046 百万美元,出口伙伴国主要有德国、意大利和法国等国家;共进口 92 056 百万美元,进口伙伴国主要有德国、意大利和匈牙利三国。

由表 12-2 和图 12-4 可知,2019 年罗马尼亚出口货物至德国的金额最多,为 16 193 百万美元。在主要出口伙伴国中,只有出口荷兰一国的金额较 2019 年有增加趋势。

表 12-2　2020 年罗马尼亚对主要贸易伙伴出口额

国　　家	出口额/百万美元	同比/%	占比/%
德国	16 193	−6.6	22.8
意大利	7 630	−12.3	10.7
法国	4 782	−10.3	6.7
匈牙利	3 547	−4.7	4.9

续表

国　　家	出口额/百万美元	同比/%	占比/%
波兰	2 655	−2.5	3.7
保加利亚	2 589	−4.7	3.6
荷兰	2 524	7.0	3.5
土耳其	2 391	−4.5	3.4
英国	2 377	−17.7	3.3
捷克	2 202	−9.2	3.1

资料来源：商务部国别报告网、UN Comtrade 数据库、全球贸易观察等，经本课题组整理所得。

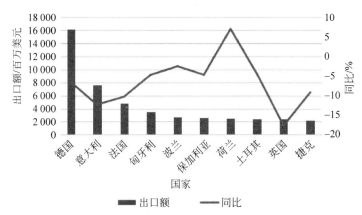

图 12-4　2020 年罗马尼亚对主要贸易伙伴出口额

由表 12-3 和图 12-5 可知，2020 年罗马尼亚自德国进口货物的金额最多，为 19 172 百万美元。在主要进口伙伴国中，只有进口中国和保加利亚两国的金额较 2019 年有增加趋势。

表 12-3　2020 年罗马尼亚自主要贸易伙伴进口额

国　　家	进口额/百万美元	同比/%	占比/%
德国	19 172	−1.7	20.8
意大利	8 216	−6.8	8.9
匈牙利	6 749	−0.9	7.3
法国	4 255	−10.4	4.6
波兰	5 677	−1.7	6.1
中国	5 744	13.5	6.2
土耳其	3 994	−7.6	4.3
荷兰	3 570	−6.3	3.9
保加利亚	2 867	0.8	3.1
捷克	2 897	−1.1	3.1

资料来源：商务部国别报告网、UN Comtrade 数据库、全球贸易观察等，经本课题组整理所得。

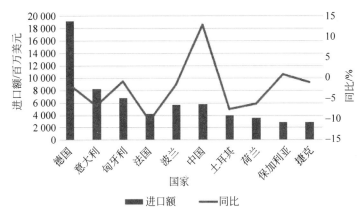

图 12-5　2020 年罗马尼亚自主要贸易伙伴进口额

12.3　主要进出口商品结构

2020 年罗马尼亚共出口商品 71 046.4 百万美元,同比下降 8.1%。由表 12-4 和图 12-6 可知,在主要出口商品结构中,商品编号 44(木及木制品;木炭)增幅最大,达到 416.6%。与此同时,编号为 79(锌及其制品)的商品下降幅度最大。

表 12-4　2020 年罗马尼亚主要出口商品结构

商品编号	商品类别	金额/百万美元	占比/%	同比/%
85	电机、电气设备及其零件;录音机及放声机、电视图像、声音的录制和重放设备及其零件、附件	13 242.8	18.6	−5.6
27	矿物燃料、矿物油及其蒸馏产品;沥青物质;矿物蜡	1 717.2	2.4	−87.6
84	核反应堆、锅炉、机器、机械器具及其零件	8 055.3	11.3	−8.0
74	铜及其制品	216.5	0.3	−93.8
10	谷物	2 446.6	3.4	−17.7
87	车辆及其零件、附件,但铁道及电车道车辆除外	12 180.4	17.1	375.5
30	药品	998.9	1.4	−64.5
39	塑料及其制品	1 825.8	2.6	−32.9
26	矿砂、矿渣及矿灰	66.4	0.1	−97.3
62	非针织或非钩编的服装及衣着附件	1 455.2	2.0	−36.8
61	针织或钩编的服装及衣着附件	556.1	0.8	−75.0
94	家具;寝具、褥垫、弹簧床垫、软坐垫及类似的填充制品;未列名灯具及照明装置;发光标志、发光铭牌及类似品;活动房屋	2 556.2	3.6	38.5
72	钢铁	1 943.8	2.7	8.0
73	钢铁制品	1 991.5	2.8	27.9
12	含油子仁及果实;杂项子仁及果实;工业用或药用植物;稻草、秸秆及饲料	1 108.4	1.6	−21.8

续表

商品编号	商品类别	金额/百万美元	占比/%	同比/%
90	光学、照相、电影、计量、检验、医疗或外科用仪器及设备、精密仪器及设备；上述物品的零件、附件	2 605.3	3.7	105.5
38	杂项化学产品	284.2	0.4	−65.3
70	玻璃及其制品	204.5	0.3	−72.5
76	铝及其制品	1 105.1	1.6	85.2
95	玩具、游戏品、运动用品及其零件、附件	214.3	0.3	−51.7
40	橡胶及其制品	2 331.9	3.3	225.7
15	动、植物油、脂及其分解产品；精制的食用油脂；动、植物蜡	223.2	0.3	−60.8
28	无机化学品；贵金属、稀土金属、放射性元素及其同位素的有机及无机化合物	121.6	0.2	−70.4
33	精油及香膏；芳香料制品及化妆盥洗品	407.4	0.6	−12.4
44	木及木制品；木炭	1 845.9	2.6	416.6
23	食品工业的残渣及废料；配制的动物饲料	266.4	0.4	−26.0
19	谷物、粮食粉、淀粉或乳的制品；糕饼点心	253.0	0.4	17.7
48	纸及纸板；纸浆、纸或纸板制品	411.9	0.6	103.1
31	肥料	192.3	0.3	−38.2
18	可可及可可制品	122.4	0.2	−53.0
64	鞋靴、护腿和类似品及其零件	1 044.2	1.5	294.2
22	饮料、酒及醋	178.9	0.3	−32.1
4	乳品；蛋品；天然蜂蜜；其他食用动物产品	226.7	0.3	2.2
24	烟草、烟草及烟草代用品的制品	1 566.2	2.2	354.1
69	陶瓷产品	149.1	0.2	−44.1
78	铅及其制品	36.7	0.1	−84.3
79	锌及其制品	4.1	0.0	−98.0
2	肉及食用杂碎	222.8	0.3	−2.2
83	贱金属杂项制品	573.6	0.8	144.6
7	食用蔬菜、根及块茎	108.5	0.2	−50.2
51	羊毛、动物细毛或粗毛；马毛纱线及其机织物	150.7	0.2	−25.8
20	蔬菜、水果、坚果或植物其他部分的制品	83.7	0.1	−58.3
86	铁道及电车道机车、车辆及其零件；铁道及电车道轨道固定装置及其零件、附件；各种机械（包括电动机械）交通信号设备	216.0	0.3	36.4
55	化学纤维短纤	188.8	0.3	−15.3
21	杂项食品	223.9	0.3	12.4
8	食用水果及坚果；柑橘属水果或甜瓜的果皮	91.5	0.1	−46.7
63	其他纺织制成品；成套物品；旧衣着及旧纺织品；碎织物	550.8	0.8	274.7
9	咖啡、茶、马黛茶及调味香料	33.9	0.0	−77.0
29	有机化学品	172.8	0.2	76.7

续表

商品编号	商品类别	金额/百万美元	占比/%	同比/%
34	肥皂、有机表面活性剂、洗涤剂、润滑剂、人造蜡、调制蜡、光洁剂、蜡烛及类似品、塑型用膏、"牙科用蜡"及牙科用熟石膏制剂	295.2	0.4	162.8
25	盐；硫黄；泥土及石料；石膏料、石灰及水泥	57.5	0.1	−44.6
17	糖及糖食	48.0	0.1	−48.3
35	蛋白类物质；改性淀粉；胶；酶	23.1	0.0	−79.6
68	石料、石膏、水泥、石棉、云母及类似材料的制品	113.3	0.2	0.4
16	肉、鱼、甲壳动物、软体动物及其他水生无脊椎动物的制品	223.0	0.3	57.1
99	未按种类指定的商品	415.6	0.6	293.2
54	化学纤维长丝	160.5	0.2	37.1
47	木浆及其他纤维状纤维素浆；纸及纸板的废碎品	29.2	0.0	−68.2

资料来源：全球贸易观察、UN Comtrade 数据库等，经本课题组整理所得。

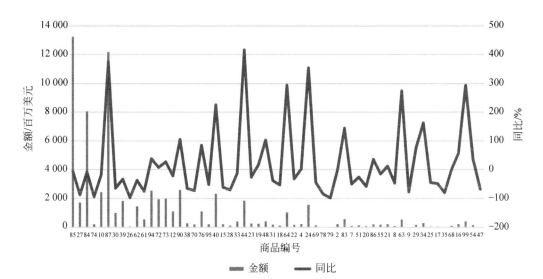

图 12-6 2020 年罗马尼亚主要出口商品金额

2020 年罗马尼亚共进口商品 92 056.3 百万美元，同比下降 4.7%。由表 12-5 和图 12-7 可知，在主要进口商品结构中，商品编号 30（药品）、38（杂项化学产品）、34（肥皂、有机表面活性剂、洗涤剂、润滑剂、人造蜡、调制蜡、光洁剂、蜡烛及类似品、塑型用膏、"牙科用蜡"及牙科用熟石膏制剂）、4（乳品；蛋品；天然蜂蜜；其他食用动物产品）、23（食品工业的残渣及废料；配制的动物饲料）、12（含油子仁及果实；杂项子仁及果实；工业用或药用植物；稻草、秸秆及饲料）、10（谷物）、63（其他纺织制成品；成套物品；旧衣着及旧纺织品；碎织物）、16（肉、鱼、甲壳动物、软体动物及其他水生无脊椎动物的制品）等呈现增长趋势，尤其是 63（其他纺织制成品；成套物品；旧衣着及旧纺织品；碎织物）增幅最大。与此同时，商品编号为 29（有机化学品）的商品下降幅度最大。

表 12-5 2020 年罗马尼亚主要进口商品结构

商品编号	商品类别	金额/百万美元	占比/%	同比/%
85	电机、电气设备及其零件;录音机及放声机、电视图像、声音的录制和重放设备及其零件、附件	14 397.1	15.6	−1.5
84	核反应堆、锅炉、机器、机械器具及其零件	11 352.4	12.3	−1.7
87	车辆及其零件、附件,但铁道及电车道车辆除外	8 304.7	9.0	−13.6
27	矿物燃料、矿物油及其蒸馏产品;沥青物质;矿物蜡	4 821.6	5.2	−34.6
39	塑料及其制品	4 745.6	5.2	−3.2
30	药品	4 233.3	4.6	10.7
72	钢铁	2 866.7	3.1	−8.3
73	钢铁制品	2 820.4	3.1	−7.7
90	光学、照相、电影、计量、检验、医疗或外科用仪器及设备、精密仪器及设备;上述物品的零件、附件	2 369.9	2.6	−5.0
40	橡胶及其制品	1 628.7	1.8	−9.3
38	杂项化学产品	1 745.9	1.9	20.9
94	家具;寝具、褥垫、弹簧床垫、软坐垫及类似的填充制品;未列名灯具及照明装置;发光标志、发光铭牌及类似品;活动房屋	1 355.4	1.5	0.0
48	纸及纸板;纸浆、纸或纸板制品	1 144.7	1.2	−4.9
76	铝及其制品	1 098.2	1.2	−2.3
64	鞋靴、护腿和类似品及其零件	1 011.6	1.1	−8.8
2	肉及食用杂碎	1 041.5	1.1	−1.0
62	非针织或非钩编的服装及衣着附件	994.5	1.1	−4.5
61	针织或钩编的服装及衣着附件	940.6	1.0	−1.9
33	精油及香膏;芳香料制品及化妆盥洗品	972.6	1.1	3.2
83	贱金属杂项制品	827.6	0.9	−11.7
29	有机化学品	100.9	0.1	−88.2
44	木及木制品;木炭	846.5	0.9	0.5
8	食用水果及坚果;柑橘属水果或甜瓜的果皮	801.4	0.9	9.5
74	铜及其制品	777.4	0.8	7.3
95	玩具、游戏品、运动用品及其零件、附件	650.7	0.7	−8.0
54	化学纤维长丝	585.5	0.6	−15.8
31	肥料	559.9	0.6	−18.0
34	肥皂、有机表面活性剂、洗涤剂、润滑剂、人造蜡、调制蜡、光洁剂、蜡烛及类似品、塑型用膏、"牙科用蜡"及牙科用熟石膏制剂	722.0	0.8	10.9
4	乳品;蛋品;天然蜂蜜;其他食用动物产品	730.3	0.8	13.4
19	谷物、粮食粉、淀粉或乳的制品;糕饼点心	649.1	0.7	6.1

续表

商品编号	商品类别	金额/百万美元	占比/%	同比/%
21	杂项食品	631.6	0.7	3.4
23	食品工业的残渣及废料；配制的动物饲料	655.8	0.7	10.2
42	皮革制品；鞍具及挽具；旅行用品、手提包及类似容器；动物肠线（蚕胶丝除外）制品	508.7	0.6	−13.7
7	食用蔬菜、根及块茎	547.6	0.6	−5.4
70	玻璃及其制品	560.9	0.6	0.0
22	饮料、酒及醋	572.3	0.6	3.7
59	浸渍、涂布、包覆或层压的织物；工业用纺织制品	440.4	0.5	−19.4
32	鞣料浸膏及染料浸膏；鞣酸及其衍生物；染料、颜料及其他着色料；油漆及清漆；油灰及其他胶黏剂；墨水、油墨	525.2	0.6	1.4
82	贱金属工具、器具、利口器、餐匙、餐叉及其零件	446.1	0.5	−3.9
12	含油子仁及果实；杂项子仁及果实；工业用或药用植物；稻草、秸秆及饲料	524.8	0.6	17.9
10	谷物	804.3	0.9	80.7
41	生皮（毛皮除外）及皮革	329.9	0.4	−25.4
20	蔬菜、水果、坚果或植物其他部分的制品	439.4	0.5	5.0
24	烟草、烟草及烟草代用品的制品	404.9	0.4	−0.9
96	杂项制品	396.0	0.4	−3.0
26	矿砂、矿渣及矿灰	305.9	0.3	−24.0
69	陶瓷产品	405.8	0.4	3.1
18	可可及可可制品	383.3	0.4	−1.8
68	石料、石膏、水泥、石棉、云母及类似材料的制品	367.8	0.4	0.2
55	化学纤维短纤	301.2	0.3	−17.5
28	无机化学品；贵金属、稀土金属、放射性元素及其同位素的有机及无机化合物	312.8	0.3	−9.9
17	糖及糖食	308.8	0.3	−8.8
63	其他纺织制成品；成套物品；旧衣着及旧纺织品；碎织物	735.5	0.8	118.3
51	羊毛、动物细毛或粗毛；马毛纱线及其机织物	252.2	0.3	−24.4
52	棉花	270.5	0.3	−18.6
56	絮胎、毡呢及无纺织物；特种纱线；线、绳、索、缆及其制品	323.6	0.4	−0.2
9	咖啡、茶、马黛茶及调味香料	311.2	0.3	9.8
16	肉、鱼、甲壳动物、软体动物及其他水生无脊椎动物的制品	310.7	0.3	11.3
88	航空器、航天器及其零件	252.8	0.3	−7.6

资料来源：全球贸易观察、UN Comtrade 数据库等，经本课题组整理所得。

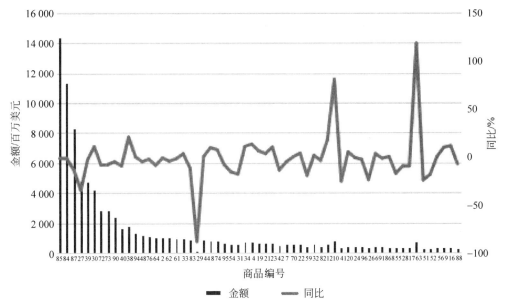

图 12-7　2020 年罗马尼亚主要进口商品金额

12.4　主要优势产业及其特征

1. 烟草制品业

近年来,罗马尼亚的烟草行业由于受到法律的限制,其产量受到了一定的影响,但由于新技术——加热不燃烧装置的出现,烟草行业将迎来新的机会。加热不燃烧卷烟是新型烟草制品的一种,具有"加热烟丝或烟草提取物而非燃烧烟丝"的特点,吸食时需要有加热器具和"烟弹"。它通过器具的特殊加热源对"烟弹"中的烟丝进行加热,从而挥发烟丝中的尼古丁及香味物质,产生烟气来满足吸烟者的需求。随着人们对健康诉求的增强,电子烟作为人们戒烟的刚需产品,消费人群正在逐步扩大。英美烟草公司计划在罗马尼亚的 Ploieşti 地区建立一个专门生产 Neosticks 的新型烟草制品加工厂,来满足电子烟市场的需求。同时该厂建成使用后将为罗马尼亚提供 200 多个新的就业岗位。根据国家统计局的数据,2017 年烟草制品出口占罗马尼亚食品、饮料和烟草出口总额的 42%,占消费品出口总额的 6% 左右。2017 年原料和加工烟草出口总值为 7.35 亿欧元,是各种食品出口量的 4 倍。

2. 橡胶和塑料制品业

罗马尼亚橡胶和塑料制品业主要产品有薄膜、管材、聚氨酯泡沫和不饱和聚酯等。截至 2020 年,塑料加工业有企业 600 多家,其中约 300 家对加工产品的总量贡献较大,其中,约 30 家企业是 1990 年以前的国有化大企业。过去几年,罗马尼亚的塑料和橡胶行业已取得显著增长,该部门的产值占加工业产值的 3.1%。2000 年后,塑料和橡胶行业产量呈上升趋势,其增长率超过加工业的年均增长率。主要企业包括 Flexibil 公司,产品覆盖减震控制系统、噪声隔离技术等,目前,92% 以上的产品出口瑞士、德国、荷兰、芬兰、瑞典和保加利亚等国。

此外，坐落在首都布加勒斯特南部的 Arteca Jilava 以生产传送带、橡胶软管和橡胶板为主。

3. 食品制造业

罗马尼亚葡萄产量丰富、品种优质，全国各地遍布着众多的葡萄种植园，很多公路都通向知名种植园或酒窖。罗马尼亚人称自己的国家是"葡萄酒的土地"，罗马尼亚葡萄种植面积排名欧洲第 5 位，在西班牙、法国、意大利和葡萄牙之后，世界排名在前 15 位之内，葡萄种植面积占全国可耕地面积的 5% 以上；葡萄产量排在欧洲第 6 位，仅次于意大利、法国、西班牙、葡萄牙和德国。罗马尼亚重要的葡萄酒生产商有 Murfatlar（穆尔法特拉尔）、Jidvei（吉德韦）、Cotnari（科特纳尔）、Vincon（文孔）、Tohani（托哈尼）等。2016 年罗葡萄酒产量约为 4 亿升，同比增长 11%，全球排名第 13 位。2017 年，罗葡萄酒出口金额达到 2 260 万欧元，增幅达到 14%，其中，80% 以上的葡萄酒销往欧盟其他国家，其余出口至中国和美国等市场。有机农产品方面，2015 年罗马尼亚有机农业种植面积占比为 1.78%，政府对有机农业从事者提供财政补贴，使得有机农业种植面积和生产者的顶峰出现在 2013 年。罗有机食品每年产值为 2.5 亿～2.7 亿美元，其中，80% 的有机作物作为原材料用于出口，主要进口精加工及高价值的有机食品。2016 年罗马尼亚有机农业市场规模达到 4 500 万美元，相较于 2014 年提升了 36%，主要受经济增长、零售渠道扩展和消费者观念转变等因素的推动。2010—2015 年是罗有机食品快速扩张的 5 年，基本主要食品门类产品销售均实现增长，其中以婴儿食品和鲜奶增长最为突出。5 年来，婴儿食品销售额从 2010 年的 80 万美元增至 2015 年的 440 万美元，增长了 5 倍；鲜奶销售额从 2010 年的 220 万美元增至 2015 年的 490 万美元，增幅达 122%。总体来看，鲜奶、婴儿食品、谷物早餐和米面等产品销售比重占全部有机食品销售的 70%。但就目前来说，有机食品销售额依旧较少，占全部食品零售额的比重不足 1%，与西欧发达国家存在较大差距。

4. 交通运输、仓储和邮政业

近几年来，罗马尼亚成为欧洲货物运输领域发展最快的国家之一，连续 8 年处于增长期。2011—2016 年，货运公司数量增加 5 000 多家，截至 2016 年底约有 3.5 万家公司、15.6 万名雇员。2016 年达到 73.7 亿欧元，同比增长 5.3%；2017 年为 85.75 亿欧元，同比增长 15.1%。交通运输服务贸易进出口的增速在欧盟位居前列。罗马尼亚主要的物流货运公司多数是跨国公司，在信息技术系统、标准化运作以及与重要国际运输公司关系方面具有优势。DB Schenker 隶属于具有 140 年历史的德国铁路运营商 Deutsche Bahn AG，该公司拥有超过 9.46 万名员工，分布在 140 个国家的约 2 000 个地点。DB Schenker 罗马尼亚公司是罗物流行业中的头号货运代理公司，在布加勒斯特、克卢日、阿拉德、雅西和康斯坦察设有分支机构，在罗境内有 60 多个工作点，拥有 1 100 多名员工。该公司提供全方位的公路、铁路、航空和海运服务，物流、海关服务以及港口码头业务。2014 年，DB Schenker 在当地物流市场占有 10% 的份额。此外，Aquila Part Prod Com 是罗马尼亚的一家分销公司，业务范围涵盖运输、物流、配送。该物流公司拥有 175 辆卡车和 850 辆车，拥有 36 个仓库，总面积超过 4 万平方米，还有两个物流中心。2017 年营业额达到 1.5 亿欧元。

5. 软件和信息技术服务业

罗马尼亚作为中东欧地区面积和人口第二大国，是近年来该地区 IT 和通信市场发展最为迅速的国家之一,IT 通信行业是其经济增长的主要引擎之一,近年来年均增幅在 9% 以上。1990—2014 年,共成立了 3 万多家 IT 领域公司,从事产品开发和服务外包工作,其中 70% 于 2010—2020 年成立,截至 2014 年,共有约 50% 的公司成功存活并取得快速发展。根据罗营商环境、贸易和创业部发布的数据,2013 年罗 IT 和服务外包的市场规模超过 21 亿欧元,2014 年为 24 亿欧元,2020 年达到 40 欧元。目前,从事 IT 服务和软件开发的公司超过 9000 家,就业人数约 11 万,排名中东欧国家第一位,全国主要的 IT 外包和客户软件开发中心包括布加勒斯特、蒂米什瓦拉、克鲁日-纳波卡、布拉索夫和雅西。2015 年的硬件市场总规模约 10 亿美元。罗绝大多数 IT 公司从事服务外包工作,为国外公司开发产品,业务范围广泛,涵盖从网页应用程序设计到工业生产线软件开发等复杂产品。罗 IT 通信领域的员工中,50% 供职于软件公司,约 6.5 万,实现了该行业总产值的近 30%,其中克鲁日软件行业的就业人员近 2 万。

12.5 中罗双边贸易概况

2020 年罗马尼亚对中国共出口商品 942.9 百万美元,同比增长 10.9%。由表 12-6 和图 12-8 可知,在出口主要商品结构中,商品编号 84(核反应堆、锅炉、机器、机械器具及其零件)、31(肥料)、76(铝及其制品)、32(鞣料浸膏及染料浸膏;鞣酸及其衍生物;染料、颜料及其他着色料;油漆及清漆;油灰及其他胶黏剂;墨水、油墨)等呈现大幅增长趋势,增长率超过 100%,尤其是 84(核反应堆、锅炉、机器、机械器具及其零件)增幅最大,达到 194.8%。与此同时,商品编号为 4(乳品;蛋品;天然蜂蜜;其他食用动物产品)的商品下降幅度最大。

表 12-6 2020 年罗马尼亚对中国出口主要商品结构

商品编号	商品类别	金额/百万美元	占比/%	同比/%
85	电机、电气设备及其零件;录音机及放声机、电视图像、声音的录制和重放设备及其零件、附件	168.5	17.9	0.3
44	木及木制品;木炭	194.2	20.6	41.8
84	核反应堆、锅炉、机器、机械器具及其零件	291.8	30.9	194.8
90	光学、照相、电影、计量、检验、医疗或外科用仪器及设备、精密仪器及设备;上述物品的零件、附件	74.8	7.9	11.7
27	矿物燃料、矿物油及其蒸馏产品;沥青物质;矿物蜡	26.0	2.8	−29.9
39	塑料及其制品	31.2	3.3	7.7
87	车辆及其零件、附件,但铁道及电车道车辆除外	18.6	2.0	−19.2
40	橡胶及其制品	21.0	2.2	−4.4
73	钢铁制品	24.9	2.6	18.7
94	家具;寝具、褥垫、弹簧床垫、软坐垫及类似的填充制品;未列名灯具及照明装置;发光标志、发光铭牌及类似品;活动房屋	12.6	1.3	−26.1

续表

商品编号	商品类别	金额/百万美元	占比/%	同比/%
31	肥料	22.7	2.4	106.6
62	非针织或非钩编的服装及衣着附件	6.6	0.7	9.8
30	药品	8.0	0.9	60.5
72	钢铁	4.2	0.4	5.8
59	浸渍、涂布、包覆或层压的织物;工业用纺织制品	5.8	0.6	94.5
22	饮料、酒及醋	1.6	0.2	−48.3
4	乳品、蛋品;天然蜂蜜;其他食用动物产品	0.8	0.1	−61.9
63	其他纺织制成品;成套物品;旧衣着及旧纺织品;碎织物	1.7	0.2	−15.8
76	铝及其制品	2.6	0.3	161.6
21	杂项食品	1.0	0.1	−3.8
83	贱金属杂项制品	0.8	0.1	−16.5
58	特种机织物;簇绒织物;花边;装饰毯;装饰带;刺绣品	1.6	0.2	57.5
32	鞣料浸膏及染料浸膏;鞣酸及其衍生物;染料、颜料及其他着色料;油漆及清漆;油灰及其他胶黏剂;墨水、油墨	2.2	0.2	117.6
29	有机化学品	1.3	0.1	27.5
74	铜及其制品	1.2	0.1	22.7
54	化学纤维长丝	1.0	0.1	3.3
70	玻璃及其制品	0.5	0.1	−45.5
69	陶瓷产品	0.8	0.1	−23.6

资料来源:商务部国别报告网、UN Comtrade 数据库等,经本课题组整理所得。

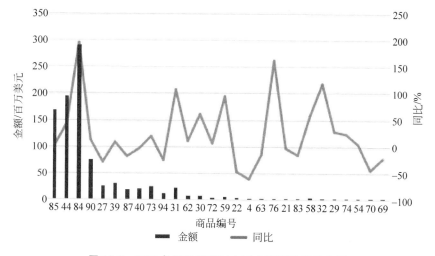

图 12-8 2020 年罗马尼亚对中国主要出口商品金额

2020年罗马尼亚自中国共进口商品5 744百万美元,同比增长13.5%。由表12-7和图12-9可知,在进口主要商品结构中,商品编号40(橡胶及其制品)、29(有机化学品)、63(其他纺织制成品;成套物品;旧衣着及旧纺织品;碎织物)、82(贱金属工具、器具、利口器、餐匙、餐叉及其零件)、62(非针织或非钩编的服装及衣着附件)等增长趋势超过20%,尤其是63(其他纺织制成品;成套物品;旧衣着及旧纺织品;碎织物)增幅最大,达到635.8%。与此同时,商品编号为81(其他贱金属、金属陶瓷及其制品)的商品下降幅度最大。

表12-7 2020年罗马尼亚自中国进口主要商品结构

商品编号	商品类别	金额/百万美元	占比/%	同比/%
85	电机、电气设备及其零件;录音机及放声机、电视图像、声音的录制和重放设备及其零件、附件	1 681	29.3	11.0
84	核反应堆、锅炉、机器、机械器具及其零件	1 295	22.5	12.0
90	光学、照相、电影、计量、检验、医疗或外科用仪器及设备、精密仪器及设备;上述物品的零件、附件	301	5.2	9.1
87	车辆及其零件、附件,但铁道及电车道车辆除外	168	2.9	-19.2
94	家具;寝具、褥垫、弹簧床垫、软坐垫及类似的填充制品;未列名灯具及照明装置;发光标志、发光铭牌及类似品;活动房屋	192	3.3	8.5
39	塑料及其制品	190	3.3	13.8
73	钢铁制品	171	3.0	5.6
95	玩具、游戏品、运动用品及其零件、附件	108	1.9	-1.8
64	鞋靴、护腿和类似品及其零件	77	1.3	-25.2
54	化学纤维长丝	59	1.0	-19.2
40	橡胶及其制品	83	1.4	22.1
83	贱金属杂项制品	58	1.0	-7.9
29	有机化学品	76	1.3	24.6
44	木及木制品;木炭	55	1.0	-8.3
50	蚕丝	41	0.7	-22.6
63	其他纺织制成品;成套物品;旧衣着及旧纺织品;碎织物	390	6.8	635.8
82	贱金属工具、器具、利口器、餐匙、餐叉及其零件	63	1.1	21.2
76	铝及其制品	55	1.0	7.8
42	皮革制品;鞍具及挽具;旅行用品、手提包及类似容器;动物肠线(蚕胶丝除外)制品	32	0.6	-28.9
62	非针织或非钩编的服装及衣着附件	65	1.1	47.7
70	玻璃及其制品	40	0.7	-9.1
81	其他贱金属、金属陶瓷及其制品	24	0.4	-41.5
48	纸及纸板;纸浆、纸或纸板制品	34	0.6	-15.0
68	石料、石膏、水泥、石棉、云母及类似材料的制品	38	0.7	8.6
72	钢铁	35	0.6	2.9
96	杂项制品	28	0.5	-6.7
61	针织或钩编的服装及衣着附件	25	0.4	-7.4
69	陶瓷产品	22	0.4	-15.4

续表

商品编号	商品类别	金额/百万美元	占比/%	同比/%
55	化学纤维短纤	20	0.3	−13.0
59	浸渍、涂布、包覆或层压的织物；工业用纺织制品	17	0.3	−10.5

资料来源：商务部国别报告网、UN Comtrade 数据库等，经本课题组整理所得。

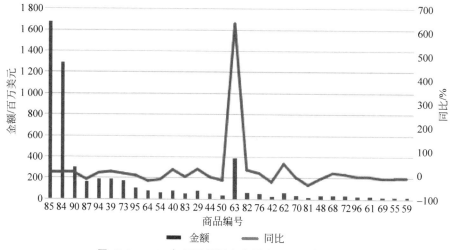

图 12-9　2020 年罗马尼亚自中国主要进口商品金额

12.6　中罗贸易竞争性与互补性分析

12.6.1　中罗显性比较优势指数分析

本书利用《国际贸易商品标准分类》（SITC. Rev4），以 2020 年为例，对中国与罗马尼亚显性比较优势指数进行分析，具体数据如表 12-8 所示。

表 12-8　2020 年罗马尼亚商品出口额

SITC	商品类别名称	出口额/百万美元
SITC0	食品和活动物	7 179.655
SITC1	饮料及烟草	845.370 9
SITC2	非食用燃料（不包含燃料）	2 900.933
SITC3	矿物燃料、润滑油及有关原料	7 375.764
SITC4	动、植物油、脂和蜡	179.949 5
SITC5	未列明的化学品和有关产品	12 342.5
SITC6	主要按原材料分类的制成品	19 147.48
SITC7	机械及运输设备	37 192.34
SITC8	杂项制品	10 340.33
SITC9	没有分类的其他商品	373.307

资料来源：UN Comtrade 数据库等，经本课题组整理所得。

2020年中国所有商品出口额约为 2 487 000 百万美元,罗马尼亚所有商品出口额为 71 046 百万美元,世界所有商品出口额为 19 475 000 百万美元。

按照公式 $RCA_{xik}=(X_{ik}/X_{wk})/(X_i/X_w)$,得出计算结果如表 12-9 所示。

表 12-9　2020 年中罗显性比较优势指数计算结果

国　家	SITC0	SITC1	SITC2	SITC3	SITC4	SITC5	SITC6	SITC7	SITC8	SITC9
中国	0.44	0.19	0.20	0.19	0.10	0.60	1.38	1.37	1.99	0.04
罗马尼亚	0.91	1.06	0.47	1.38	1.93	0.37	0.52	0.10	0.24	0.18

根据上述结果分析得到:

(1) 罗马尼亚的 SITC1(饮料及烟草)、SITC3(矿物燃料、润滑油及有关原料)和 SITC4(动、植物油、脂和蜡)具有显性比较优势。其中,SITC4(动、植物油、脂和蜡)的 RCA 值最高,说明具有比较明显的显性比较优势。

(2) 在 SITC6(主要按原材料分类的制成品)、SITC7(机械及运输设备)和 SITC8(杂项制品)三类商品中,中国具有显性比较优势。而在 SITC0(食品和活动物)、SITC1(饮料及烟草)、SITC2[非食用燃料(不包含燃料)]、SITC3(矿物燃料、润滑油及有关原料)、SITC4(动、植物油、脂和蜡)、SITC5(未列明的化学品和有关产品)和 SITC9(没有分类的其他商品)这七类商品中,中国显性比较优势小于 1,说明中国不具有显性比较优势。

12.6.2　中罗互补性指数分析

本书利用《国际贸易商品标准分类》(SITC.Rev4),以 2020 年为例,对中国与罗马尼亚互补性指数进行分析,具体数值如表 12-10 所示。

表 12-10　2020 年罗马尼亚商品进口额

SITC	商品类别名称	进口额/百万美元
SITC0	食品和活动物	4 968.662 69
SITC1	饮料及烟草	997.378 26
SITC2	非食用燃料(不包含燃料)	3 011.185 86
SITC3	矿物燃料、润滑油及有关原料	3 279.826 87
SITC4	动、植物油、脂和蜡	238.054 522
SITC5	未列明的化学品和有关产品	3 407.657 88
SITC6	主要按原材料分类的制成品	13 323.223 4
SITC7	机械及运输设备	37 943.854 2
SITC8	杂项制品	12 226.142 4
SITC9	没有分类的其他商品	681.620 261

资料来源:UN Comtrade 数据库等,经本课题组整理所得。

UN Comtrade 等相关数据库的数据显示,2020 年,中国所有商品进口额约为 2 136 000 百万美元,罗马尼亚所有商品进口额为 92 056 百万美元,世界所有商品进口额为 19 867 000 百万美元。

按照公式 $TCI_{ij}=RCA_{xik}\times RCA_{mjk}$,得出计算结果如表 12-11 所示。

表 12-11　2020 年中罗互补性指数计算结果

国　　家	SITC0	SITC1	SITC2	SITC3	SITC4	SITC5	SITC6	SITC7	SITC8	SITC9
中国	0.48	0.29	0.19	0.06	0.07	0.22	2.01	1.84	2.81	0.01
罗马尼亚	0.41	0.44	1.28	1.54	1.42	0.29	0.29	0.11	0.14	0.15

根据上述结果分析得到：

(1) 两个国家在所有类型商品中没有一类商品的 TCI 均大于 1，说明两国在所有商品中的互补性都不强，并未表现出很强的贸易互补性。

(2) 在 SITC2[非食用燃料（不包含燃料）]、SITC3（矿物燃料、润滑油及有关原料）和 SITC4（动、植物油、脂和蜡）这三类商品中，中国的 TCI 值均小于罗马尼亚且小于 1，说明罗马尼亚的这三类商品具有较强的竞争优势。

12.7　中罗合作展望

研究表明，近年来两国贸易合作势头良好。中罗签有经济合作协定、鼓励和相互保护投资协定，建有政府间经济联委会、中罗基础设施工作组会议等机制。2018 年 11 月，罗营商环境部长奥普雷亚来华出席首届中国国际进口博览会和中罗经济联委会第 27 次例会。2019 年 12 月，中国银行布加勒斯特分行开业。中罗文化、科技、教育等领域交流合作密切，两国政府建有科技合作委员会等机制。2019 年 5 月，中罗农业科技园在罗落成，罗举办第七届中国—中东欧国家教育政策对话和中国—中东欧国家高校联合会第六次会议。2019 年 8 月，罗作为主宾国参加北京国际图书博览会。2019 年 12 月，中罗中医药中心在罗揭牌。

但是，罗马尼亚国内基础设施设备较为陈旧、老化，在交通基础设施建设等方面存在一些亟待解决的问题。根据其与中国稳中有升的贸易合作关系，两国可在以下方面展开深入合作。

(1) 据中国商务部统计，2018 年中国企业在罗马尼亚新签承包工程合同 16 份，新签合同额 1.3 亿美元，完成营业额 8 218 万美元；年末在罗马尼亚劳务人员 54 人。中国相关企业可增加在罗马尼亚的基础设施工程承包，增加人员就业。

(2) 罗马尼亚与中国政府建有科技合作委员会等级制，在科技合作上可以继续加强合作，中国相关科技企业可以在罗发展科技园区、科技展览等。

(3) 罗马尼亚与中国两国的旅游业还有较大的发展空间，中国相关企业可以在罗进行旅游项目的开发与发展。

第 13 章
塞尔维亚的对外贸易

塞尔维亚共和国,简称塞尔维亚,是位于欧洲东南部、巴尔干半岛中部的内陆国。塞尔维亚国土总面积为 8.85 万平方千米(科索沃地区 1.09 万平方千米),边界总长 2 457 千米,首都贝尔格莱德。与黑山、波斯尼亚和黑塞哥维那、克罗地亚、匈牙利、罗马尼亚、保加利亚、塞尔维亚及阿尔巴尼亚接壤,欧洲第二大河多瑙河的 1/5 流经其境内。塞尔维亚属于温带大陆性气候。塞尔维亚被称作欧洲的十字路口,是连接欧洲和亚洲、中东、非洲的陆路必经之路。冬季寒冷,夏季炎热,年降水量 550~750 毫米。总人口 692 万(不含科索沃地区,2020 年)。官方语言塞尔维亚语。

9 世纪起,移居巴尔干半岛的部分斯拉夫人开始建立塞尔维亚等国家。第一次世界大战后,塞尔维亚加入南斯拉夫王国。第二次世界大战后,塞尔维亚成为南斯拉夫社会主义联邦共和国的 6 个共和国之一。1991 年,前南斯拉夫解体。1992 年,塞尔维亚与黑山组成南斯拉夫联盟共和国。2003 年 2 月 4 日,南联盟更名为塞尔维亚和黑山。2006 年 6 月 3 日,黑山共和国宣布独立。同年 6 月 5 日,塞尔维亚共和国宣布继承塞黑的国际法主体地位。2016 年 4 月,塞举行提前议会选举,组成以塞前进党、社会党为主的联合政府。2017 年 4 月,塞举行总统选举,时任总理、塞前进党主席阿莱克桑达尔·武契奇当选,5 月 31 日就任。6 月 30 日,阿娜·布尔纳比奇就任总理。

近年来,塞尔维亚积极实行经济改革、推进私有化、改善投资环境,经济实现增长。2020 年国内生产总值 464.67 亿欧元,人均国内生产总值 6 708 欧元,国内生产总值增长率 −0.1%。资源方面,矿藏有煤、铁、锌、铜等,森林覆盖率 31.12%,水力资源丰富。工业方面,主要工业部门有冶金、汽车制造、纺织、仪器加工等。服务业方面,主要包括旅馆、餐厅、咖啡馆和酒吧等。2020 年,共有旅馆 400 家。旅游业方面,发展良好。2020 年共接待外国游客 44.5 万人次,主要来自波黑、土耳其、俄罗斯、罗马尼亚等,接待国内游客 137.4 万人次。主要旅游区有浴场、滑雪场和国家公园等。交通运输方面,以铁路和公路为主。近年交通运输情况如下:铁路,总长 3 808.7 千米,其中电气化铁路 1 279 千米。公路,总长 45 220 千米,其中高速公路 782 千米。共有小轿车 1 833 219 辆、公共汽车 8 900 辆。空运,塞尔维亚航空公司共有 20 架飞机,1 400 个客位,航线总长为 41.510 千米。共有 6 个机场,主要机场为贝尔格莱德尼古拉·特斯拉机场。

对外贸易方面,塞尔维亚 2016 年至 2020 年持续保持增长趋势,2020 年对外贸易总额为 457.3 亿美元,同比下降 1.4%;出口总额 195 亿美元,同比下降 0.7%;进口总额 262.3 亿美元,同比下降 1.9%。2020 年,德国、意大利、波黑是塞尔维亚的前三大出口市场,2020 年塞尔维亚对三国出口 25.1 亿美元、16.3 亿美元和 13.8 亿美元,同比分别为 1.4%、−17.7% 和

−8.7%,三国合计占塞尔维亚出口总额的 28.3%。进口方面,德国为塞尔维亚第一进口来源国,2020 年进口 35.7 亿美元,上升 3.6%,占塞尔维亚进口总额的 13.6%。中国和意大利也是其主要进口来源国,2020 年塞尔维亚自两国分别进口 32.9 亿美元和 22.0 亿美元,占塞尔维亚进口总额的 12.5% 和 8.4%。分商品看,电机、电气设备及其零件;声音的录制和重放设备及其零件、附件;核反应堆、锅炉、机器、机械器具及其零件;塑料及其制品是塞尔维亚 2020 年出口最大的商品类别,分别占出口货物的 15.7%、7.7% 和 5.2%。上述三种商品合计占塞尔维亚出口总额的 28.6%。进口方面,2020 年塞尔维亚主要进口产品中第一的是其他产品,进口额为 31.3 亿美元,增长 6%,占塞尔维亚进口总额的 11.9%。其他主要进口商品包括电机、电气设备及其零件,录音机及放声机、电视图像、声音的录制和重放设备及其零件、附件;核反应堆、锅炉、机器、机械器具及其零件,进口额分别为 25.9 亿美元和 27.2 亿美元。以上三种产品合计占塞尔维亚进口总额的 32.2%。

2020 年塞尔维亚对中国出口总金额 3.77 亿美元;自中国进口总金额 32.9 亿美元。2020 年塞尔维亚对中国出口首位的是铜及其制品,金额 2.28 亿美元,下降 13.2%,占塞尔维亚对中国出口总额的 60.7%。2020 年塞尔维亚对中国出口占比较大的还有两类商品:木及木制品;木炭和核反应堆、锅炉、机器、机械器具及其零件,金额分别为 0.3 亿美元和 0.18 亿美元,两种商品同比分别为增长 18% 和 65.4%,占塞尔维亚出口总额的 8% 和 4.8%。以上三种商品占总金额 73.5%。塞尔维亚自中国进口的商品主要集中在电机、电气设备及其零件;声音的录制和重放设备及其零件、附件商品,2020 年进口 7.3 亿美元,增长 19.7%,占塞尔维亚自中国进口总额 22.2%。其次,核反应堆、锅炉、机器、机械器具及其零件商品和其他产品分别为塞尔维亚第二大、第三大自中国进口商品,2020 年进口分别为 6.5 亿美元和 5.1 亿美元,增长 53.2% 和 26.8%,占塞尔维亚自中国进口总额 19.8% 和 15.5%。

13.1 对外贸易发展趋势

由表 13-1 和图 13-1 可知,塞尔维亚 2014—2020 年对外贸易总额呈现波动趋势。2015 年相较于 2014 年明显下降,但在 2016 年出现了明显上升。2016—2019 年保持持续不断的增长,由于受到新冠肺炎疫情的影响,2020 年呈现下降状态。

表 13-1 塞尔维亚对外贸易年度表

年 份	总额/百万美元	同比/%	出口额/百万美元	同比/%	进口额/百万美元	同比/%
2014	35 202		14 787		20 415	
2015	31 505	−10.5	13 348	−9.7	18 157	−11.1
2016	34 044	8.1	14 835	11.1	19 209	5.8
2017	41 286	14.9	19 137	14.3	22 149	15.3
2018	44 906	14.8	19 137	12.8	25 769	16.3
2019	46 068	2.6	19 544	2.1	26 524	2.9
2020	45 729	−1.3	19 501	−0.7	26 228	−1.9

资料来源:商务部国别报告网、UN Comtrade 数据库、全球贸易观察等,经本课题组整理所得。

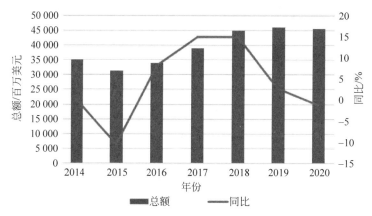

图 13-1 塞尔维亚对外贸易总额

由表 13-1 和图 13-2 可知,塞尔维亚 2014—2020 年对外贸易出口额呈现波动趋势。经历 2015 年下降之后,2016—2019 年对外贸易出口额稳定增长,2019 年增长到 19 544 百万美元,受新冠肺炎疫情影响,2020 年呈现小幅度下滑。

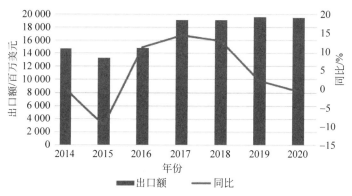

图 13-2 塞尔维亚对外贸易出口额

由表 13-1 和图 13-3 可知,塞尔维亚 2014—2020 年对外贸易进口额中,2018 年增幅最大,为 16.3%。相比之下,2015 年下降幅度最大,为 11.1%。2020 年对外贸易进口额呈现下降趋势,比 2019 年下降了 1.9%。

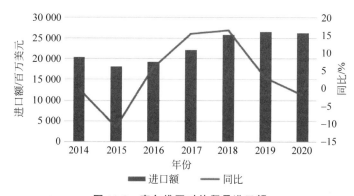

图 13-3 塞尔维亚对外贸易进口额

13.2 主要贸易市场结构

2020年塞尔维亚共出口19 501百万美元,出口伙伴国主要有德国、意大利、波黑等国家;共进口26 228百万美元,进口伙伴国主要有德国、中国、意大利等国家。

由表13-2和图13-4可知,2020年塞尔维亚出口货物至德国的金额最多,为2 512百万美元。在主要出口的伙伴国中,出口德国、罗马尼亚、匈牙利、黑山、捷克和克罗地亚的金额较2019年有增加趋势。

表13-2 2020年塞尔维亚对主要贸易伙伴出口额

国　　家	出口额/百万美元	同比/%	占比/%
德国	2 512	1.4	12.9
意大利	1 631	−17.7	8.4
波黑	1 383	−8.6	7.1
罗马尼亚	1 271	10.6	6.5
匈牙利	923	11.1	4.7
俄罗斯	911	−6.7	4.7
黑山	785	11.0	4.0
北马其顿	737	−2.4	3.8
捷克	728	11.7	3.7
克罗地亚	655	3.0	3.4

资料来源:商务部国别报告网、UN Comtrade数据库、全球贸易观察等,经本课题组整理所得。

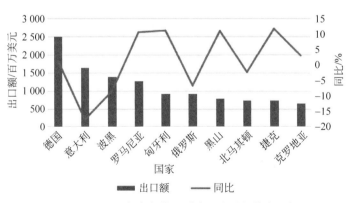

图13-4 2020年塞尔维亚对主要贸易伙伴出口额

由表13-3和图13-5可知,2020年塞尔维亚进口货物自德国的金额最多,为3 573百万美元。在主要进口的伙伴国中,进口意大利、俄罗斯、波兰和法国的金额较2019年有下降趋势,其他均呈增加趋势。

表 13-3　2020 年塞尔维亚自主要贸易伙伴进口额

国　　家	进口额/百万美元	同比/%	占比/%
德国	3 573	3.6	13.6
中国	3 290	31.2	12.5
意大利	2 203	−5.1	8.4
俄罗斯	1 566	−39.4	6.0
匈牙利	1 303	14.1	5.0
土耳其	1 149	8.6	4.4
波兰	876	−2.6	3.3
罗马尼亚	824	0.8	3.1
法国	731	−6.9	2.8
斯洛文尼亚	728	13.1	2.8

资料来源：商务部国别报告网、UN Comtrade 数据库、全球贸易观察等，经本课题组整理所得。

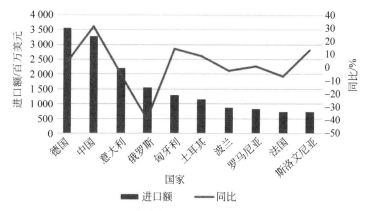

图 13-5　2020 年塞尔维亚自主要贸易伙伴进口额

13.3　主要进出口商品结构

2020 年塞尔维亚共出口商品 19 501 百万美元，同比下降 0.7%。由表 13-4 和图 13-6 可知，在主要出口商品结构中，有商品编号 85（电机、电气设备及其零件；录音机及放声机、电视图像、声音的录制和重放设备及其零件、附件）、84（核反应堆、锅炉、机器、机械器具及其零件）、39（塑料及其制品）、87（车辆及其零件、附件，但铁道及电车道车辆除外）等。相比 2019 年，商品编号 24（烟草、烟草及烟草代用品的制品）、12（含油子仁及果实；杂项子仁及果实；工业用或药用植物；稻草、秸秆及饲料）、63（其他纺织制成品；成套物品；旧衣着及旧纺织品；碎织物）、26（矿砂、矿渣及矿灰）、1（活动物）等呈现增长趋势，尤其是 26（矿砂、矿渣及矿灰）增幅最大。与此同时，商品编号为 41［生皮（毛皮除外）及皮革］的商品下降幅度最大。

表 13-4 2020 年塞尔维亚主要出口商品结构

商品编号	商品类别	金额/百万美元	占比/%	同比/%
85	电机、电气设备及其零件；录音机及放声机、电视图像、声音的录制和重放设备及其零件、附件	3 058	15.7	2.9
84	核反应堆、锅炉、机器、机械器具及其零件	1 501	7.7	0.5
39	塑料及其制品	1 011	5.2	5.0
87	车辆及其零件、附件，但铁道及电车道车辆除外	795	4.1	−16.9
40	橡胶及其制品	895	4.6	−6.3
72	钢铁	649	3.3	−28.8
94	家具；寝具、褥垫、弹簧床垫、软坐垫及类似的填充制品；未列名灯具及照明装置；发光标志、发光铭牌及类似品；活动房屋	728	3.7	−0.5
74	铜及其制品	534	2.7	−22.5
10	谷物	790	4.1	26.1
8	食用水果及坚果；柑橘属水果或甜瓜的果皮	737	3.8	20.8
27	矿物燃料、矿物油及其蒸馏产品；沥青物质；矿物蜡	448	2.3	−14.6
48	纸及纸板；纸浆、纸或纸板制品	491	2.5	−4.2
73	钢铁制品	488	2.5	−0.2
61	针织或钩编的服装及衣着附件	413	2.1	−10.6
76	铝及其制品	344	1.8	−11.0
99	未按种类指定的商品	288	1.5	−13.6
64	鞋靴、护腿和类似品及其零件	282	1.4	−15.2
24	烟草、烟草及烟草代用品的制品	450	2.3	38.9
44	木及木制品；木炭	284	1.5	−7.3
30	药品	322	1.7	11.0
22	饮料、酒及醋	241	1.2	−7.1
15	动、植物油、脂及其分解产品；精制的食用油脂；动、植物蜡	229	1.2	−0.6
34	肥皂、有机表面活性剂、洗涤剂、润滑剂、人造蜡、调制蜡、光洁剂、蜡烛及类似品、塑型用膏、"牙科用蜡"及牙科用熟石膏制剂	288	1.5	25.3
21	杂项食品	246	1.3	9.5
23	食品工业的残渣及废料；配制的动物饲料	251	1.3	17.9
62	非针织或非钩编的服装及衣着附件	195	1.0	−7.2
29	有机化学品	191	1.0	−6.2
90	光学、照相、电影、计量、检验、医疗或外科用仪器及设备、精密仪器及设备；上述物品的零件、附件	220	1.1	9.2
12	含油子仁及果实；杂项子仁及果实；工业用或药用植物；稻草、秸秆及饲料	239	1.2	33.1
19	谷物、粮食粉、淀粉或乳的制品；糕饼点心	178	0.9	11.5
31	肥料	131	0.7	−12.7
7	食用蔬菜、根及块茎	125	0.6	−3.4

续表

商品编号	商品类别	金额/百万美元	占比/%	同比/%
20	蔬菜、水果、坚果或植物其他部分的制品	124	0.6	0.5
42	皮革制品；鞍具及挽具；旅行用品、手提包及类似容器；动物肠线（蚕胶丝除外）制品	97	0.5	−11.4
32	鞣料浸膏及染料浸膏；鞣酸及其衍生物；染料、颜料及其他着色料；油漆及清漆；油灰及其他胶黏剂；墨水、油墨	122	0.6	12.4
4	乳品；蛋品；天然蜂蜜；其他食用动物产品	104	0.5	−3.7
86	铁道及电车道机车、车辆及其零件；铁道及电车道轨道固定装置及其零件、附件；各种机械（包括电动机械）交通信号设备	127	0.7	22.0
70	玻璃及其制品	87	0.4	−9.2
69	陶瓷产品	81	0.4	−10.7
83	贱金属杂项制品	89	0.5	8.1
41	生皮（毛皮除外）及皮革	45	0.2	−42.7
11	制粉工业产品；麦芽；淀粉；菊粉；面筋	68	0.3	−12.4
18	可可及可可制品	66	0.3	−10.6
28	无机化学品；贵金属、稀土金属、放射性元素及其同位素的有机及无机化合物	77	0.4	10.3
63	其他纺织制成品；成套物品；旧衣着及旧纺织品；碎织物	100	0.5	46.8
16	肉、鱼、甲壳动物、软体动物及其他水生无脊椎动物的制品	70	0.4	3.4
26	矿砂、矿渣及矿灰	165	0.8	148.1
49	书籍、报纸、印刷图画及其他印刷品；手稿、打字稿及设计图纸	58	0.3	−12.1
89	船舶及浮动结构体	60	0.3	−7.4
17	糖及糖食	63	0.3	1.9
33	精油及香膏；芳香料制品及化妆盥洗品	54	0.3	−11.5
38	杂项化学产品	67	0.3	19.6
68	石料、石膏、水泥、石棉、云母及类似材料的制品	59	0.3	11.5
71	天然或养殖珍珠、宝石或半宝石、贵金属、包贵金属及其制品；仿首饰；硬币	43	0.2	−18.6
56	絮胎、毡呢及无纺织物；特种纱线；线、绳、索、缆及其制品	47	0.2	2.2
57	地毯及纺织材料的其他铺地制品	37	0.2	−13.3
2	肉及食用杂碎	36	0.2	−15.1
1	活动物	55	0.3	35.1
82	贱金属工具、器具、利口器、餐匙、餐叉及其零件	37	0.2	−3.6
93	武器、弹药及其零件、附件	44	0.2	25.7

资料来源：商务部国别报告网、UN Comtrade 数据库、全球贸易观察等，经本课题组整理所得。

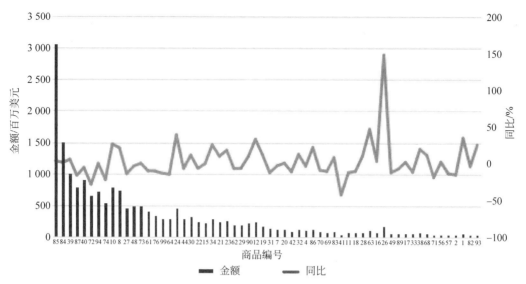

图 13-6 2020 年塞尔维亚主要出口商品金额

2020 年塞尔维亚共进口商品 26 228 百万美元，同比下降 1.9%。由表 13-5 和图 13-7 可知，在主要进口商品结构中，有商品编号 27（矿物燃料、矿物油及其蒸馏产品；沥青物质；矿物蜡）、84（核反应堆、锅炉、机器、机械器具及其零件）、87（车辆及其零件、附件，但铁道及电车道车辆除外）、85（电机、电气设备及其零件；录音机及放声机、电视图像、声音的录制和重放设备及其零件、附件）等。相比 2019 年，商品编号 30（药品）、8（食用水果及坚果；柑橘属水果或甜瓜的果皮）、31（肥料）、21（杂项食品）、18（可可及可可制品）、56（絮胎、毡呢及无纺织物；特种纱线；线、绳、索、缆及其制品）、20（蔬菜、水果、坚果或植物其他部分的制品）、63（其他纺织制成品；成套物品；旧衣着及旧纺织品；碎织物）等呈现增长趋势，尤其是 63（其他纺织制成品；成套物品；旧衣着及旧纺织品；碎织物）增幅最大。与此同时，商品编号为 60（针织物及钩编织物）的商品下降幅度最大。

表 13-5 2020 年塞尔维亚主要进口商品结构

商品编号	商品类别	金额/百万美元	占比/%	同比/%
99	未按种类指定的商品	3 128	11.9	6.0
27	矿物燃料、矿物油及其蒸馏产品；沥青物质；矿物蜡	1 926	7.3	−33.0
85	电机、电气设备及其零件；录音机及放声机、电视图像、声音的录制和重放设备及其零件、附件	2 592	9.9	3.8
84	核反应堆、锅炉、机器、机械器具及其零件	2 719	10.4	17.4
87	车辆及其零件、附件，但铁道及电车道车辆除外	1 340	5.1	−17.0
39	塑料及其制品	1 510	5.8	1.8
30	药品	1 235	4.7	30.2
73	钢铁制品	687	2.6	−22.0
72	钢铁	609	2.3	−6.0
26	矿砂、矿渣及矿灰	337	1.3	−47.0

续表

商品编号	商品类别	金额/百万美元	占比/%	同比/%
48	纸及纸板；纸浆、纸或纸板制品	556	2.1	−3.6
76	铝及其制品	509	1.9	0.5
88	航空器、航天器及其零件	204	0.8	−54.0
40	橡胶及其制品	399	1.5	−3.5
90	光学、照相、电影、计量、检验、医疗或外科用仪器及设备、精密仪器及设备；上述物品的零件、附件	455	1.7	19.2
74	铜及其制品	347	1.3	−5.5
94	家具；寝具、褥垫、弹簧床垫、软坐垫及类似的填充制品；未列名灯具及照明装置；发光标志、发光铭牌及类似品；活动房屋	287	1.1	−6.4
38	杂项化学产品	335	1.3	13.3
44	木及木制品；木炭	292	1.1	6.4
24	烟草、烟草及烟草代用品的制品	246	0.9	−6.6
29	有机化学品	277	1.1	11.3
33	精油及香膏；芳香料制品及化妆盥洗品	261	1.0	6.3
8	食用水果及坚果；柑橘属水果或甜瓜的果皮	303	1.2	28.5
31	肥料	285	1.1	23.9
61	针织或钩编的服装及衣着附件	203	0.8	−7.7
34	肥皂、有机表面活性剂、洗涤剂、润滑剂、人造蜡、调制蜡、光洁剂、蜡烛及类似品、塑型用膏、"牙科用蜡"及牙科用熟石膏制剂	237	0.9	15.4
62	非针织或非钩编的服装及衣着附件	224	0.9	9.4
21	杂项食品	221	0.8	23.6
41	生皮(毛皮除外)及皮革	140	0.5	−17.6
32	鞣料浸膏及染料浸膏；鞣酸及其衍生物；染料、颜料及其他着色料；油漆及清漆；油灰及其他胶黏剂；墨水、油墨	179	0.7	6.0
28	无机化学品；贵金属、稀土金属、放射性元素及其同位素的有机及无机化合物	153	0.6	−6.9
25	盐；硫黄；泥土及石料；石膏料、石灰及水泥	165	0.6	2.6
70	玻璃及其制品	146	0.6	1.2
64	鞋靴、护腿和类似品及其零件	118	0.4	−17.1
19	谷物、粮食粉、淀粉或乳的制品；糕饼点心	161	0.6	15.7
54	化学纤维长丝	121	0.5	−4.0
83	贱金属杂项制品	132	0.5	7.0
22	饮料、酒及醋	126	0.5	2.6
18	可可及可可制品	146	0.6	22.2
59	浸渍、涂布、包覆或层压的织物；工业用纺织制品	106	0.4	−7.0
4	乳品；蛋品；天然蜂蜜；其他食用动物产品	116	0.4	1.8
96	杂项制品	117	0.4	4.6
68	石料、石膏、水泥、石棉、云母及类似材料的制品	128	0.5	15.1

续表

商品编号	商品类别	金额/百万美元	占比/%	同比/%
2	肉及食用杂碎	116	0.4	4.9
7	食用蔬菜、根及块茎	118	0.4	7.1
95	玩具、游戏品、运动用品及其零件、附件	111	0.4	3.9
86	铁道及电车道机车、车辆及其零件；铁道及电车道轨道固定装置及其零件、附件；各种机械（包括电动机械）交通信号设备	42	0.2	−59.1
16	肉、鱼、甲壳动物、软体动物及其他水生无脊椎动物的制品	112	0.4	10.1
42	皮革制品；鞍具及挽具；旅行用品、手提包及类似容器；动物肠线（蚕胶丝除外）制品	93	0.4	−7.8
69	陶瓷产品	110	0.4	14.0
60	针织物及钩编织物	9	0.0	−90.4
82	贱金属工具、器具、利口器、餐匙、餐叉及其零件	99	0.4	7.0
56	絮胎、毡呢及无纺织物；特种纱线；线、绳、索、缆及其制品	108	0.4	22.0
20	蔬菜、水果、坚果或植物其他部分的制品	119	0.5	34.6
23	食品工业的残渣及废料；配制的动物饲料	100	0.4	18.5
9	咖啡、茶、马黛茶及调味香料	80	0.3	1.0
55	化学纤维短纤	66	0.3	−10.0
63	其他纺织制成品；成套物品；旧衣着及旧纺织品；碎织物	189	0.7	169.6
47	木浆及其他纤维状纤维素浆；纸及纸板的废碎品	66	0.3	−1.6
12	含油子仁及果实；杂项子仁及果实；工业用或药用植物；稻草、秸秆及饲料	59	0.2	−8.7

资料来源：商务部国别报告网、UN Comtrade 数据库、全球贸易观察等，经本课题组整理所得。

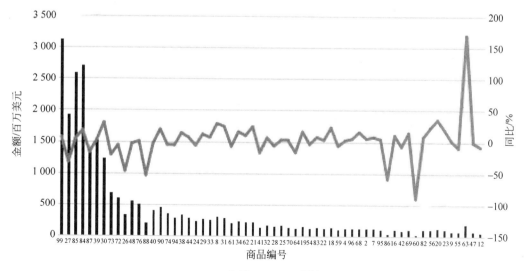

图 13-7　2020 年塞尔维亚进口商品金额

13.4 主要优势产业及其特征

1. 化学原料和化学制品制造业

塞尔维亚的化学工业由1507家公司组成，2014年产值占GDP的2.2%，员工人数超过3.2万。化学工业对全球金融危机的影响更具弹性、更具活力，也更加健康。由于大型制药公司的就业人数减少，该部门的总就业人数减少了3500多，但近年来该产业在产量和出口方面显著增长，到目前为止，石化行业是该集团中表现最强劲的行业，其次是制药和橡胶及轮胎行业。2015年，药品生产量增长17%，而橡胶和塑料增长6.1%，化学原料和化学制品增长2.7%。2015年，化学品，橡胶制品和非金属矿产品的出口额达18.2亿美元，占塞尔维亚出口总值的13.5%，占国家加工业出口额的15.0%。2015年，化学和制药行业的就业人数为32051人。就业最多的部门是橡胶轮胎的生产企业，为超过5300人提供永久性就业，并且每年都在增加。石油炼制和石化工业占世界能源与工业市场的主要份额。在大多数情况下，这些工业部门代表着国民经济的经济支柱。塞尔维亚医药市场是中欧和东欧地区较大的市场之一。其医药产品市场在价值和国内市场销量方面都在不断增长。2015年的早期评估表明塞尔维亚的医药市场价值与上年相比飙升2.54%，接近9亿欧元，包装盒产品也大幅增长（7.13%）。

2. 农副食品加工、食品制造业

农业是塞尔维亚传统优势产业之一，也是塞尔维亚经济中最强大的组成部分和最独特的元素之一。塞尔维亚土地肥沃、雨水充足，农业生产条件良好。塞尔维亚共有农业土地509万公顷，主要集中在北部伏伊丁那平原和塞尔维亚中部地区。其中，耕地330万公顷，果园24.2万公顷，葡萄园5.8万公顷，草场62.1万公顷。在农业生产中，种植业占63.2%，畜牧业生产占36.8%。主要农作物有玉米、小麦、甜菜、马铃薯、向日葵、大豆、李子及苹果等。特色产品有玉米、小麦、大豆、糖、玉米和葵花油、食用水果及坚果、麦芽、淀粉、菊粉、面筋等。2016年，全年农业产值增长9.1%，农产品出口29.8亿美元，同比增长4.6%，占出口总额的20%。优势较强，农产品较为丰富，但加工程度不高，可通过中国技术与当地产品的结合，提高附加值。各种蔬菜和谷物在传统的塞尔维亚菜肴中非常普遍，2017年，农林和渔业产值占塞尔维亚国内生产总值的6.5%。

3. 信息通信技术产业

信息技术产业是塞尔维亚具有比较优势的产业之一。虽然塞尔维亚是世界上的小国家，但是其IT行业发展迅速，对国家经济增长贡献越来越大，目前塞信息技术行业已经对塞GDP增长贡献达到10%。截至2020年，塞尔维亚共有1600余家ICT企业，约14000名从业人员。微软也在塞尔维亚投资设立了研发中心，拥有130余名技术人员。塞尔维亚的工程师、技术人员良好的教育背景（70%以上具有大学及以上学历）和相对较低的薪金水平（税前工资1 000~2 000欧元)是塞尔维亚信息通信技术产业的核心竞争优势。

同时,信息通信技术产业也是塞尔维亚政府大力推动发展的核心产业之一,计划将其打造为塞尔维亚经济的支柱产业。塞尔维亚政府积极完善信息通信产业法律法规,推动实施电子商务、电子政务、电子财会、电子健康等智能信息化计划,以提升政务公开、商业效益、政府廉洁和民生关怀水平。此外,塞尔维亚进一步向国外投资者开放了数字电视、有线和无线宽带网络基础设施等信息通信市场,希望吸引更多外商投资。2018年上半年,信息技术产业出口额达到10亿欧元,2017年为9亿欧元。信息技术产业已同汽车工业和农业一起成为出口前三大行业。

4. 教育服务业

塞尔维亚的教育体制基本沿用南联盟时期的教育体制。全国性的相关法规所确定的基本原则是:在同等条件下,每个人都有受教育的权利;各少数民族享有依法使用本民族语言接受教育的权利,少数民族成员有依法建立教育组织的权利,其经费原则上自筹,但也可获得国家资助;基础教育为强制性免费义务教育,为发展青年人的个性和对国家现代化发展的需要创造条件;根据当代社会的需要和科技、生产发展的最新成就,不断更新教学内容,提高教学质量和效率。塞尔维亚实行八年制义务教育。全国受过高等教育的人口约占总人口的13.9%。大学收费较低,全国主要大学有贝尔格莱德大学、诺维萨德大学、尼什大学和克拉古耶瓦茨大学等。2016/2017学年各级在校学生情况如下:小学生54.46万,中学生25万,大学生19.04万,硕士研究生4.14万,博士研究生8 555。各类教师共计约10万。

13.5 中塞双边贸易概况

2020年塞尔维亚与中国双边货物进出口额为36.7亿美元。分商品类别看,塞尔维亚对中国出口金额最多的商品为铜及其制品,自中国进口金额最多的商品为机电产品。

2020年塞尔维亚对中国共出口商品377.03百万美元,同比增长14.5%。由表13-6和图13-8可知,在出口主要商品结构中,以商品编号74(铜及其制品)为主,该类商品占总出口商品金额的60.7%。相比2019年,商品编号85(电机、电气设备及其零件;录音机及放声机、电视图像、声音的录制和重放设备及其零件、附件)、24(烟草、烟草及烟草代用品的制品)、33(精油及香膏;芳香料制品及化妆盥洗品)、34(肥皂、有机表面活性剂、洗涤剂、润滑剂、人造蜡、调制蜡、光洁剂、蜡烛及类似品、塑型用膏、"牙科用蜡"及牙科用熟石膏制剂)、48(纸及纸板;纸浆、纸或纸板制品)、73(钢铁制品)、12(含油子仁及果实;杂项子仁及果实;工业用或药用植物;稻草、秸秆及饲料)等呈现增长趋势,尤其是34(肥皂、有机表面活性剂、洗涤剂、润滑剂、人造蜡、调制蜡、光洁剂、蜡烛及类似品、塑型用膏、"牙科用蜡"及牙科用熟石膏制剂)增幅最大。与此同时,商品编号为25(盐;硫黄;泥土及石料;石膏料、石灰及水泥)的商品下降幅度最大。

表 13-6　2020 年塞尔维亚对中国出口主要商品结构

商品编号	商品类别	金额/百万美元	占比/%	同比/%
74	铜及其制品	228.78	60.7	−13.2
44	木及木制品；木炭	30.03	8.0	18.0
84	核反应堆、锅炉、机器、机械器具及其零件	18.15	4.8	65.4
2	肉及食用杂碎	4.40	1.2	−25.6
85	电机、电气设备及其零件；录音机及放声机、电视图像、声音的录制和重放设备及其零件、附件	12.01	3.2	148.2
39	塑料及其制品	8.28	2.2	87.6
22	饮料、酒及醋	1.50	0.4	−13.7
90	光学、照相、电影、计量、检验、医疗或外科用仪器及设备、精密仪器及设备；上述物品的零件、附件	2.29	0.6	70.7
15	动、植物油、脂及其分解产品；精制的食用油脂；动、植物蜡	1.26	0.3	−3.9
31	肥料	0.60	0.2	−53.7
82	贱金属工具、器具、利口器、餐匙、餐叉及其零件	0.07	0.0	−93.4
87	车辆及其零件、附件，但铁道及电车道车辆除外	1.45	0.4	86.5
24	烟草、烟草及烟草代用品的制品	2.81	0.7	274.6
64	鞋靴、护腿和类似品及其零件	0.73	0.2	−0.6
33	精油及香膏；芳香料制品及化妆盥洗品	2.06	0.5	217.2
8	食用水果及坚果；柑橘属水果或甜瓜的果皮	0.36	0.1	−37.7
94	家具；寝具、褥垫、弹簧床垫、软坐垫及类似的填充制品；未列名灯具及照明装置；发光标志、发光铭牌及类似品；活动房屋	0.86	0.2	48.1
25	盐；硫黄；泥土及石料；石膏料、石灰及水泥	0.01	0.0	−97.7
40	橡胶及其制品	0.34	0.1	−25.3
38	杂项化学产品	0.22	0.1	−44.3
29	有机化学品	0.06	0.0	−84.1
61	针织或钩编的服装及衣着附件	0.14	0.0	−44.7
34	肥皂、有机表面活性剂、洗涤剂、润滑剂、人造蜡、调制蜡、光洁剂、蜡烛及类似品、塑型用膏、"牙科用蜡"及牙科用熟石膏制剂	1.72	0.5	718.4
48	纸及纸板；纸浆、纸或纸板制品	0.42	0.1	101.2
27	矿物燃料、矿物油及其蒸馏产品；沥青物质；矿物蜡	0.11	0.0	−5.6
73	钢铁制品	0.26	0.1	140.1
19	谷物、粮食粉、淀粉或乳的制品；糕饼点心	0.18	0.0	81.0
20	蔬菜、水果、坚果或植物其他部分的制品	0.03	0.0	−54.5
12	含油子仁及果实；杂项子仁及果实；工业用或药用植物；稻草、秸秆及饲料	0.10	0.0	158.1

资料来源：商务部国别报告网、UN Comtrade 数据库、全球贸易观察等，经本课题组整理所得。

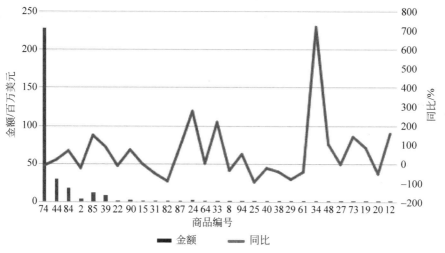

图 13-8　2020 年塞尔维亚对中国主要出口商品金额

2020 年塞尔维亚自中国共进口商品 3 290.11 百万美元,同比增长 31.5%。由表 13-7 和图 13-9 可知,在进口主要商品结构中,以商品编号 85(电机、电气设备及其零件;录音机及放声机、电视图像、声音的录制和重放设备及其零件、附件)、84(核反应堆、锅炉、机器、机械器具及其零件)、99(未按种类指定的商品)为主,上述商品占总进口商品金额的 57.5%。相比 2019 年,商品编号 84(核反应堆、锅炉、机器、机械器具及其零件)、62(非针织或非钩编的服装及衣着附件)、90(光学、照相、电影、计量、检验、医疗或外科用仪器及设备、精密仪器及设备;上述物品的零件、附件)、38(杂项化学产品)、63(其他纺织制成品;成套物品;旧衣着及旧纺织品;碎织物)等呈现增长趋势,尤其是 63(其他纺织制成品;成套物品;旧衣着及旧纺织品;碎织物)增幅最大。与此同时,商品编号为 73(钢铁制品)的商品下降幅度最大。

表 13-7　2020 年塞尔维亚自中国进口主要商品结构

商品编号	商品类别	金额/百万美元	占比/%	同比/%
85	电机、电气设备及其零件;录音机及放声机、电视图像、声音的录制和重放设备及其零件、附件	731.32	22.2	19.7
84	核反应堆、锅炉、机器、机械器具及其零件	651.91	19.8	53.2
99	未按种类指定的商品	511.37	15.5	26.8
39	塑料及其制品	117.02	3.6	10.6
87	车辆及其零件、附件,但铁道及电车道车辆除外	66.21	2.0	−14.4
94	家具;寝具、褥垫、弹簧床垫、软坐垫及类似的填充制品;未列名灯具及照明装置;发光标志、发光铭牌及类似品;活动房屋	74.78	2.3	14.5
73	钢铁制品	10.02	0.3	−83.3
29	有机化学品	68.80	2.1	20.9
62	非针织或非钩编的服装及衣着附件	74.36	2.3	52.4
95	玩具、游戏品、运动用品及其零件、附件	53.22	1.6	11.1
76	铝及其制品	43.96	1.3	−1.4

续表

商品编号	商品类别	金额/百万美元	占比/%	同比/%
90	光学、照相、电影、计量、检验、医疗或外科用仪器及设备、精密仪器及设备；上述物品的零件、附件	84.57	2.6	91.8
72	钢铁	42.56	1.3	2.8
64	鞋靴、护腿和类似品及其零件	33.35	1.0	−15.1
40	橡胶及其制品	46.09	1.4	21.9
42	皮革制品；鞍具及挽具；旅行用品、手提包及类似容器；动物肠线（蚕胶丝除外）制品	36.37	1.1	−0.1
54	化学纤维长丝	30.98	0.9	−4.7
61	针织或钩编的服装及衣着附件	30.87	0.9	2.5
70	玻璃及其制品	28.56	0.9	36.0
38	杂项化学产品	48.55	1.5	155.5
63	其他纺织制成品；成套物品；旧衣着及旧纺织品；碎织物	115.65	3.5	511.9
82	贱金属工具、器具、利口器、餐匙、餐叉及其零件	24.29	0.7	35.0
83	贱金属杂项制品	19.10	0.6	9.8
96	杂项制品	18.42	0.6	11.7
69	陶瓷产品	13.41	0.4	0.1
30	药品	10.22	0.3	−1.8
60	针织物及钩编织物	10.74	0.3	6.3
48	纸及纸板；纸浆、纸或纸板制品	14.14	0.4	42.8
81	其他贱金属、金属陶瓷及其制品	5.99	0.2	−37.6

资料来源：商务部国别报告网、UN Comtrade 数据库、全球贸易观察等，经本课题组整理所得。

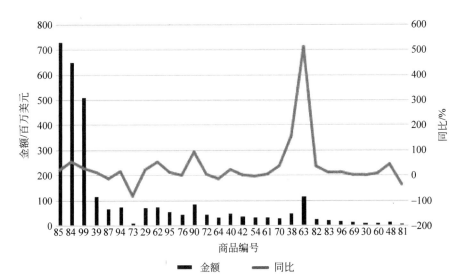

图 13-9　2020 年塞尔维亚自中国主要进口商品金额

13.6 中塞贸易竞争性与互补性分析

13.6.1 中塞显性比较优势指数分析

本书利用《国际贸易商品标准分类》(SITC. Rev4),以 2020 年为例,对中国与塞尔维亚显性比较优势指数进行分析,具体数据如表 13-8 所示。

表 13-8　2020 年塞尔维亚商品出口额

SITC	商品类别名称	出口额/百万美元
SITC0	食品和活动物	2 429.65
SITC1	饮料及烟草	538.85
SITC2	非食用燃料(不包含燃料)	655.70
SITC3	矿物燃料、润滑油及有关原料	580.21
SITC4	动、植物油、脂和蜡	167.84
SITC5	未列明的化学品和有关产品	1 861.68
SITC6	主要按原材料分类的制成品	4 776.81
SITC7	机械及运输设备	5 341.08
SITC8	杂项制品	2 470.82
SITC9	没有分类的其他商品	416.48

资料来源：UN Comtrade 数据库等,经本课题组整理所得。

UN Comtrade 等相关数据库的数据显示,2020 年,中国所有商品出口额约为 2 487 000 百万美元,塞尔维亚所有商品出口额为 19 501 百万美元,世界所有商品出口额为 19 475 000 百万美元。

按照公式 $RCA_{xik}=(X_{ik}/X_{wk})/(X_i/X_w)$,得出计算结果如表 13-9 所示。

表 13-9　2020 年中塞显性比较优势指数计算结果

国　家	SITC0	SITC1	SITC2	SITC3	SITC4	SITC5	SITC6	SITC7	SITC8	SITC9
中国	0.44	0.19	0.20	0.19	0.10	0.60	1.38	1.37	1.99	0.04
塞尔维亚	2.10	3.47	0.97	0.30	2.10	0.86	2.08	0.78	1.12	0.34

根据上述结果分析得到：

(1) 塞尔维亚除了 SITC2[非食用燃料(不包含燃料)]、SITC3(矿物燃料、润滑油及有关原料)、SITC5(未列明的化学品和有关产品)、SITC7(机械及运输设备)和 SITC9(没有分类的其他商品)五类商品外,其余商品均具有显性比较优势。其中,SITC1(饮料及烟草)的 RCA 值最高,接近 3.5,说明具有比较明显的显性比较优势。

(2) 在 SITC6(主要按原材料分类的制成品)和 SITC8(杂项制品)两类商品中,中国与塞尔维亚都具有显性比较优势。在 SITC2[非食用燃料(不包含燃料)]、SITC3(矿物燃料、润滑油及有关原料)、SITC5(未列明的化学品和有关产品)和 SITC9(没有分类的其他商品)这四类商品中,两国显性优势比较指数均小于1,说明两国都不具备比较优势。

13.6.2 中塞互补性指数分析

本书利用《国际贸易商品标准分类》(SITC. Rev4),以 2020 年为例,对中国与塞尔维亚互补性指数进行分析,具体数据如表 13-10 所示。

表 13-10 2020 年塞尔维亚商品进口额

SITC	商品类别名称	进口额/百万美元
SITC0	食品和活动物	1 472.75
SITC1	饮料及烟草	344.52
SITC2	非食用燃料(不包含燃料)	1 085.89
SITC3	矿物燃料、润滑油及有关原料	3 000.00
SITC4	动、植物油、脂和蜡	61.86
SITC5	未列明的化学品和有关产品	3 508.02
SITC6	主要按原材料分类的制成品	4 797.61
SITC7	机械及运输设备	6 698.19
SITC8	杂项制品	1 886.75
SITC9	没有分类的其他商品	3 027.04

资料来源:UN Comtrade 数据库等,经本课题组整理所得。

UN Comtrade 等相关数据库的数据显示,2020 年,中国所有商品进口额约为 2 136 000 百万美元,塞尔维亚所有商品进口额为 26 228 百万美元,世界所有商品进口额为 19 867 000 百万美元。

按照公式 $TCI_{ij} = RCA_{xik} \times RCA_{mjk}$,得出计算结果如表 13-11 所示。

表 13-11 2020 年中塞互补性指数计算结果

国家	SITC0	SITC1	SITC2	SITC3	SITC4	SITC5	SITC6	SITC7	SITC8	SITC9
中国	0.44	0.32	0.21	0.17	0.06	0.71	2.24	1	1.34	0.13
塞尔维亚	1.11	1.66	3.10	0.39	1.72	0.8	1.35	1	0.75	0.35

根据上述结果分析得到:

(1)在 SITC6(主要按原材料分类的制成品)、SITC7(机械及运输设备)这两类商品中,中国与塞尔维亚贸易互补性指数均大于 1,说明两国在该类商品中互补性强,并未因为在该领域中双方都具有显性比较优势而激烈竞争。

(2)在 SITC3(矿物燃料、润滑油及有关原料)、SITC5(未列明的化学品和有关产品)和 SITC9(没有分类的其他商品)这几类商品中,双方 TCI 值均小于 1,说明两国互补性较弱。

13.7 中塞合作展望

通过上述分析,不难看出近年来中塞贸易关系发展顺利,双边贸易合作具有良好的基础。中塞政府间签有《中华人民共和国与塞尔维亚政府关于共同推进丝绸之路经济带和 21

世纪海上丝绸之路建设的谅解备忘录》《中华人民共和国政府和塞尔维亚共和国政府在共建"一带一路"倡议框架下的双边合作规划》,建有经贸混委会机制,签有《投资保护协定》《避免双重征税协定》《基础设施领域经济技术合作协定》《文化合作协定》《科技合作协定》和《中华人民共和国公安部和塞尔维亚共和国内务部合作协议》等协议。塞尔维亚对外经贸活动日渐活跃,外贸额保持连年上升势头。主要出口产品为汽车、电器及电子产品、谷物、蔬菜和水果,主要进口产品为:汽车、石油及其制成品、天然气、电器及电子产品等。中国位列第四大进口国。

但是,塞尔维亚基础设施发展水平较低,部分设施出现了一定的老化现象。结合上述内容,以下是对中国与塞尔维亚双边贸易发展的展望。

(1) 塞尔维亚基础设施发展水平较低,中国工程企业可以通过承包其基础设施建设项目,从硬件与软件两方面提高塞尔维亚的基础设施建设,从而更好地加强双方的双边贸易合作。

(2) 中国对国外能源具有一定的依赖性,因此需快速合理地获取和利用全球资源,稳固多元化资源获取渠道。塞尔维亚的煤储量134.1亿吨、天然气储量481亿立方米、铜和铅锌储量27亿吨、锂储量7.3亿吨、辉钼矿储量28.5亿吨。因此双方可以进行双向合作,进一步扩大双边贸易往来。

第 14 章
斯洛伐克的对外贸易

斯洛伐克,欧洲中部的内陆国。东邻乌克兰,南接匈牙利,西连捷克、奥地利,北毗波兰。属海洋性向大陆性气候过渡的温带气候。面积4.9万平方千米。截至2020年,总人口545.7万。斯洛伐克族占81.15%,匈牙利族占8.43%,罗姆族(吉卜赛人)占2%,其余为捷克族、卢塞尼亚族、乌克兰族、德意志族、波兰族、俄罗斯族等。官方语言为斯洛伐克语。人口密度111人/平方千米。首都布拉迪斯拉发(Bratislava),面积368平方千米,人口43万。

自1993年1月1日起,斯洛伐克共和国成为独立主权国家。实行议会民主制。总理掌实权,总统是虚职。国民议会是国家最高权力机构,议员通过直选产生。2020年2月29日,斯洛伐克举行独立后的第八次国民议会选举,共6个政党进入议会。其中,普通公民与独立个人组织(简称"普通公民组织")以25.02%的得票率获胜,成为议会第一大党,获得53个议席。其他各党得票率和所获议席数依次为:社会民主—方向党(简称方向党)18.29%、38席;"我们是家庭"党8.24%、17席;我们的斯洛伐克—人民党(简称人民党)7.97%、17席;自由与团结党(简称自团党)6.22%、13席;惠民党5.77%、12席。2020年3月21日,由普通公民组织、"我们是家庭"党、自团党和惠民党四党执政联盟组建的新一届政府宣誓就职。普通公民组织主席伊戈尔·马托维奇任总理。

近年来,斯政府不断加强法制建设,改善企业经营环境,大力吸引外资,逐渐形成以汽车、电子产业为支柱,出口为导向的外向型市场经济。资源有褐煤、硬煤、菱镁矿。石油、天然气依赖进口。工业方面,2019年工业生产总值为271.9亿欧元,占国内生产总值的29%。主要工业部门有钢铁、食品、烟草加工、石化、机械、汽车等。从业人员63.59万,约占总劳动力的24.61%。农业方面,2019年农业生产总值为23.8亿欧元,占国内生产总值的2.5%。农业用地192万公顷,可耕地面积为135万公顷。森林覆盖率约41.3%。农业人口约7.2万,占总劳动力的2.8%。粮食总产量410.4万吨。主要农作物有大麦、小麦、玉米、油料作物、马铃薯、甜菜等。交通运输方面,以公路和铁路运输为主,近年来航空运输有所发展。2020年GDP为911亿欧元,同比下降5.2%,人均GDP 1.67万欧元。

对外贸易方面,斯洛伐克主要出口商品有钢材、电子产品、交通工具、机械产品、化工产品、矿物燃料、金属和金属制品、电力设备等。主要进口商品有石油、天然气、机械设备、原材料、食品、化工产品等。主要贸易伙伴为德国、捷克、波兰、匈牙利、法国。

据欧盟统计局统计,2020年斯洛伐克贸易逆差17.1亿美元。分国别(地区)看,2020年斯洛伐克对德国、捷克、波兰、法国和匈牙利的出口额分别占斯洛伐克出口总额的22.6%、10.4%、7.8%、7.2%和6.2%,为195.9亿美元、90.6亿美元、67.8亿美元、62.4亿美元和

54.2亿美元,对德国、捷克、法国和匈牙利分别下降1.0%、8.5%、0.6%和5.9%,对波兰增长0.7%。自德国、捷克、中国、波兰和越南的进口额分别占斯洛伐克进口总额18.7%、10.1%、6.7%、5.8%和5%,分别为158.9亿美元、85.7亿美元、57.33亿美元、49.5亿美元和42.7亿美元,自德国和中国分别增加5.1%和8.7%,自捷克、波兰和越南进口减幅分别为8.1%、14.3%和8.3%。2020年斯洛伐克主要逆差来源地依次是韩国、中国和俄罗斯,逆差分别为38.2亿美元、33.8亿美元和25.5亿美元,其中,对韩国增长12.5%,对中国和俄罗斯分别下降12.7%和43.9%。顺差前两大来源国依次是德国和法国,分别为37亿美元和29亿美元,自德国和法国顺差增长分别是20.7%和3.7%。分商品看,斯洛伐克出口排名前三位的商品是运输设备、机电产品和核反应堆、锅炉、机器、机械器具及其零件,2020年出口额分别为299.8亿美元、154.8亿美元和106亿美元,运输设备增长3.2%,机电产品和贱金属及制品分别下降6.5%和2.8%,合计占斯洛伐克出口总额的64.7%。斯洛伐克的主要进口商品为机电产品、运输设备和核反应堆、锅炉、机器、机械器具及其零件,2020年进口额分别为181.5亿美元、145.3亿美元和106.5亿美元,三者分别下降3.1%、9.1%和7.9%,合计占斯洛伐克进口总额的51.3%。

据欧盟统计局统计,2020年斯洛伐克贸易顺差17.1亿美元。中国是斯洛伐克排名第十位的出口目的地和第三位的进口来源地。运输设备、机电产品和核反应堆、锅炉、机器、机械器具及其零件是斯洛伐克对中国出口的主要商品,2020年三类产品出口额合计占斯洛伐克对中国出口总额的92.8%,分别为18.95亿美元、1.96亿美元和0.86万美元,三者分别增长28.2%、8.9%和22.2%。斯洛伐克自中国进口的主要商品为机电产品、核反应堆、锅炉、机器、机械器具及其零件和运输设备,2020年三类产品进口额合计占斯洛伐克自中国进口总额的67.4%,分别为26.9亿美元、9.2亿美元和2.6亿美元,三者分别增长73.3%、35%和31.3%。另外,斯洛伐克自中国进口的家具、玩具、杂项制品总额增幅较大,增长22.9%。

14.1 对外贸易发展趋势

2020年斯洛伐克货物进出口额为171 705百万美元,比上年同期(下同)下降3.5%。其中,出口86 707百万美元,下降3.5%;进口84 998百万美元,下降5.6%。

由表14-1和图14-1可知,斯洛伐克2008—2020年对外贸易总额总体呈现波动趋势。经历2008年的飞速上升后,2009年出现了剧烈下滑。2010年和2011年保持快速增长之后,在2012年出现了小幅下跌。2013年止跌反弹,2014年相较于2013年有小幅增长的趋势,但在2015年出现了明显下滑。经历2016—2018年比较稳定的增幅后,2019年和2020年又均下跌了3.5个百分点。

表14-1 斯洛伐克对外贸易年度表

年 份	总额/百万美元	同比/%	出口额/百万美元	同比/%	进口额/百万美元	同比/%
2008	145 183	21.5	71 222	21.4	73 961	21.6
2009	112 021	−22.8	56 247	−21.0	55 774	−24.6

续表

年　　份	总额/百万美元	同比/%	出口额/百万美元	同比/%	进口额/百万美元	同比/%
2010	129 774	15.8	64 715	15.1	65 059	16.6
2011	159 717	23.1	79 840	23.4	79 877	22.8
2012	158 182	−1.0	80 699	1.1	77 483	−3.0
2013	167 590	5.9	85 789	6.3	81 801	5.6
2014	168 370	0.5	86 460	0.8	81 910	0.1
2015	148 651	−11.7	75 263	−13.0	73 388	−10.4
2016	153 067	3.0	77 573	3.1	75 494	2.9
2017	167 982	9.7	84 652	9.1	83 330	10.4
2018	188 249	12.2	94 216	11.5	94 033	12.8
2019	179 736	−3.5	89 685	−4.0	90 051	−3.1
2020	171 705	−3.5	86 707	−3.5	84 998	−5.6

资料来源：商务部国别报告网、UN Comtrade 数据库、全球贸易观察等，经本课题组整理所得。

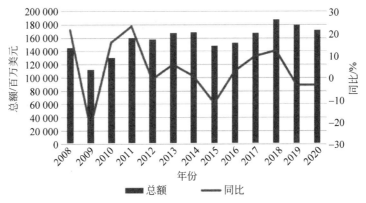

图 14-1　斯洛伐克对外贸易总额

由表 14-1 和图 14-2 可知，斯洛伐克 2008—2020 年对外贸易出口额波动趋势与对外贸易总额变化趋势类似。2008 年和 2009 年情况截然相反，2008 年明显上升，而 2009 年大幅下滑。2010—2014 年维持稳定增长，但 2015 年同比下降 13%，2016—2018 年对外贸易出口额稳定增长，但在 2020 年出口 86 707 百万美元，较 2019 年下滑 3.5 个百分点。

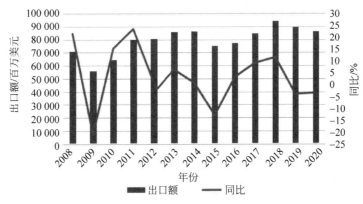

图 14-2　斯洛伐克对外贸易出口额

由表 14-1 和图 14-3 可知,斯洛伐克 2008—2020 年对外贸易进口额中,2018 年达到顶峰,为 94 033 百万美元。2011 年增幅最大,为 22.8%。相比之下,2009 年跌到低谷,进口额仅为 55 774 百万美元,下降幅度最大,为 24.6%。同时,2020 年对外贸易进口额持续呈现下降趋势,比 2019 年下跌 5.6 个百分点。

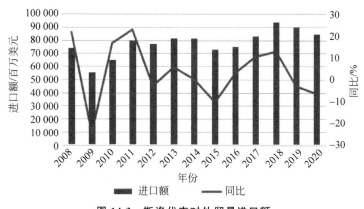

图 14-3 斯洛伐克对外贸易进口额

14.2 主要贸易市场结构

2020 年斯洛伐克共出口 86 707 百万美元,出口伙伴国主要有德国、捷克、波兰等国家;共进口 84 998 百万美元,进口伙伴国主要有德国、捷克、中国等国家。

由表 14-2 和图 14-4 可知,2020 年斯洛伐克出口货物至德国的金额最多,为 19 595 百万美元。在主要出口的伙伴国中,出口波兰、美国和中国的金额较 2019 年有增加趋势;出口德国和法国基本保持不变;出口捷克、匈牙利、奥地利、英国和意大利的金额则有下降。

表 14-2 2020 年斯洛伐克对主要贸易伙伴出口额

国　　家	出口额/百万美元	同比/%	占比/%
德国	19 595	−1.0	22.6
捷克	9 057	−8.5	10.4
波兰	6 777	0.7	7.8
法国	6 245	−0.6	7.2
匈牙利	5 424	−5.9	6.2
奥地利	4 746	−6.3	5.5
英国	3 784	−13.5	4.4
意大利	3 706	−11.0	4.3
美国	3 241	14.9	3.7
中国	2 344	23.5	2.7

资料来源:商务部国别报告网、UN Comtrade 数据库、全球贸易观察等,经本课题组整理所得。

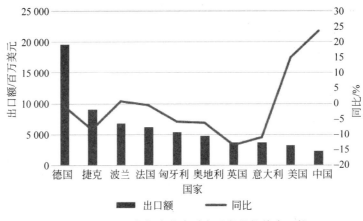

图 14-4 2020 年斯洛伐克对主要贸易伙伴出口额

由表 14-3 和图 14-5 可知,2020 年斯洛伐克进口货物自德国的金额最多,为 15 895 百万美元。在主要进口的伙伴国中,只有进口德国、中国和法国的金额较 2019 年有增加趋势。

表 14-3　2020 年斯洛伐克自主要贸易伙伴进口额

国　　家	进口额/百万美元	同比/%	占比/%
德国	15 895	5.1	18.7
捷克	8 572	−8.1	10.1
中国	5 733	8.7	6.7
波兰	4 956	−14.4	5.8
越南	4 271	−8.3	5.0
韩国	4 204	−15.1	4.9
匈牙利	3 973	−17.9	4.7
俄罗斯	3 896	−22.0	4.6
法国	3 342	2.2	3.9
意大利	2 865	−9.5	3.4

资料来源：商务部国别报告网、UN Comtrade 数据库、全球贸易观察等,经本课题组整理所得。

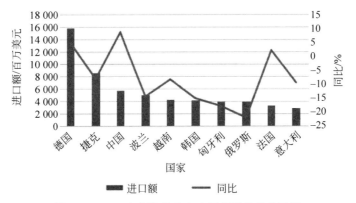

图 14-5　2020 年斯洛伐克自主要贸易伙伴进口额

14.3 主要进出口商品结构

2020年斯洛伐克共出口商品86 707百万美元,同比下降3.5%。由表14-4和图14-6可知,在主要出口商品结构中,以商品编号87(车辆及其零件、附件,但铁道及电车道车辆除外)、85(电机、电气设备及其零件;录音机及放声机、电视图像、声音的录制和重放设备及其零件、附件)、84(核反应堆、锅炉、机器、机械器具及其零件)为主,这三类商品约占总出口商品金额的64.7%。相比2019年,商品编号86[铁道及电车道机车、车辆及其零件铁道及电车道轨道固定装置及其零件、附件;各种机械(包括电动机械)交通信号设备]、30(药品)、10(谷物)、21(杂项食品)、18(可可及可可制品)、19(谷物、粮食粉、淀粉或乳的制品;糕饼点心)、93(武器、弹药及其零件、附件)、35(蛋白类物质;改性淀粉;胶;酶)等增长趋势超过10%,尤其是10(谷物)增幅最大,达到44%。与此同时,商品编号为64(鞋靴、护腿和类似品及其零件)的商品下降幅度最大。

表14-4 2020年斯洛伐克主要出口商品结构

商品编号	商品类别	金额/百万美元	占比/%	同比/%
87	车辆及其零件、附件,但铁道及电车道车辆除外	29 985	34.6	3.2
85	电机、电气设备及其零件;录音机及放声机、电视图像、声音的录制和重放设备及其零件、附件	15 486	17.9	−6.5
84	核反应堆、锅炉、机器、机械器具及其零件	10 607	12.2	−2.8
72	钢铁	2 816	3.2	−18.2
27	矿物燃料、矿物油及其蒸馏产品;沥青物质;矿物蜡	2 081	2.4	−18.6
39	塑料及其制品	2 450	2.8	−3.6
40	橡胶及其制品	2 137	2.5	−12.3
73	钢铁制品	2 046	2.4	−1.8
94	家具;寝具、褥垫、弹簧床垫、软坐垫及类似的填充制品;未列名灯具及照明装置;发光标志、发光铭牌及类似品;活动房屋	1 464	1.7	−12.5
76	铝及其制品	1 215	1.4	−11.1
64	鞋靴、护腿和类似品及其零件	96	0.1	−91.1
44	木及木制品;木炭	950	1.1	−6.8
48	纸及纸板;纸浆、纸或纸板制品	900	1.0	−7.8
90	光学、照相、电影、计量、检验、医疗或外科用仪器及设备、精密仪器及设备;上述物品的零件、附件	830	1.0	−9.5
61	针织或钩编的服装及衣着附件	631	0.7	−14.5
83	贱金属杂项制品	505	0.6	−26.5
86	铁道及电车道机车、车辆及其零件;铁道及电车道轨道固定装置及其零件、附件;各种机械(包括电动机械)交通信号设备	689	0.8	10.3
70	玻璃及其制品	558	0.6	−8.8
95	玩具、游戏品、运动用品及其零件、附件	532	0.6	−4.8

续表

商品编号	商品类别	金额/百万美元	占比/%	同比/%
74	铜及其制品	481	0.6	－1.6
30	药品	569	0.7	18.4
33	精油及香膏；芳香料制品及化妆盥洗品	467	0.5	－2.4
62	非针织或非钩编的服装及衣着附件	424	0.5	－10.8
96	杂项制品	430	0.5	3.5
71	天然或养殖珍珠、宝石或半宝石、贵金属、包贵金属及其制品；仿首饰；硬币	158	0.2	－56.9
38	杂项化学产品	303	0.3	－12.5
25	盐；硫黄；泥土及石料；石膏料、石灰及水泥	328	0.4	1.0
10	谷物	463	0.5	44.0
4	乳品；蛋品；天然蜂蜜；其他食用动物产品	304	0.4	－4.4
21	杂项食品	379	0.4	33.3
29	有机化学品	230	0.3	－10.7
31	肥料	248	0.3	－3.2
18	可可及可可制品	288	0.3	12.9
68	石料、石膏、水泥、石棉、云母及类似材料的制品	234	0.3	－2.2
12	含油子仁及果实；杂项子仁及果实；工业用或药用植物、稻草、秸秆及饲料	251	0.3	5.6
17	糖及糖食	231	0.3	－2.5
22	饮料、酒及醋	225	0.3	7.7
49	书籍、报纸、印刷图画及其他印刷品；手稿、打字稿及设计图纸	190	0.2	－8.1
63	其他纺织制成品；成套物品；旧衣着及旧纺织品；碎织物	186	0.2	－5.8
42	皮革制品；鞍具及挽具；旅行用品、手提包及类似容器；动物肠线（蚕胶丝除外）制品	156	0.2	－18.6
1	活动物	182	0.2	2.9
82	贱金属工具、器具、利口器、餐匙、餐叉及其零件	166	0.2	－3.1
47	木浆及其他纤维状纤维素浆；纸及纸板的废碎品	167	0.2	0.6
19	谷物、粮食粉、淀粉或乳的制品；糕饼点心	185	0.2	12.5
9	咖啡、茶、马黛茶及调味香料	154	0.2	－5.1
28	无机化学品；贵金属、稀土金属、放射性元素及其同位素的有机及无机化合物	125	0.1	－22.6
2	肉及食用杂碎	106	0.1	－32.6
34	肥皂、有机表面活性剂、洗涤剂、润滑剂、人造蜡、调制蜡、光洁剂、蜡烛及类似品、塑型用膏、"牙科用蜡"及牙科用熟石膏制剂	150	0.2	－0.6
11	制粉工业产品；麦芽；淀粉；菊粉；面筋	153	0.2	1.9
55	化学纤维短纤	99	0.1	－21.8
16	肉、鱼、甲壳动物、软体动物及其他水生无脊椎动物的制品	128	0.1	2.2

续表

商品编号	商品类别	金额/百万美元	占比/%	同比/%
23	食品工业的残渣及废料；配制的动物饲料	115	0.1	2.1
8	食用水果及坚果；柑橘属水果或甜瓜的果皮	99	0.1	-5.8
54	化学纤维长丝	91	0.1	-8.9
93	武器、弹药及其零件、附件	108	0.1	16.5
41	生皮（毛皮除外）及皮革	85	0.1	-7.5
32	鞣料浸膏及染料浸膏；鞣酸及其衍生物；染料、颜料及其他着色料；油漆及清漆；油灰及其他胶黏剂；墨水、油墨	94	0.1	6.4
69	陶瓷产品	83	0.1	-1.9
79	锌及其制品	82	0.1	5.0
35	蛋白类物质；改性淀粉；胶；酶	76	0.1	13.9

资料来源：全球贸易观察、UN Comtrade 数据库等，经本课题组整理所得。

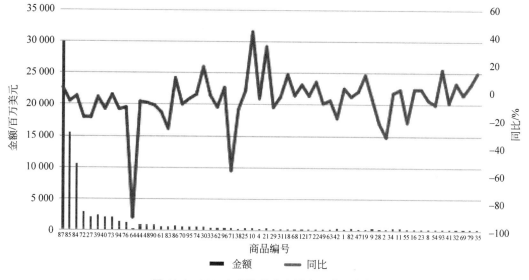

图 14-6　2020 年斯洛伐克主要出口商品金额

2020 年斯洛伐克共进口商品 84 998 百万美元，同比下降 5.6%。由表 14-5 和图 14-7 可知，在主要进口商品结构中，以商品编号 85（电机、电气设备及其零件；录音机及放声机、电视图像、声音的录制和重放设备及其零件、附件）、87（车辆及其零件、附件，但铁道及电车道车辆除外）、84（核反应堆、锅炉、机器、机械器具及其零件）为主，上述商品约占总进口商品金额的 51%。相比 2019 年，商品编号 30（药品）、21（杂项食品）、34（肥皂、有机表面活性剂、洗涤剂、润滑剂、人造蜡、调制蜡、光洁剂、蜡烛及类似品、塑型用膏、"牙科用蜡"及牙科用熟石膏制剂）、16（肉、鱼、甲壳动物、软体动物及其他水生无脊椎动物的制品）、63（其他纺织制成品；成套物品；旧衣着及旧纺织品；碎织物）、15（动、植物油、脂及其分解产品；精制的食用油脂；动、植物蜡）等增长趋势不低于 10%，尤其是 63（其他纺织制成品；成套物品；旧衣着及旧纺织品；碎织物）增幅最大，达到 40.9%。与此同时，商品编号为 71（天然或养殖珍珠、宝石或半宝石、贵金属、包贵金属及其制品;仿首饰;硬币)的商品下降幅度最大。

表 14-5 2020年斯洛伐克主要进口商品结构

商品编号	商品类别	金额/百万美元	占比/%	同比/%
85	电机、电气设备及其零件;录音机及放声机、电视图像、声音的录制和重放设备及其零件、附件	18 149.9	21.4	-3.1
87	车辆及其零件、附件,但铁道及电车道车辆除外	14 532.3	17.1	-9.1
84	核反应堆、锅炉、机器、机械器具及其零件	10 655.4	12.5	-7.9
27	矿物燃料、矿物油及其蒸馏产品;沥青物质;矿物蜡	5 306.9	6.2	-9.4
39	塑料及其制品	3 412.1	4.0	-6.8
72	钢铁	2 190.7	2.6	-12.7
73	钢铁制品	2 257.8	2.7	-9.4
94	家具;寝具、褥垫、弹簧床垫、软坐垫及类似的填充制品;未列名灯具及照明装置;发光标志、发光铭牌及类似品;活动房屋	1 942.4	2.3	-21.5
30	药品	2 447.3	2.9	17.9
40	橡胶及其制品	1 443.3	1.7	-13.6
90	光学、照相、电影、计量、检验、医疗或外科用仪器及设备、精密仪器及设备;上述物品的零件、附件	1 409.9	1.7	-11.9
76	铝及其制品	1 077.9	1.3	0.9
64	鞋靴、护腿和类似品及其零件	877.2	1.0	-11.9
61	针织或钩编的服装及衣着附件	798.7	0.9	-13.5
38	杂项化学产品	866.5	1.0	1.6
48	纸及纸板;纸浆、纸或纸板制品	787.2	0.9	-5.5
83	贱金属杂项制品	663.7	0.8	-9.2
44	木及木制品;木炭	678.9	0.8	-1.7
70	玻璃及其制品	603.4	0.7	-12.6
2	肉及食用杂碎	622.5	0.7	-4.8
74	铜及其制品	649.3	0.8	2.3
62	非针织或非钩编的服装及衣着附件	612.2	0.7	-3.0
26	矿砂、矿渣及矿灰	454.1	0.5	-18.2
95	玩具、游戏品、运动用品及其零件、附件	540.2	0.6	-2.4
22	饮料、酒及醋	480.7	0.6	-1.3
32	鞣料浸膏及染料浸膏;鞣酸及其衍生物;染料、颜料及其他着色料;油漆及清漆;油灰及其他胶黏剂;墨水、油墨	453.1	0.5	-3.1
33	精油及香膏;芳香料制品及化妆盥洗品	458.2	0.5	-1.7
28	无机化学品;贵金属、稀土金属、放射性元素及其同位素的有机及无机化合物	372.7	0.4	-19.9
4	乳品;蛋品;天然蜂蜜;其他食用动物产品	477.2	0.6	6.0
82	贱金属工具、器具、利口器、餐匙、餐叉及其零件	362.8	0.4	-17.3
29	有机化学品	360.1	0.4	-12.4

续表

商品编号	商品类别	金额/百万美元	占比/%	同比/%
71	天然或养殖珍珠、宝石或半宝石、贵金属、包贵金属及其制品；仿首饰；硬币	191.3	0.2	−53.3
21	杂项食品	440.0	0.5	11.6
8	食用水果及坚果；柑橘属水果或甜瓜的果皮	411.6	0.5	6.6
19	谷物、粮食粉、淀粉或乳的制品；糕饼点心	395.5	0.5	9.4
34	肥皂、有机表面活性剂、洗涤剂、润滑剂、人造蜡、调制蜡、光洁剂、蜡烛及类似品、塑型用膏、"牙科用蜡"及牙科用熟石膏制剂	392.3	0.5	14.6
18	可可及可可制品	333.5	0.4	1.0
7	食用蔬菜、根及块茎	327.8	0.4	0.0
96	杂项制品	339.7	0.4	5.4
86	铁道及电车道机车、车辆及其零件；铁道及电车道轨道固定装置及其零件、附件；各种机械（包括电动机械）交通信号设备	316.0	0.4	1.3
16	肉、鱼、甲壳动物、软体动物及其他水生无脊椎动物的制品	304.4	0.4	10.0
68	石料、石膏、水泥、石棉、云母及类似材料的制品	226.1	0.3	−9.1
23	食品工业的残渣及废料；配制的动物饲料	247.5	0.3	3.1
69	陶瓷产品	195.3	0.2	−17.7
63	其他纺织制成品；成套物品；旧衣着及旧纺织品；碎织物	326.5	0.4	40.9
24	烟草、烟草及烟草代用品的制品	213.7	0.3	−7.0
20	蔬菜、水果、坚果或植物其他部分的制品	221.1	0.3	8.3
41	生皮（毛皮除外）及皮革	156.9	0.2	−21.6
42	皮革制品；鞍具及挽具；旅行用品、手提包及类似容器；动物肠线（蚕胶丝除外）制品	152.3	0.2	−20.5
25	盐；硫黄；泥土及石料；石膏料、石灰及水泥	166.3	0.2	−8.2
79	锌及其制品	157.4	0.2	−5.2
9	咖啡、茶、马黛茶及调味香料	151.8	0.2	−7.8
15	动、植物油、脂及其分解产品；精制的食用油脂；动、植物蜡	188.4	0.2	14.6
59	浸渍、涂布、包覆或层压的织物；工业用纺织制品	133.3	0.2	−15.4
31	肥料	143.8	0.2	−7.8
49	书籍、报纸、印刷图画及其他印刷品；手稿、打字稿及设计图纸	145.3	0.2	−1.9
56	絮胎、毡呢及无纺织物；特种纱线；线、绳、索、缆及其制品	143.9	0.2	−2.3
55	化学纤维短纤	104.5	0.1	−20.1
47	木浆及其他纤维状纤维素浆；纸及纸板的废碎品	118.5	0.1	−5.0
10	谷物	106.3	0.1	−9.0

资料来源：全球贸易观察、UN Comtrade 数据库等，经本课题组整理所得。

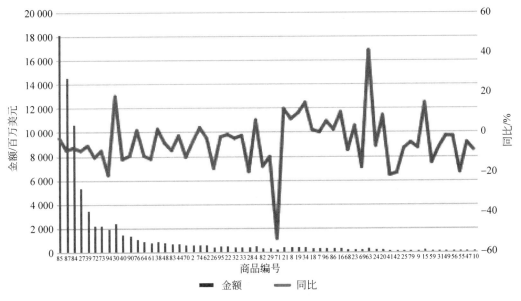

图 14-7　2020 年斯洛伐克进口商品金额

14.4 主要优势产业及其特征

1. 汽车制造业

汽车工业是斯洛伐克主要支柱产业之一。汽车产业在经济中占有重要的战略地位，2016年行业产量104.3万辆，高于波兰、匈牙利、奥地利等国，较上年增长0.5%，雇员12.9万人，汽车业产值占工业总产值的44%，其中，出口260亿欧元，占出口总额的40%。主要汽车厂商为标致雪铁龙(Trnava)、起亚(Žilina)和大众(Bratislava、Martin、Košice)。其中，大众汽车规模最大，雇员1.23万人，分布在布拉迪斯拉发(整车组装)、马丁(零部件生产)和科希策(主要出口俄罗斯市场)，2016年销售收入76亿欧元，其中，99%收入来自出口。另外两家企业起亚(KIA)和标致雪铁龙公司，2016年雇员分别达到3 800人和3 500人，全年销售收入55.6亿欧元和55.1亿欧元。斯洛伐克拥有全球最高的人均汽车产量，每千人192辆。此外，高质量零部件供应商是斯洛伐克汽车业的优势之一，截至2020年，斯洛伐克拥有超过350家零部件供应商，其中240多家坐落在西部地区。2018年，随着捷豹陆虎公司正式投产，供应商网络进一步向中东部地区扩散。因此，我国汽车组装企业可考虑投资斯洛伐克，以利用当地完善的供应商网络，同时与当地大学或研究中心进行核心技术研发，包括定制服务、样机快速定模等，进入欧洲大市场。

2. 橡胶和塑料制品业

2017年斯洛伐克橡胶和塑料制品业产值59.5亿欧元，占其工业产值的7.5%，行业增加值17.1亿欧元，占其工业增加值的11%。该行业共有企业344家、雇员约4.6万人，人均劳动生产率14.2万欧元,人均月工资收入1 060欧元。主要企业包括:Matador轮胎公司(Continental Matador Truck Tires),投资超过63亿欧元升级其制造工艺,产能达到290万个轮胎,雇员约1 500人;韩国东一橡胶公司(Dongil Rubber Belt Slovakia),主要生产汽车密封圈,2018年宣布新增投资2 000万欧元,进一步拓展生产规模,将新增工作岗位150个。

3. 机械工程业

机械工程业是斯洛伐克主要支柱产业之一,与汽车制造业密不可分。2016年雇员20人以上的企业735家,就业人员占比高达33%,行业销售收入330亿欧元,占工业总产值的42%、全年出口总额的50%。74%的行业产出提供给汽车制造企业或其零部件供应商,另外25%则流入金属制品和机械设备制造业。该行业企业主要分布在传统工业优势地区,如西北部工业城市日利纳(Žilina),或汽车制造企业集中区域,包括布拉迪斯拉发和特尔纳瓦(Trnava)等地区。按照2016年营业收入排名,行业内前五大企业分别为Mobis Slovakia(韩国,12.6亿欧元)、Schaeffler Slovensko(德国,9.65亿欧元)、Johnson Controls International(美国,6.26亿欧元)、Faurecia Slovakia(法国,6.12亿欧元)和SAS Automotive(德国,6.11亿欧元),主要产品包括轮轴、控制面板、刹车系统、轴承和排放控制技术等。伴随汽车相关电子产品(车载通信设备、娱乐设备等)的发展,电子工业加速扩张,大型外资项目的实施给斯洛伐克电子工业发展带来了雄厚的资金、先进技术和管理经验,使其产品质量不断提升。

4. 交通运输、仓储和邮政业

斯洛伐克以公路和铁路运输为主,近年来航空运输有所发展。根据斯洛伐克国家统计局2018年的数据显示,截至2017年底,公路总里程长18 043千米,其中高速公路482千米,仅占公路总里程数的2.67%,与2010年前相比,近年来斯洛伐克高速公路建设开始提速。2017年客运量总计2.46亿人次,货运量总计1.77亿吨。铁路总里程长3 626千米,其中复线1 016千米,电气化铁路1 588千米,占铁路总里程的43.8%。客运量总计7 537万人次,较2016年增长8.4%,货运量总计4 779万吨。为进一步提升基础设施质量,2017年斯洛伐克分别投入9.78亿欧元和2.44亿欧元用于公路与铁路设施的建设及维护。

5. 商务服务业

共享服务中心与商业流程外包(SSC&BPOs)备受外资企业青睐,2016年共有超过60家企业,雇员超过3万,行业平均就业年龄32岁。75%以上企业提供高附加值服务,会计金融服务和IT服务各占29%和26%。与西欧或北美地区相比,斯洛伐克劳动生产率与劳动力成本比在中欧和东欧国家中最高。劳动力中受过高等教育的人数比例在欧盟成员国中排名第一,斯洛伐克英语普及率较高,91%的劳动力人口熟练掌握英语,其次是德语(60%)、俄语(12.4%)、法语(7.7%)、西班牙语(3.8%)。此外,人们可以运用捷克语、波兰语及其他斯拉夫语系语言进行无障碍交流,劳动力语言优势为企业服务东欧和西欧国家的消费者提供了便利,且平均月工资824欧元,低于波兰、捷克,企业仅须额外支付35.2%的社会保险。因此,许多跨国公司(戴尔、IBM、惠普、AT&T、联想等)将其服务中心设置在斯洛伐克,尽管政府加大对其他地区的投资优惠力度,如就业补贴、税收减免高达投资额的35%。目前,首都布拉迪斯拉发仍是共享服务中心最大的聚集区。

14.5 中斯双边贸易概况

2020年斯洛伐克与中国双边货物进出口额为80.8亿美元,增长5.1%。分商品类别看,斯洛伐克对中国出口金额最多的商品为运输设备,而斯洛伐克自中国进口金额最多的商品为机电产品。

2020年斯洛伐克对中国共出口商品2 344百万美元,同比增长24%。由表14-6和图14-8可知,在出口主要商品结构中,以商品编号87(车辆及其零件、附件,但铁道及电车道车辆除外)为主,该商品占总出口商品金额的近八成。相比2019年,商品编号64(鞋靴、护腿和类似品及其零件)、73(钢铁制品)、40(橡胶及其制品)、82(贱金属工具、器具、利口器、餐匙、餐叉及其零件)、41[生皮(毛皮除外)及皮革]等增长趋势超过40%,尤其是82(贱金属工具、器具、利口器、餐匙、餐叉及其零件)增幅最大,达到176.3%。与此同时,商品编号为22(饮料、酒及醋)的商品下降幅度最大。

表14-6 2020年斯洛伐克对中国出口主要商品结构

商品编号	商品类别	金额/百万美元	占比/%	同比/%
87	车辆及其零件、附件,但铁道及电车道车辆除外	1 895	80.8	28.2
84	核反应堆、锅炉、机器、机械器具及其零件	196	8.4	8.9
85	电机、电气设备及其零件;录音机及放声机、电视图像、声音的录制和重放设备及其零件、附件	86	3.6	22.2
44	木及木制品;木炭	36	1.5	−0.6
94	家具;寝具、褥垫、弹簧床垫、软坐垫及类似的填充制品;未列名灯具及照明装置;发光标志、发光铭牌及类似品;活动房屋	18	0.8	−23.4
90	光学、照相、电影、计量、检验、医疗或外科用仪器及设备、精密仪器及设备;上述物品的零件、附件	14	0.6	−27.3
64	鞋靴、护腿和类似品及其零件	21	0.9	40.5
95	玩具、游戏品、运动用品及其零件、附件	11	0.5	−11.3
39	塑料及其制品	12	0.5	7.5
83	贱金属杂项制品	12	0.5	16.1
73	钢铁制品	13	0.6	48.9
40	橡胶及其制品	10	0.4	49.7
60	针织物及钩编织物	4	0.2	−8.8
63	其他纺织制成品;成套物品;旧衣着及旧纺织品;碎织物	2	0.1	−36.8
82	贱金属工具、器具、利口器、餐匙、餐叉及其零件	3	0.1	176.3
72	钢铁	1	0.0	−4.9
70	玻璃及其制品	1	0.0	1.7

续表

商品编号	商品类别	金额/百万美元	占比/%	同比/%
56	絮胎、毡呢及无纺织物；特种纱线；线、绳、索、缆及其制品	1	0.0	−30.3
29	有机化学品	1	0.1	39.7
41	生皮（毛皮除外）及皮革	2	0.1	75.9
22	饮料、酒及醋	0	0.0	−60.0
58	特种机织物；簇绒织物；花边；装饰毯；装饰带；刺绣品	1	0.0	−30.0
68	石料、石膏、水泥、石棉、云母及类似材料的制品	0	0.0	
74	铜及其制品	0	0.0	
76	铝及其制品	1	0.1	
59	浸渍、涂布、包覆或层压的织物；工业用纺织制品	0	0.0	
52	棉花	0	0.0	
49	书籍、报纸、印刷图画及其他印刷品；手稿、打字稿及设计图纸	0	0.0	
96	杂项制品	0	0.0	
25	盐；硫黄；泥土及石料；石膏料、石灰及水泥	0	0.0	

资料来源：商务部国别报告网、UN Comtrade 数据库等，经本课题组整理所得。

注：商品编号为 72、70、56、29、22、58、68、74、59、52、49、96 和 25 的商品因金额过少导致占比为 0，并不代表 2020 年斯洛伐克没有出口这些商品至中国，在此说明。

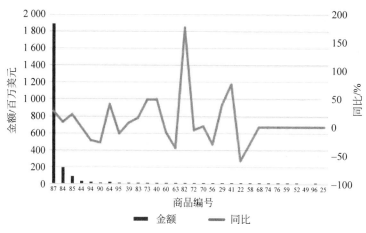

图 14-8　2020 年斯洛伐克对中国主要出口商品金额

2020 年斯洛伐克自中国共进口商品 5 733 百万美元，同比增长 8.7%。由表 14-7 和图 14-9 可知，在进口主要商品结构中，商品编号 64（鞋靴、护腿和类似品及其零件）、61（针织或钩编的服装及衣着附件）、62（非针织或非钩编的服装及衣着附件）、63（其他纺织制成品；成套物品；旧衣着及旧纺织品；碎织物）、42［皮革制品；鞍具及挽具；旅行用品、手提包及类似容器；动物肠线（蚕胶丝除外）制品］等增长趋势超过 300%，尤其是 63（其他纺织制成品；成套物品；旧衣着及旧纺织品；碎织物）增幅最大。与此同时，商品编号为 76（铝及其制品）的商品增长幅度最小。

表 14-7　2020 年斯洛伐克自中国进口主要商品结构

商品编号	商品类别	金额/百万美元	占比/%	同比/%
85	电机、电气设备及其零件；录音机及放声机、电视图像、声音的录制和重放设备及其零件、附件	2 691.2	46.9	73.3
84	核反应堆、锅炉、机器、机械器具及其零件	917.8	16.0	35.0
87	车辆及其零件、附件，但铁道及电车道车辆除外	257.4	4.5	31.3
95	玩具、游戏品、运动用品及其零件、附件	138.9	2.4	22.9
73	钢铁制品	127.2	2.2	24.7
90	光学、照相、电影、计量、检验、医疗或外科用仪器及设备、精密仪器及设备；上述物品的零件、附件	120.7	2.1	29.8
39	塑料及其制品	101.9	1.8	75.7
83	贱金属杂项制品	73.2	1.3	28.4
64	鞋靴、护腿和类似品及其零件	249.6	4.4	574.6
94	家具；寝具、褥垫、弹簧床垫、软坐垫及类似的填充制品；未列名灯具及照明装置；发光标志、发光铭牌及类似品；活动房屋	120.5	2.1	234.6
40	橡胶及其制品	40.8	0.7	27.5
82	贱金属工具、器具、利口器、餐匙、餐叉及其零件	50.5	0.9	63.1
76	铝及其制品	32.7	0.6	12.6
61	针织或钩编的服装及衣着附件	124.6	2.2	493.5
62	非针织或非钩编的服装及衣着附件	143.4	2.5	743.5
70	玻璃及其制品	18.7	0.3	24.8
63	其他纺织制成品；成套物品；旧衣着及旧纺织品；碎织物	134.5	2.3	796.9
29	有机化学品	23.8	0.4	58.4
42	皮革制品；鞍具及挽具；旅行用品、手提包及类似容器；动物肠线（蚕胶丝除外）制品	49.1	0.9	309.4
38	杂项化学产品	21.0	0.4	90.8
54	化学纤维长丝	16.0	0.3	45.2
74	铜及其制品	12.4	0.2	23.7
81	其他贱金属、金属陶瓷及其制品	11.3	0.2	12.8
96	杂项制品	25.7	0.4	267.4
48	纸及纸板；纸浆、纸或纸板制品	13.0	0.2	86.2
72	钢铁	7.8	0.1	29.6
71	天然或养殖珍珠、宝石或半宝石、贵金属、包贵金属及其制品；仿首饰；硬币	7.1	0.1	41.1
25	盐；硫黄；泥土及石料；石膏料、石灰及水泥	6.0	0.1	20.6
68	石料、石膏、水泥、石棉、云母及类似材料的制品	11.1	0.2	122.0
65	帽类及其零件	14.1	0.2	252.2

资料来源：商务部国别报告网、UN Comtrade 数据库等，经本课题组整理所得。

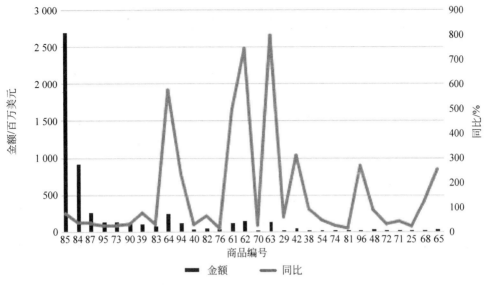

图 14-9　2020 年斯洛伐克自中国主要进口商品金额

14.6　中斯贸易竞争性与互补性分析

14.6.1　中斯显性比较优势指数分析

本书利用《国际贸易商品标准分类》(SITC. Rev4)，以 2020 年为例，对中国与斯洛伐克显性比较优势指数进行分析，具体数据如表 14-8 所示。

表 14-8　2020 年斯洛伐克商品出口额

SITC	商品类别名称	出口额/百万美元
SITC0	食品和活动物	2 742.98
SITC1	饮料及烟草	146.34
SITC2	非食用燃料(不包含燃料)	1 797.35
SITC3	矿物燃料、润滑油及有关原料	2 819.71
SITC4	动、植物油、脂和蜡	92.15
SITC5	未列明的化学品和有关产品	3 960.94
SITC6	主要按原材料分类的制成品	15 727.08
SITC7	机械及运输设备	56 937.82
SITC8	杂项制品	8 918.71
SITC9	没有分类的其他商品	300.67

资料来源：UN Comtrade 数据库等，经本课题组整理所得。

2020 年中国所有商品出口额约为 2 487 000 百万美元，斯洛伐克所有商品出口额为 86 707 百万美元，世界所有商品出口额为 19 475 000 百万美元。

按照公式 $RCA_{xik}=(X_{ik}/X_{wk})/(X_i/X_w)$，得出计算结果如表 14-9 所示。

表 14-9　2020 年中斯显性比较优势指数计算结果

国　家	SITC0	SITC1	SITC2	SITC3	SITC4	SITC5	SITC6	SITC7	SITC8	SITC9
中国	0.44	0.19	0.20	0.19	0.10	0.60	1.38	1.37	1.99	0.04
斯洛伐克	0.49	0.19	0.55	0.30	0.23	0.38	1.41	1.72	0.83	0.05

根据上述结果分析得到：

(1) 斯洛伐克除了 SITC6（主要按原材料分类的制成品）和 SITC7（机械及运输设备）两类商品外，其余商品均不具有显性比较优势。其中，SITC7（机械及运输设备）的 RCA 值最高，说明具有比较明显的显性比较优势。

(2) 在 SITC6（主要按原材料分类的制成品）和 SITC7（机械及运输设备）两类商品中，中国与斯洛伐克都具有显性比较优势。在 SITC0（食品和活动物）、SITC1（饮料及烟草）、SITC2［非食用燃料（不包含燃料）］、SITC3（矿物燃料、润滑油及有关原料）、SITC4（动、植物油、脂和蜡）、SITC5（未列明的化学品和有关产品）和 SITC9（没有分类的其他商品）这七类商品中，两国显性优势比较指数均小于 1，说明两国都不具备比较优势。尤其是两国在 SITC9（没有分类的其他商品）这类商品上 RCA 值都很低，说明都有明显的显性比较劣势。

14.6.2　中斯互补性指数分析

本书利用《国际贸易商品标准分类》（SITC. Rev4），以 2020 年为例，对中国与斯洛伐克互补性指数进行分析，具体数据如表 14-10 所示。

表 14-10　2020 年斯洛伐克商品进口额

SITC	商品类别名称	进口额/百万美元
SITC0	食品和活动物	4 271.27
SITC1	饮料及烟草	714.92
SITC2	非食用燃料（不包含燃料）	2 448.08
SITC3	矿物燃料、润滑油及有关原料	7 549.48
SITC4	动、植物油、脂和蜡	163.52
SITC5	未列明的化学品和有关产品	7 718.90
SITC6	主要按原材料分类的制成品	14 252.69
SITC7	机械及运输设备	46 757.13
SITC8	杂项制品	10 011.56
SITC9	没有分类的其他商品	319.69

资料来源：UN Comtrade 数据库等，经本课题组整理所得。

2020 年中国所有商品进口额约为 2 136 000 百万美元，斯洛伐克所有商品进口额为 84 998 百万美元，世界所有商品进口额为 19 867 000 百万美元。

按照公式 $TCI_{ij} = RCA_{xik} \times RCA_{mjk}$，得出计算结果如表 14-11 所示。

表 14-11　2020 年中斯互补性指数计算结果

国　家	SITC0	SITC1	SITC2	SITC3	SITC4	SITC5	SITC6	SITC7	SITC8	SITC9
中国	0.35	0.18	0.13	0.12	0.04	0.43	1.83	1.92	1.95	0
斯洛伐克	0.26	0.09	1.75	0.39	0.19	0.35	0.92	2.20	0.56	0.05

根据上述结果分析得到：

(1) 在 SITC7（机械及运输设备）这类商品中，中国与捷克贸易互补性指数均大于1，说明两国在该类商品中互补性很强，并未因为在该领域中双方都具有显性比较优势而出现激烈竞争的场面，反而表现出很强的贸易互补性。

(2) 在 SITC0（食品和活动物）、SITC1（饮料及烟草）、SITC3（矿物燃料、润滑油及有关原料）、SITC4（动、植物油、脂和蜡）、SITC5（未列明的化学品和有关产品）和 SITC9（没有分类的其他商品）这六类商品中，双方 TCI 值均小于1，说明两国互补性较弱。

14.7 中斯合作展望

研究表明，中国与斯洛伐克在贸易关系上前景广阔。据中国商务部统计，截至2019年底，中国对斯直接投资1.1亿美元，斯对华直接投资9488万美元，中国企业在斯累计完成工程承包营业额2764万美元。不仅如此，两国还为奠定双方经贸关系做出了不少努力。2019年4月，双方签署《中华人民共和国海关总署和斯洛伐克共和国国家兽医和食品监管总局关于斯洛伐克输华乳品动物卫生和公共卫生条件议定书》。2019年11月，双方签署《中华人民共和国交通运输部与斯洛伐克共和国交通建设部关于交通运输和物流领域合作的谅解备忘录》。

但是，斯洛伐克对于与中国的旅游业合作重视度不是很高，并在铁路建设上有待完善。鉴于此，根据中国与斯洛伐克前景良好的经贸合作关系，两国可加强在以下方面的合作，以达到合作共赢。

(1) 两国应努力挖掘各自的旅游景观，以投资方式推动两国的现代化旅游。开辟更多两国旅游专线，利用好两国的旅游资源，提供高水平的旅游服务，从而推动两国旅游业的发展。

(2) 斯洛伐克已投入大量资金对本国铁路进行升级改造，进行铁路提速。对此，中国企业可将铁路网络改造和能力提升作为在铁路建设方面的主要投资领域，帮助斯洛伐克国内铁路全面提速和现代化升级，以此带动两国双边贸易的发展。

(3) 斯洛伐克在汽车工业、电子工业方面具备优势，中国企业可学习相关先进经验，大力开拓两国在上述方面的市场，推动工业智能化发展。

第 15 章
斯洛文尼亚的对外贸易

　　斯洛文尼亚,位于欧洲中南部,巴尔干半岛西北端。西接意大利,北邻奥地利和匈牙利,东部和南部同克罗地亚接壤,西南濒亚得里亚海。海岸线长 46.6 千米。特里格拉夫峰为境内最高山峰,海拔 2 864 米。最著名的湖泊是布莱德湖。气候分山地气候、大陆性气候、地中海式气候。夏季平均气温 21.3 ℃,冬季平均气温－0.6 ℃,年平均气温 10.7 ℃。面积 20 273 平方千米。截至 2020 年,总人口 211 万。主要民族为斯洛文尼亚族,约占 83%。少数民族有塞尔维亚族、克罗地亚族、匈牙利族、意大利族等。官方语言为斯洛文尼亚语。首都为卢布尔雅那,人口 29.6 万(2020 年)。

　　6 世纪末,斯拉夫人迁移到现斯洛文尼亚一带。9—20 世纪初,斯洛文尼亚一直受德意志国家和奥匈帝国统治。1918 年底,斯洛文尼亚同其他一些南部斯拉夫民族联合成立塞尔维亚人-克罗地亚人-斯洛文尼亚人王国,1929 年改称南斯拉夫王国。1941 年,德国、意大利法西斯入侵南斯拉夫。1945 年,南斯拉夫人民赢得反法西斯战争胜利,同年 11 月 29 日宣告成立南斯拉夫联邦人民共和国(1963 年改称南斯拉夫社会主义联邦共和国),斯洛文尼亚为其中的一个共和国。1991 年 6 月 25 日,斯洛文尼亚议会通过决议,宣布脱离南斯拉夫社会主义联邦共和国,成为独立的主权国家。1992 年 5 月,斯洛文尼亚加入联合国。

　　2020 年国内生产总值 463 亿美元,人均国内生产总值 2.2 万美元,国内生产总值实际下降 5.5%。森林和水利资源丰富,森林覆盖率 66%。矿产资源相对贫乏,主要有汞、煤、铅、锌等。工业方面,主要工业部门有汽车制造、机械设备和家用电器制造、电气机械和仪表制造、化工(含制药)、电力能源、冶金、橡胶及塑料产品加工、非金属矿物质制品加工、食品饮料加工、木材加工、家具制造、造纸、印刷出版、纺织、成衣和皮革制品加工等。2020 年,工业产值为 130 亿美元,同比下降 6.2%。农业方面,农业在国民经济中比重较小。2020 年农业用地 17.5 万公顷,农村人口 94.3 万。农业增加值为 10.75 亿美元,占 GDP 比重为 2.03%。2019 年农业用地 47.9 万公顷,农业人口 7.7 万。农业产值约 13.7 亿欧元,同比增长 18%。2019 年生产小麦 14 万吨、大麦 10 万吨、土豆 6.6 万吨、甜菜 1.1 万吨、苹果 5.4 万吨、葡萄 7.4 万吨。服务业方面,服务业为国民经济重要组成部分,包括批发和零售、修理、旅馆饭店、运输、通信、仓储、金融中间机构、房地产、租赁、企业服务、公共管理、社会服务、其他社区或个人服务。从业人口超过全国人口总数的 1/5。其中,旅游资源较丰富,2020 年,接待游客 307 万人次,过夜 920 万人次。国外游客主要来自意大利、德国、奥地利、克罗地亚。主要旅游区是亚得里亚海海滨和阿尔卑斯山区。主要旅游点:特里格拉夫山区国家公园、布莱德湖、波斯托伊纳溶洞。主要旅游设施:海滨浴场、滑雪场、温泉、溶洞、旅馆、汽车宿营地等。交通运输方面,地理位置较好,电气化铁路和现代化公路占相当大比重。铁路总长1 229千米,其中电气化铁路503千米,复线铁路331千米。2019年客运量1 390万人次,货运量2 189万吨。公路总长38 906千米,其中高速公路746千米。2019年公路客运量8 830万人次,货运量9 178万吨。有3个港口,分别是科佩尔港、伊佐拉港和皮兰港。其中,科佩尔港为斯第一大港。该港建成于1958年,港区面积为450公顷,有2 000米的海岸可供装卸货物,有25万平方米的仓储面积。2020年海运货运量1 831万吨。2019年航空载客172万人次,卢布尔雅那约热·普奇尼克机场为最大的国际机场。

对外贸易方面,斯洛文尼亚经济为高度外向型,对外贸易在国民经济中占有较高比重。2020年外贸进出口总额740亿美元。其中,斯方出口额375亿美元,进口额365亿美元,顺差10亿美元。主要贸易伙伴国为德国、瑞士、意大利、克罗地亚、奥地利。主要出口商品:汽车零部件、药品、石油加工产品、电器等。主要进口商品:机械设备、石油和矿产品、塑料产品、农产品等。

斯洛文尼亚是欧盟成员国,据欧盟统计局统计,分国别(地区)看,其超过一半的货物贸易是在欧盟内部进行。在欧盟区域内,斯洛文尼亚最主要的出口国是德国、瑞士和意大利,2020年出口额为67.6亿美元、45.5亿美元和34.9亿美元,增减幅分别为-4.6%、78.3%和-19.6%,占斯洛文尼亚出口总额的18%、12.1%和9.3%;欧盟区域内主要的进口国是德国和瑞士,2020年进口额为51.3亿美元和46.4亿美元,前者同比下降7.3%,后者同比增长34.6%,占斯洛文尼亚进口总额的14.0%和12.7%。在欧盟区域外,俄罗斯是斯洛文尼亚最主要的出口国,2020年出口额为9.78亿美元,减少1.3%,占斯洛文尼亚出口总额的2.6%。分商品看,车辆及其零件、药品和机电产品是斯洛文尼亚的主要出口商品,2020年出口额分别为48.9亿美元、78.9亿美元和40.9亿美元,增减幅分别为-41.6%、44%和-11%,占斯洛文尼亚出口总额的13.1%、21.1%和10.9%。车辆及其零件、药品和机电产品是斯洛文尼亚的前三大类进口商品,2020年分别进口37.6亿美元、58.8亿美元和34.3亿美元,增减幅分别为-47.7%、34.3%和-8.1%,占斯洛文尼亚进口总额的10.3%、16.1%和9.4%。

据欧盟统计局统计,2020年斯洛文尼亚对中国出口3.19亿美元,增加7.4%;自中国进口26.76亿美元,增长14.6%。2020年机电产品对中国年出口额为0.66亿美元,下降10.4%,占斯洛文尼亚对中国出口总额的20.8%。核反应堆、锅炉、机器、机械器具及其零件是斯洛文尼亚对中国出口的第二大类商品,出口0.55亿美元,增长5.5%,占斯洛文尼亚对中国出口总额的17.2%。车辆及其零件是斯洛文尼亚对中国出口的第三大类产品,出口0.5亿美元,增长33.3%。斯洛文尼亚自中国进口的主要商品为机电产品、机械器具及其零件和有机化学品,2020年三类商品分别进口8.4亿美元、4.2亿美元和2.9亿美元,合计占斯洛文尼亚自中国进口总额的58.9%。

15.1 对外贸易发展趋势

2020年斯洛文尼亚货物进出口额为73 984百万美元,比上年(下同)下降2.3%。其中,出口37 471百万美元,下降16.5%;进口36 513百万美元,下降16.9%。

由表 15-1 和图 15-1 可知,斯洛文尼亚 2008—2020 年对外贸易总额呈现波动趋势。经历 2008 年的明显上升后,2009 年出现了剧烈下滑。2010 年和 2011 年保持稳定增长,但在 2012 年出现了下跌。2013 年和 2014 年止跌反弹,但在 2015 年出现了明显下滑。2016 年到 2019 年一直上升,2020 年受到新冠肺炎疫情的影响出现明显下跌。

表 15-1 斯洛文尼亚对外贸易年度表

年份	总额/百万美元	同比/%	出口额/百万美元	同比/%	进口额/百万美元	同比/%
2008	71 372	15.5	34 240	13.5	37 132	17.4
2009	52 676	−26.2	26 080	−23.8	26 596	−28.4
2010	59 298	12.6	29 184	11.9	30 114	13.2
2011	70 224	18.4	34 692	18.9	35 532	18.0
2012	64 242	−8.5	32 180	−7.2	32 062	−9.8
2013	67 379	4.9	34 008	5.7	33 371	4.1
2014	69 890	3.7	35 956	5.7	33 934	1.7
2015	61 745	−11.7	31 930	−11.2	29 815	−12.1
2016	63 454	2.8	32 917	3.1	30 537	2.4
2017	74 392	17.2	38 397	16.7	35 995	17.9
2018	86 467	16.2	44 200	15.1	42 267	17.4
2019	88 828	2.7	44 866	1.5	43 962	4.0
2020	73 984	−2.3	37 471	−16.5	36 513	−16.9

资料来源:商务部国别报告网、UN Comtrade 数据库、全球贸易观察等,经本课题组整理所得。

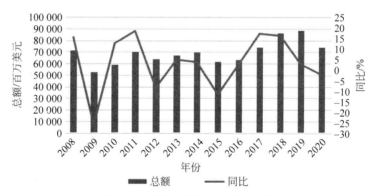

图 15-1 斯洛文尼亚对外贸易总额

由表 15-1 和图 15-2 可知,斯洛文尼亚 2008—2019 年对外贸易出口额呈现波动趋势。2008 年和 2009 年情况截然相反,2008 年飞速上升,而 2009 年大幅下滑。2010 年和 2011 年止跌反弹,并维持明显上升趋势。但是,2012 年又出现了下滑,2013 年和 2014 年明显回升。经历了 2015 年同比下降之后,2016—2019 年对外贸易出口额稳定增长,但由于新冠肺炎疫情的影响,2020 年再次下跌。

由表 15-1 和图 15-3 可知,斯洛文尼亚 2008—2020 年对外贸易进口额中,2019 年进口额最多,为 43 962 百万美元。2011 年增幅最大,为 18.0%。相比之下,2009 年进口额最少,为 26 596 百万美元,且下降幅度最大,为 28.4%。同时,2019 年对外贸易进口额呈现上升趋

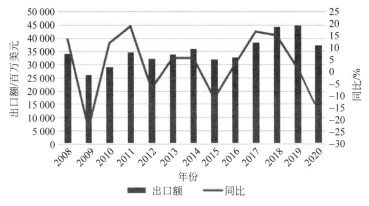

图 15-2 斯洛文尼亚对外贸易出口额

势,比 2018 年上涨 4.0 个百分点,但由于新冠肺炎疫情的影响,2020 年对外贸易进口额再次降低。

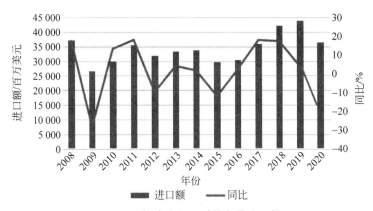

图 15-3 斯洛文尼亚对外贸易进口额

15.2 主要贸易市场结构

2020 年斯洛文尼亚共出口 37 471 百万美元,共进口 36 513 百万美元。进出口伙伴国主要均为有德国、瑞士和意大利等国家。

由表 15-2 和图 15-4 可知,2020 年斯洛文尼亚出口货物至德国的金额最多,为 6 758 百万美元。在主要出口的伙伴国中,出口瑞士、塞尔维亚和波兰的金额较 2019 年有增加趋势。

表 15-2 2020 年斯洛文尼亚对主要贸易伙伴出口额

国家	出口额/百万美元	同比/%	占比/%
德国	6 758	−4.6	18.0
瑞士	4 545	78.3	12.1
意大利	3 491	−19.6	9.3

续表

国　　家	出口额/百万美元	同比/%	占比/%
克罗地亚	3 003	−7.1	8.0
奥地利	2 391	−6.1	6.4
法国	1 937	−5.3	5.2
塞尔维亚	1 240	1.4	3.3
波兰	1 133	2.5	3.0
俄罗斯	978	−1.3	2.6
匈牙利	971	−6.2	2.6

资料来源：商务部国别报告网、UN Comtrade 数据库、全球贸易观察等，经本课题组整理所得。

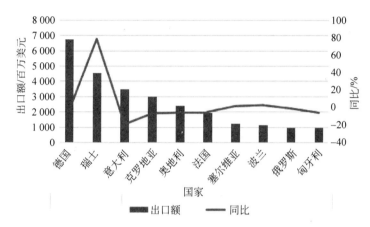

图 15-4　2020 年斯洛文尼亚对主要贸易伙伴出口额

由表 15-3 和图 15-5 可知，2020 年斯洛文尼亚进口货物自德国的金额最多，为 5 130 百万美元。在主要进口的伙伴国中，只有进口瑞士和中国的金额较 2019 年有增加趋势。

表 15-3　2020 年斯洛文尼亚自主要贸易伙伴进口额

国　　家	进口额/百万美元	同比/%	占比/%
德国	5 130	−7.3	14.0
瑞士	4 635	34.6	12.7
意大利	3 957	−17.7	10.8
奥地利	2 737	−12.0	7.5
中国	2 676	14.6	7.3
克罗地亚	1 385	−8.8	3.8
法国	1 113	−16.8	3.0
土耳其	970	−11.5	2.7
波兰	951	−2.8	2.6
匈牙利	863	−9.3	2.4

资料来源：商务部国别报告网、UN Comtrade 数据库、全球贸易观察等，经本课题组整理所得。

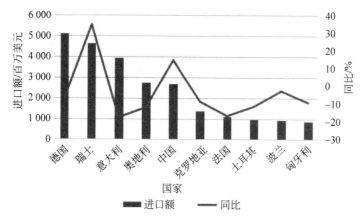

图 15-5 2020 年斯洛文尼亚自主要贸易伙伴进口额

15.3 主要进出口商品结构

2020 年斯洛文尼亚共出口商品 37 471.1 百万美元,同比下降 16.5%。由表 15-4 和图 15-6 可知,在主要出口商品结构中,商品编号 30(药品)、47(木浆及其他纤维状纤维素浆;纸及纸板的废碎品)、62(非针织或非钩编的服装及衣着附件)、86[铁道及电车道机车、车辆及其零件铁道及电车道轨道固定装置及其零件、附件;各种机械(包括电动机械)交通信号设备]、63(其他纺织制成品;成套物品;旧衣着及旧纺织品;碎织物)、71(天然或养殖珍珠、宝石或半宝石、贵金属、包贵金属及其制品;仿首饰;硬币)等呈现增长趋势,尤其是 62(非针织或非钩编的服装及衣着附件)增幅最大。与此同时,商品编号为 7(食用蔬菜、根及块茎)的商品下降幅度最大。

表 15-4 2020 年斯洛文尼亚主要出口商品结构

商品编号	商品类别	金额/百万美元	占比/%	同比/%
87	车辆及其零件、附件,但铁道及电车道车辆除外	4 897.9	13.1	−41.6
30	药品	7 897.9	21.1	44.0
85	电机、电气设备及其零件;录音机及放声机、电视图像、声音的录制和重放设备及其零件、附件	4 087.4	10.9	−11.0
84	核反应堆、锅炉、机器、机械器具及其零件	3 681.2	9.8	−13.7
27	矿物燃料、矿物油及其蒸馏产品;沥青物质;矿物蜡	1 145.1	3.1	−51.3
39	塑料及其制品	1 489.0	4.0	−19.4
72	钢铁	1 023.3	2.7	−33.5
76	铝及其制品	1 155.5	3.1	−15.0
94	家具;寝具、褥垫、弹簧床垫、软坐垫及类似的填充制品;未列名灯具及照明装置;发光标志、发光铭牌及类似品;活动房屋	951.4	2.5	−24.4
44	木及木制品;木炭	817.1	2.2	−26.4

续表

商品编号	商品类别	金额/百万美元	占比/%	同比/%
48	纸及纸板；纸浆、纸或纸板制品	724.3	1.9	-32.9
90	光学、照相、电影、计量、检验、医疗或外科用仪器及设备、精密仪器及设备；上述物品的零件、附件	899.9	2.4	-5.4
73	钢铁制品	803.1	2.1	-14.2
40	橡胶及其制品	702.7	1.9	-4.3
32	鞣料浸膏及染料浸膏；鞣酸及其衍生物；染料、颜料及其他着色料；油漆及清漆；油灰及其他胶黏剂；墨水、油墨	450.6	1.2	-6.3
29	有机化学品	388.3	1.0	-3.0
95	玩具、游戏品、运动用品及其零件、附件	301.0	0.8	-20.9
33	精油及香膏；芳香料制品及化妆盥洗品	340.3	0.9	-8.5
23	食品工业的残渣及废料；配制的动物饲料	178.2	0.5	-45.5
38	杂项化学产品	330.8	0.9	3.7
68	石料、石膏、水泥、石棉、云母及类似材料的制品	294.6	0.8	-7.6
82	贱金属工具、器具、利口器、餐匙、餐叉及其零件	261.6	0.7	-15.7
21	杂项食品	271.2	0.7	-3.4
83	贱金属杂项制品	246.9	0.7	-10.9
64	鞋靴、护腿和类似品及其零件	176.0	0.5	-32.9
54	化学纤维长丝	163.1	0.4	-32.1
70	玻璃及其制品	206.2	0.6	-10.7
28	无机化学品；贵金属、稀土金属、放射性元素及其同位素的有机及无机化合物	178.0	0.5	-22.8
42	皮革制品；鞍具及挽具；旅行用品、手提包及类似容器；动物肠线（蚕胶丝除外）制品	92.0	0.2	-58.0
8	食用水果及坚果；柑橘属水果或甜瓜的果皮	121.7	0.3	-42.5
61	针织或钩编的服装及衣着附件	156.6	0.4	-21.7
4	乳品；蛋品；天然蜂蜜；其他食用动物产品	206.8	0.6	4.1
74	铜及其制品	149.8	0.4	-22.6
49	书籍、报纸、印刷图画及其他印刷品；手稿、打字稿及设计图纸	182.1	0.5	-5.4
2	肉及食用杂碎	118.2	0.3	-34.4
10	谷物	81.1	0.2	-54.8
88	航空器、航天器及其零件	98.1	0.3	-42.3
22	饮料、酒及醋	164.6	0.4	0.8
47	木浆及其他纤维状纤维素浆；纸及纸板的废碎品	197.7	0.5	25.1
25	盐；硫黄；泥土及石料；石膏料、石灰及水泥	114.6	0.3	-23.6
56	絮胎、毡呢及无纺织物；特种纱线；线、绳、索、缆及其制品	142.9	0.4	-4.6
62	非针织或非钩编的服装及衣着附件	973.9	2.6	613.4
34	肥皂、有机表面活性剂、洗涤剂、润滑剂、人造蜡、调制蜡、光洁剂、蜡烛及类似品、塑型用膏、"牙科用蜡"及牙科用熟石膏制剂	128.3	0.3	-4.8
16	肉、鱼、甲壳动物、软体动物及其他水生无脊椎动物的制品	134.7	0.4	5.0

续表

商品编号	商品类别	金额/百万美元	占比/%	同比/%
7	食用蔬菜、根及块茎	34.5	0.1	-72.9
1	活动物	61.9	0.2	-38.2
19	谷物、粮食粉、淀粉或乳的制品；糕饼点心	87.7	0.2	-10.6
86	铁道及电车道机车、车辆及其零件；铁道及电车道轨道固定装置及其零件、附件；各种机械(包括电动机械)交通信号设备	113.6	0.3	18.4
96	杂项制品	66.7	0.2	-17.1
55	化学纤维短纤	48.5	0.1	-39.2
89	船舶及浮动结构体	69.4	0.2	-10.9
41	生皮(毛皮除外)及皮革	42.6	0.1	-42.7
9	咖啡、茶、马黛茶及调味香料	39.8	0.1	-45.0
63	其他纺织制成品；成套物品；旧衣着及旧纺织品；碎织物	96.2	0.3	33.5
60	针织物及钩编织物	23.2	0.1	-62.2
12	含油子仁及果实；杂项子仁及果实；工业用或药用植物；稻草、秸秆及饲料	58.3	0.2	-3.8
15	动、植物油、脂及其分解产品；精制的食用油脂；动、植物蜡	46.4	0.1	-22.4
71	天然或养殖珍珠、宝石或半宝石、贵金属、包贵金属及其制品；仿首饰；硬币	58.3	0.2	15.9
59	浸渍、涂布、包覆或层压的织物；工业用纺织制品	28.1	0.1	-43.3
81	其他贱金属、金属陶瓷及其制品	24.4	0.1	-46.9

资料来源：全球贸易观察、UN Comtrade 数据库等，经本课题组整理所得。

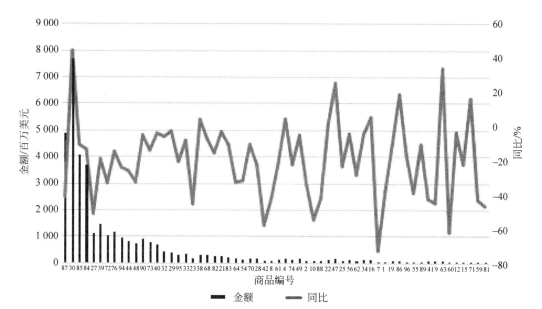

图 15-6　2020 年斯洛文尼亚主要出口商品金额

2020年斯洛文尼亚共进口商品36 512.7百万美元,同比下降16.9%。由表15-5和图15-7可知,在主要进口商品结构中,商品编号30(药品)、29(有机化学品)、38(杂项化学产品)、19(谷物、粮食粉、淀粉或乳的制品;糕饼点心)、4(乳品;蛋品;天然蜂蜜;其他食用动物产品)、18(可可及可可制品)、63(其他纺织制成品;成套物品;旧衣着及旧纺织品;碎织物)、16(肉、鱼、甲壳动物、软体动物及其他水生无脊椎动物的制品)、24(烟草、烟草及烟草代用品的制品)等呈现增长趋势,尤其是63(其他纺织制成品;成套物品;旧衣着及旧纺织品;碎织物)增幅最大。与此同时,商品编号为10(谷物)的商品下降幅度最大。

表15-5　2020年斯洛文尼亚主要进口商品结构

商品编号	商品类别	金额/百万美元	占比/%	同比/%
87	车辆及其零件、附件,但铁道及电车道车辆除外	3 764.4	10.3	-47.7
30	药品	5 886.3	16.1	34.3
27	矿物燃料、矿物油及其蒸馏产品;沥青物质;矿物蜡	2 058.7	5.6	-51.4
84	核反应堆、锅炉、机器、机械器具及其零件	3 326.6	9.1	-14.9
85	电机、电气设备及其零件;录音机及放声机、电视图像、声音的录制和重放设备及其零件、附件	3 432.5	9.4	-8.1
39	塑料及其制品	1 678.4	4.6	-18.7
72	钢铁	1 350.0	3.7	-26.1
76	铝及其制品	998.4	2.7	-12.6
29	有机化学品	1 371.9	3.8	41.0
90	光学、照相、电影、计量、检验、医疗或外科用仪器及设备、精密仪器及设备;上述物品的零件、附件	835.8	2.3	-3.0
73	钢铁制品	770.9	2.1	-10.2
94	家具;寝具、褥垫、弹簧床垫、软坐垫及类似的填充制品;未列名灯具及照明装置;发光标志、发光铭牌及类似品;活动房屋	560.3	1.5	-24.5
48	纸及纸板;纸浆、纸或纸板制品	677.5	1.9	-5.9
44	木及木制品;木炭	582.3	1.6	-11.4
40	橡胶及其制品	553.8	1.5	-4.9
61	针织或钩编的服装及衣着附件	327.6	0.9	-23.3
38	杂项化学产品	447.9	1.2	4.9
23	食品工业的残渣及废料;配制的动物饲料	287.5	0.8	-32.0
28	无机化学品;贵金属、稀土金属、放射性元素及其同位素的有机及无机化合物	283.5	0.8	-21.2
64	鞋靴、护腿和类似品及其零件	265.8	0.7	-26.1
8	食用水果及坚果;柑橘属水果或甜瓜的果皮	273.2	0.7	-18.0
95	玩具、游戏品、运动用品及其零件、附件	253.8	0.7	-17.5
33	精油及香膏;芳香料制品及化妆盥洗品	242.1	0.7	-16.7
2	肉及食用杂碎	235.4	0.6	-16.1
62	非针织或非钩编的服装及衣着附件	241.6	0.7	-10.8
82	贱金属工具、器具、利口器、餐匙、餐叉及其零件	214.0	0.6	-15.1

续表

商品编号	商品类别	金额/百万美元	占比/%	同比/%
32	鞣料浸膏及染料浸膏;鞣酸及其衍生物;染料、颜料及其他着色料;油漆及清漆;油灰及其他胶黏剂;墨水、油墨	224.0	0.6	-7.0
74	铜及其制品	216.4	0.6	-6.9
7	食用蔬菜、根及块茎	151.8	0.4	-34.5
21	杂项食品	230.1	0.6	0.5
70	玻璃及其制品	215.0	0.6	-3.5
88	航空器、航天器及其零件	97.7	0.3	-53.8
34	肥皂、有机表面活性剂、洗涤剂、润滑剂、人造蜡、调制蜡、光洁剂、蜡烛及类似品、塑型用膏、"牙科用蜡"及牙科用熟石膏制剂	213.3	0.6	0.8
19	谷物、粮食粉、淀粉或乳的制品;糕饼点心	216.6	0.6	3.8
10	谷物	89.0	0.2	-56.8
47	木浆及其他纤维状纤维素浆;纸及纸板的废碎品	191.3	0.5	-6.4
4	乳品;蛋品;天然蜂蜜;其他食用动物产品	206.5	0.6	3.1
22	饮料、酒及醋	191.2	0.5	-4.3
68	石料、石膏、水泥、石棉、云母及类似材料的制品	158.4	0.4	-10.1
83	贱金属杂项制品	153.3	0.4	-8.3
42	皮革制品;鞍具及挽具;旅行用品、手提包及类似容器;动物肠线(蚕胶丝除外)制品	86.6	0.2	-47.5
25	盐;硫黄;泥土及石料;石膏料、石灰及水泥	125.7	0.3	-21.1
41	生皮(毛皮除外)及皮革	87.6	0.2	-39.6
20	蔬菜、水果、坚果或植物其他部分的制品	116.9	0.3	-15.3
18	可可及可可制品	131.1	0.4	5.8
96	杂项制品	112.8	0.3	-7.7
69	陶瓷产品	118.5	0.3	0.6
9	咖啡、茶、马黛茶及调味香料	81.4	0.2	-30.2
63	其他纺织制成品;成套物品;旧衣着及旧纺织品;碎织物	218.1	0.6	98.8
55	化学纤维短纤	64.1	0.2	-40.8
78	铅及其制品	67.5	0.2	-34.8
15	动、植物油、脂及其分解产品;精制的食用油脂;动、植物蜡	90.0	0.2	-12.7
16	肉、鱼、甲壳动物、软体动物及其他水生无脊椎动物的制品	108.6	0.3	7.3
24	烟草、烟草及烟草代用品的制品	123.9	0.3	26.5
54	化学纤维长丝	56.6	0.2	-38.2
3	鱼、甲壳动物、软体动物及其他水生无脊椎动物	70.0	0.2	-23.3
17	糖及糖食	71.4	0.2	-19.3
49	书籍、报纸、印刷图画及其他印刷品;手稿、打字稿及设计图纸	78.4	0.2	-10.9

续表

商品编号	商品类别	金额/百万美元	占比/%	同比/%
81	其他贱金属、金属陶瓷及其制品	54.1	0.1	−35.0
75	镍及其制品	66.3	0.2	−16.9

资料来源：全球贸易观察、UN Comtrade 数据库等，经本课题组整理所得。

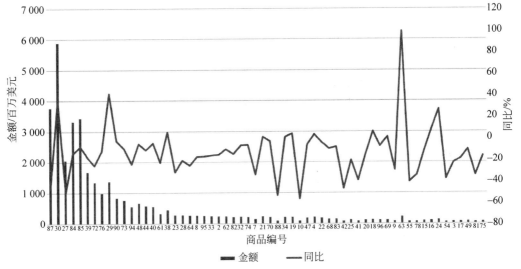

图 15-7　2020 年斯洛文尼亚主要进口商品金额

15.4　主要优势产业及其特征

1. 金属制品业

金属加工业是斯洛文尼亚历史最悠久的行业之一，其中钢铁制造业拥有 400 多年历史。金属加工业包括金属加工、机械制造和运输工具制造业，行业内企业近 3 000 家，雇员超过 5.4 万，该行业就业占制造业就业比重达 34%，创造了制造业 31% 的出口和 31% 的公司收入。2014 年，斯洛文尼亚金属加工业总收入达到 75 亿欧元，其中，70% 的收入来自出口，增加值达 19.7 亿欧元。斯洛文尼亚主要金属加工产品为车辆部件、水轮机和各种金属制品。此外，金、银、铅、锌等有色金属制造业也比较发达。产品主要出口市场为德国、法国和意大利等。长期以来，斯洛文尼亚金属制造业一直重视科技研发与产品附加值的提升，业内企业与卢布尔雅那大学自然科学院、金属技术研究院等多家科研机构均保持密切的合作，主要金属生产厂商有 SIJ 钢铁集团和 Impol 铝制品公司。

2. 木质制品制造业

斯洛文尼亚是仅次于芬兰和瑞典的欧洲第三个森林覆盖率超过 60% 的国家，其在橱柜、家具等木制品制造方面具有比较优势。2016 年，该行业有 1 100 多家公司雇用了大约 1.14

万名员工,行业总收入 14 亿欧元,出口总额 7.26 亿欧元。产品包括机械加工和化学加工,机械部门包括铣削、胶合板和刨花板的制造,以及为建筑工业制造家具和木材组件。制浆造纸、纸板和包装材料都是化工部门的产品,还有一些生产表面涂料的公司。斯洛文尼亚主要的林业种植区和采伐区一直延伸到巴尔干半岛西部的森林地区,一系列配套服务为林业、木材加工和纸浆造纸行业提供支持,技术进步和这些过程的商业化正在开辟新的机会。截至 2020 年,对国外市场的出口占所有收入的 51%。

3. 化学与医药制造业

化学工业在斯洛文尼亚发展较早,自 19 世纪中期第一家为奥匈帝国军用化学工厂(即现在 KRKA 公司前身)成立至今,斯洛文尼亚已经形成以生产医药及医药中间体、化妆品、化学制剂、橡胶及塑料制品等为主的现代化学工业格局。随着汉高、诺华、固特异、科莱恩特等知名外资化工企业的进入,斯洛文尼亚化工产业正逐渐向生产专利技术及高附加值产品转型。斯洛文尼亚化工产品主要是"化学制品、化学药品、人造纤维"及"橡胶和塑料制品"两大类,具体为医药原料、中间体及医药制剂、塑料加工、橡胶制品、基础化学品、工程橡胶、塑料产品、杀虫剂和其他植保产品、涂料与油漆等。其具有优势的出口化工产品为医药制剂、轮胎、汽车工业用塑料制品、涂料、油墨以及人造纤维等,主要出口市场是奥地利、意大利、德国和爱尔兰等。2014 年,医药制造业成为斯洛文尼亚企业利润最高的行业。主要制药厂商包括莱柯(Lek)制药公司(www.lek.si)和克尔卡(Krka)制药公司(www.krka.si)。

4. 信息和通信业

信息和通信业作为商务服务业的一部分,是斯洛文尼亚最具活力的部门,亦是国家优先发展的产业。该行业有约 3 190 家公司,员工人数 2.1 万。2016 年行业产值 33 亿欧元,出口 13 亿欧元。主要出口市场包括澳大利亚、奥地利、白俄罗斯、克罗地亚、塞浦路斯、芬兰、法国、俄罗斯、塞尔维亚、瑞典、土耳其和英国等。产品覆盖电信设备、电信服务、IT 服务、硬件、软件、设备配送和网页服务。2014 年,年出口增长率超过 6%,电信服务出口占整个行业出口总额的 26%,其次是 IT 服务提供商(23.7%),按购买力平价衡量,该行业人均雇员生产率达 6.97 万欧元,高于波兰、斯洛伐克和捷克等国。Telekom Slovenije 和 Mobitel 是斯洛文尼亚领先的电子通信服务提供商。斯洛文尼亚的公司和机构致力于改善信息基础设施,开发具有高附加值的可出口产品,开发新知识和技术,并通过将知识转移到行业中来提高创新环境的质量。

5. 建筑服务业

自房地产泡沫破裂以来,斯洛文尼亚建筑行业一直低迷。2012 年 9 月建筑工程价值比上月下降 5.2%,这已经是连续第 6 个月下跌。前 3 个季度工程价值同比下降 8.6%,与 2010 年鼎盛时期相比,工程价值下降近 40%。但近年来已经出现显著增长,欧盟统计局数据显示,2016 年 12 月,斯洛文尼亚建筑业的产量较 2015 年 12 月增长 9.1%,这使其成为欧盟增长最快的建筑行业之一。斯洛文尼亚建筑业产出从 2018 年第二季度的 4.785 亿欧元增长到 2018 年第三季度的 5.36 亿欧元。1995—2018 年,斯洛文尼亚建筑业的 GDP 平均为 4.7 亿欧元。2018 年 9 月,斯洛文尼亚建筑产出同比增长 25.7%。2001—2018 年,斯洛文尼亚建筑业产出平均增长1.05%,2018年1月达到77.2%的历史最高水平。

15.5 中斯双边贸易概况

2020年斯洛文尼亚与中国双边货物进出口额为29.9亿美元。分商品类别看,机电产品是斯洛文尼亚对中国出口的主力产品,同时机电产品也是斯洛文尼亚自中国进口金额的首位产品。

2020年斯洛文尼亚对中国共出口商品318.9百万美元,同比增长7.4%。由表15-6和图15-8可知,在出口主要商品结构中,以商品编号85(电机、电气设备及其零件;录音机及放声机、电视图像、声音的录制和重放设备及其零件、附件)为主,该类商品占总出口商品金额的20.8%。相比2019年,商品编号87(车辆及其零件、附件,但铁道及电车道车辆除外)、44(木及木制品;木炭)、73(钢铁制品)、30(药品)、95(玩具、游戏品、运动用品及其零件、附件)、96(杂项制品)、38(杂项化学产品)等呈现增长趋势,尤其是38(杂项化学产品)增幅最大。与此同时,商品编号为64(鞋靴、护腿和类似品及其零件)的商品下降幅度最大。

表 15-6　2020年斯洛文尼亚对中国出口主要商品结构

商品编号	商品类别	金额/百万美元	占比/%	同比/%
85	电机、电气设备及其零件;录音机及放声机、电视图像、声音的录制和重放设备及其零件、附件	66.3	20.8	−10.4
84	核反应堆、锅炉、机器、机械器具及其零件	54.9	17.2	5.5
87	车辆及其零件、附件,但铁道及电车道车辆除外	50.7	15.9	33.3
44	木及木制品;木炭	29.3	9.2	33.2
90	光学、照相、电影、计量、检验、医疗或外科用仪器及设备、精密仪器及设备;上述物品的零件、附件	19.1	6.0	0.4
72	钢铁	10.4	3.3	−13.5
39	塑料及其制品	10.7	3.4	−2.7
73	钢铁制品	11.8	3.7	31.2
27	矿物燃料、矿物油及其蒸馏产品;沥青物质;矿物蜡	6.3	2.0	−10.5
30	药品	11.5	3.6	91.8
64	鞋靴、护腿和类似品及其零件	1.8	0.6	−64.3
29	有机化学品	1.8	0.6	−63.3
40	橡胶及其制品	4.8	1.5	−3.9
95	玩具、游戏品、运动用品及其零件、附件	7.9	2.5	98.3
48	纸及纸板;纸浆、纸或纸板制品	3.6	1.1	−11.1
12	含油子仁及果实;杂项子仁及果实;工业用或药用植物;稻草、秸秆及饲料	3.1	1.0	−22.5
94	家具;寝具、褥垫、弹簧床垫、软坐垫及类似的填充制品;未列名灯具及照明装置;发光标志、发光铭牌及类似品;活动房屋	2.5	0.8	−17.4

续表

商品编号	商品类别	金额/百万美元	占比/%	同比/%
96	杂项制品	3.1	1.0	55.3
34	肥皂、有机表面活性剂、洗涤剂、润滑剂、人造蜡、调制蜡、光洁剂、蜡烛及类似品、塑型用膏、"牙科用蜡"及牙科用熟石膏制剂	1.8	0.6	-10.3
2	肉及食用杂碎	1.3	0.4	-35.8
22	饮料、酒及醋	1.5	0.5	-26.5
4	乳品、蛋品；天然蜂蜜；其他食用动物产品	1.4	0.4	-28.2
61	针织或钩编的服装及衣着附件	0.6	0.2	-35.3
32	鞣料浸膏及染料浸膏；鞣酸及其衍生物；染料、颜料及其他着色料；油漆及清漆；油灰及其他胶黏剂；墨水、油墨	0.6	0.2	-36.4
83	贱金属杂项制品	0.5	0.1	-52.2
70	玻璃及其制品	0.4	0.1	-60.5
25	盐；硫黄；泥土及石料；石膏料、石灰及水泥	1.2	0.4	17.0
38	杂项化学产品	3.0	0.9	196.4

资料来源：商务部国别报告网、UN Comtrade 数据库等，经本课题组整理所得。

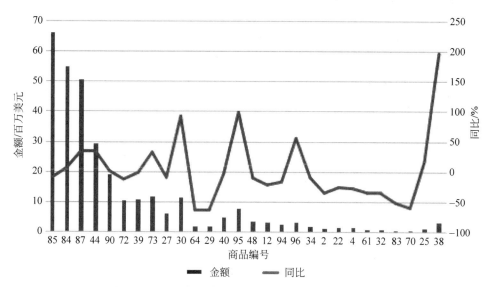

图 15-8　2020 年斯洛文尼亚对中国主要出口商品金额

2020 年斯洛文尼亚自中国共进口商品 2 675.8 百万美元，同比增长 14.6%。由表 15-7 和图 15-9 可知，在进口主要商品结构中，商品编号 85（电机、电气设备及其零件；录音机及放声机、电视图像、声音的录制和重放设备及其零件、附件）、84（核反应堆、锅炉、机器、机械器具及其零件）、64（鞋靴、护腿和类似品及其零件）、90（光学、照相、电影、计量、检验、医疗或外科用仪器及设备、精密仪器及设备；上述物品的零件、附件）、61（针织或钩编的服装及衣着附件）、62（非针织或非钩编的服装及衣着附件）、40（橡胶及其制品）、96（杂项制品）、63（其他纺织制成品；成套物品；旧衣着及旧纺织品；碎织物）、30（药品）等增长趋势超过 20%，尤其是63（其他纺织制成品；成套物品；旧衣着及旧纺织品；碎织物）增幅最大。与此同时，商品编号为60（针织物及钩编织物）的商品下降幅度最大。

表15-7 2020年斯洛文尼亚自中国进口主要商品结构

商品编号	商品类别	金额/百万美元	占比/%	同比/%
85	电机、电气设备及其零件；录音机及放声机、电视图像、声音的录制和重放设备及其零件、附件	846.8	31.6	20.3
84	核反应堆、锅炉、机器、机械器具及其零件	432.7	16.2	25.8
29	有机化学品	296.8	11.1	10.7
94	家具；寝具、褥垫、弹簧床垫、软坐垫及类似的填充制品；未列名灯具及照明装置；发光标志、发光铭牌及类似品；活动房屋	67.2	2.5	−18.0
39	塑料及其制品	64.6	2.4	−6.4
73	钢铁制品	44.9	1.7	−29.8
95	玩具、游戏品、运动用品及其零件、附件	58.2	2.2	2.1
42	皮革制品；鞍具及挽具；旅行用品、手提包及类似容器；动物肠线（蚕胶丝除外）制品	26.6	1.0	−51.7
64	鞋靴、护腿和类似品及其零件	65.8	2.5	24.1
87	车辆及其零件、附件，但铁道及电车道车辆除外	58.2	2.2	16.3
81	其他贱金属、金属陶瓷及其制品	26.1	1.0	−40.6
90	光学、照相、电影、计量、检验、医疗或外科用仪器及设备、精密仪器及设备；上述物品的零件、附件	60.5	2.3	95.3
61	针织或钩编的服装及衣着附件	63.6	2.4	154.6
82	贱金属工具、器具、利器、餐匙、餐叉及其零件	26.1	1.0	8.7
60	针织物及钩编织物	4.5	0.2	−80.2
68	石料、石膏、水泥、石棉、云母及类似材料的制品	13.1	0.5	−37.7
72	钢铁	16.9	0.6	−19.8
76	铝及其制品	19.3	0.7	−3.7
62	非针织或非钩编的服装及衣着附件	72.2	2.7	300.8
40	橡胶及其制品	25.6	1.0	42.4
54	化学纤维长丝	8.6	0.3	−52.2
70	玻璃及其制品	14.4	0.5	−3.8
48	纸及纸板；纸浆、纸或纸板制品	13.7	0.5	−8.9
28	无机化学品；贵金属、稀土金属、放射性元素及其同位素的有机及无机化合物	13.4	0.5	−4.0
96	杂项制品	15.9	0.6	22.3
55	化学纤维短纤	3.2	0.1	−75.6
63	其他纺织制成品；成套物品；旧衣着及旧纺织品；碎织物	136.5	5.1	950.0
30	药品	20.0	0.7	82.0
83	贱金属杂项制品	11.7	0.4	6.1
44	木及木制品；木炭	10.0	0.4	−9.4

资料来源：商务部国别报告网、UN Comtrade数据库等，经本课题组整理所得。

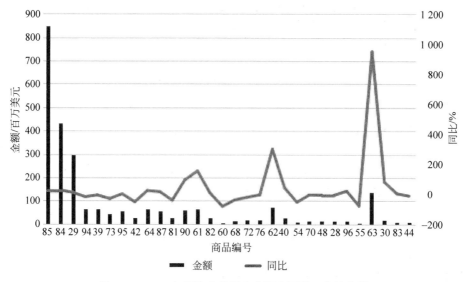

图 15-9　2020 年斯洛文尼亚自中国主要进口商品金额

15.6　中斯贸易竞争性与互补性分析

15.6.1　中斯显性比较优势指数分析

本书利用《国际贸易商品标准分类》(SITC. Rev4),以 2020 年为例,对中国与斯洛文尼亚显性比较优势指数进行分析,具体数据如表 15-8 所示。

表 15-8　2020 年斯洛文尼亚商品出口额

SITC	商品类别名称	出口额/百万美元
SITC0	食品和活动物	1 436.859 468
SITC1	饮料及烟草	147.552 321
SITC2	非食用燃料(不包含燃料)	1 280.703 189
SITC3	矿物燃料、润滑油及有关原料	1 899.908 408
SITC4	动、植物油、脂和蜡	26.422 641
SITC5	未列明的化学品和有关产品	6 148.789 014
SITC6	主要按原材料分类的制成品	7 226.074 558
SITC7	机械及运输设备	14 289.235 48
SITC8	杂项制品	3 953.448 386
SITC9	没有分类的其他商品	62.285 468

资料来源：UN Comtrade 数据库等,经本课题组整理所得。

2020 年中国所有商品出口额约为 2 487 000 百万美元,斯洛文尼亚所有商品出口额为 37 471 百万美元,世界所有商品出口额为 19 475 000 百万美元。

按照公式 $RCA_{xik}=(X_{ik}/X_{wk})/(X_i/X_w)$,得出计算结果如表 15-9 所示。

表 15-9　2020 年中斯显性比较优势指数计算结果

国　家	SITC0	SITC1	SITC2	SITC3	SITC4	SITC5	SITC6	SITC7	SITC8	SITC9
中国	0.44	0.19	0.20	0.19	0.10	0.60	1.38	1.37	1.99	0.04
斯洛文尼亚	1.25	0.50	1.40	0.77	0.58	0.97	3.62	4.41	2.14	0.13

根据上述结果分析得到：

（1）斯洛文尼亚 SITC0（食品和活动物）、SITC2[非食用燃料（不包含燃料）]、SITC6（主要按原材料分类的制成品）、SITC7（机械及运输设备）和 SITC8（杂项制品）具有显性比较优势。其中，SITC7（机械及运输设备）的 RCA 值最高，说明具有比较明显的显性比较优势。

（2）在 SITC6（主要按原材料分类的制成品）、SITC7（机械及运输设备）和 SITC8（杂项制品）三类商品中，中国与斯洛文尼亚都具有显性比较优势。而在 SITC0（食品和活动物）、SITC1（饮料及烟草）、SITC2[非食用燃料（不包含燃料）]、SITC3（矿物燃料、润滑油及有关原料）、SITC4（动、植物油、脂和蜡）、SITC5（未列明的化学品和有关产品）和 SITC9（没有分类的其他商品）这七类商品中，中国显性比较优势小于 1，说明中国不具有显性比较优势。

15.6.2　中斯互补性指数分析

本书利用《国际贸易商品标准分类》（SITC.Rev4），以 2020 年为例，对中国与斯洛文尼亚互补性指数进行分析，具体数据如表 15-10 所示。

表 15-10　2020 年斯洛文尼亚商品进口额

SITC	商品类别名称	进口额/百万美元
SITC0	食品和活动物	2 421.812 638
SITC1	饮料及烟草	270.732 197
SITC2	非食用燃料（不包含燃料）	1 811.362 575
SITC3	矿物燃料、润滑油及有关原料	3 404.423 915
SITC4	动、植物油、脂和蜡	77.890 248
SITC5	未列明的化学品和有关产品	5 686.716 057
SITC6	主要按原材料分类的制成品	6 877.089 400
SITC7	机械及运输设备	12 177.305 400
SITC8	杂项制品	3 605.307 890
SITC9	没有分类的其他商品	59.619 003

资料来源：UN Comtrade 数据库等，经本课题组整理所得。

2020 年中国所有商品进口额约为 2 136 000 百万美元，斯洛文尼亚所有商品进口额为 36 513 百万美元，世界所有商品进口额为 19 867 000 百万美元。

按照公式 $TCI_{ij} = RCA_{xik} \times RCA_{mjk}$，得出计算结果如表 15-11 所示。

表 15-11　2020 年中斯互补性指数计算结果

国　家	SITC0	SITC1	SITC2	SITC3	SITC4	SITC5	SITC6	SITC7	SITC8	SITC9
中国	0.51	0.18	0.25	0.14	0.05	0.82	2.29	1.30	1.82	0
斯洛文尼亚	0.57	0.20	3.86	0.86	0.43	0.77	2.01	4.83	1.23	0.11

根据上述结果分析得到：

（1）在 SITC6（主要按原材料分类的制成品）、SIYC7（机械及运输设备）和 SITC8（杂项制品）三类商品中，中国与斯洛文尼亚贸易互补性指数均大于1，说明两国在这两类商品中互补性强，并未因为在该领域中双方都具有显性比较优势而出现激烈竞争的场面，反而表现出很强的贸易互补性。

（2）在 SITC0（食品和活动物）、SITC1（饮料及烟草）、SITC2［非食用燃料（不包含燃料）］、SITC3（矿物燃料、润滑油及有关原料）、SITC4（动、植物油、脂和蜡）、SITC5（未列明的化学品和有关产品）和 SITC9（没有分类的其他商品）这七类商品中，中国的 TCI 值均小于1，说明斯洛文尼亚的这七类商品具有较强的竞争优势。

15.7 中斯合作展望

研究表明，近年来两国贸易合作稳步提升。中斯政府间建有经济联委会和科技合作委员会等机制，签有共建"一带一路"谅解备忘录等多项合作文件，各领域交流不断深化。2019年10月，国家体育总局局长苟仲文访斯并出席第二届中斯冰雪论坛。11月，教育部部长陈宝生访斯。2019年5月，斯时任副总理兼教育、科学和体育部部长皮卡洛访华。2019年4月和11月，斯经济发展和技术部长波契瓦尔舍克先后来华出席第二届"一带一路"国际合作高峰论坛与第二届中国国际进口博览会。

根据其与中国稳中有升的贸易合作关系，两国可在以下方面展开深入合作。

（1）斯洛文尼亚农业在国民经济中的比重逐年下降，中国可以出口更多的农产品。

（2）斯洛文尼亚旅游业比较发达，但是游客主要来自意大利、德国、奥地利等国家，有著名的亚德里亚海海滨和阿尔卑斯山区，两国可以加强旅游业的沟通，中国相关企业也可以在景区开发更多旅游资源，吸引中国游客。

（3）斯洛文尼亚近年来自中国进口的机电产品迅速增多，中国应当抓住机会，发展与斯洛文尼亚的工业合作，提升中国产品的竞争力。

后　　记

本课题组为了本书出版，多年前就开始通过商务部国别报告网、UN Comtrade 数据库、全球贸易观察等国内外知名数据库查阅关于中东欧国家对外贸易趋势和中国与中东欧国家贸易合作的公开数据，数据收集工作十分艰辛。经过多年数据的收集和分析，我们将《中东欧大数据报告 2021》呈现给各位读者，这也是我们多年付出的心血和智慧的结晶。

2021 年是具有特殊意义的一年，新冠肺炎疫情突如其来，目前呈常态化防控趋势。在疫情期间，本课题组得到了研究院有关部门的大力支持，这让我们大受鼓舞，倾尽全力为本书的出版付出一切。感谢研究院相关领导的鼎力支持，是你们的关怀让我们在新冠肺炎疫情下沉下心来，竭力做到最好。

本书不仅是编者多年研究的结晶，更是本课题组精诚合作的产物。殷军杰参与编写了第 1 章、第 2 章、第 3 章、第 4 章、第 5 章和第 6 章，傅钟中参与编写了第 7 章、第 8 章、第 9 章，高聪、龙力见参与编写了第 10 章、第 11 章、第 12 章、第 13 章、第 14 章和第 15 章。

感谢家人对我们无私的帮助，他们一直力挺我们，为本书的出版付出艰辛的汗水，在此表示深深的敬意！

在本书的写作过程中，我们得到了宁波市商务局中东欧处、宁波海关等有关单位对本书提供的信息、数据等方面的支持；俞丹桦等业界专家对本书也给予了指导与帮助，在此一并表示感谢！同时，我们参考和查阅了大量文献资料，在此，我们对本书借鉴和吸收的海内外研究成果、文献资料的著作者与出版者表示诚挚的谢意！

在本书撰写过程中，清华大学出版社有关编辑与本课题组进行了友好、深入的沟通讨论，对本书的出版给予了多方面的具体指导与支持，为本书付出了很多热情和心血，在此表示衷心的感谢！

限于编者的水平，本书难免会有疏漏之处，恳请广大读者、业界同行批评指正。你们宝贵的意见对我们来说是巨大的鞭策与鼓励！

作　者

2022 年 3 月于宁波